세종학개론

백성이 살맛 나는 세상을 만드는 비법

세종학개론

박현모

문우사
MoonWoo

추천사

세종, 그리고 자유

세종은 대한민국 국민이라면 남녀노소 가릴 것 없이 누구나 존경하고 또 좋아하는 위인입니다. 훈민정음 창제는 말할 것도 없으려니와, 600여 년 전에 이미 복지의 개념을 도입한 최초의 왕이시며 과학, 군사, 인문 분야에 수없이 많은 업적을 남기셨죠. 특히 훈민정음은 그 무엇과도 비교할 수 없는 인류사적 문화유산이라 하기에 부족함이 없습니다.

훈민정음은 세종의 천재성을 여실히 보여주는 걸작입니다. 문자 자체로도 그러하지만 그 문자를 만든 뜻을 알고 나면 더더욱 그러합니다. '나랏말싸미'로 시작하는 훈민정음 해례의 서문에서 세종은, 훈민정음을 만든 이유를 '어린 백성을 위하여'라고 적시하고 있습니다. 자칫 쉽게 지나칠 수 있는 부분이지만 이 대목이야말로 세종 정신의 핵심이라 볼 수 있겠습니다.

어린 백성을 위하여 왕이 해줄 수 있는 것은 여러 가지가 있을 것입니다. 백성들의 편의를 돌보고 어려운 사정을 헤아려 돕거나 상을 내리는 일 등이 당시 군주로서 '어린 백성'을 위하여 할 수 있는 일반적인 생각일 것입니다. 물론 세종은 그런 일들을 조선 시대 그 어느 군주보다 훌륭히 해냈습니다. 그러나 그것으로 충분치 않다고 여겼습니다. 훈민정음은 일자무식의 천민들도 쉽게 배울 수 있도록 디자인된 문자입니다. 세종은 만백성이 훈민정음을 통해 글을 깨우쳐 책을 읽고 지식과 정보를 습득하는 것이야말로 참된 복지라 생각했던 것입니다. 즉 세종은 백성들을 향하여, 누군가에게 의지하지 말고 스스로 글을 배워 '스스로 깨우쳐 일어나라'는 메세지를 던지고 있는 것입니다.

이는 세종 정치 철학의 핵심입니다. 양반들에게 기대거나 몸을 의탁해야만 살아갈 수 있었던 대다수의 백성들에게 스스로 깨우쳐 일어나라는 것입니다. 스스로 깨우쳐 일어나라는 것을 요즘 말로 하면 "자유"입니다. 세종은 이를 위해 제도나 국가 시스템을 바꾸지 않았습니다. 그보다 훨씬 강력한 수단을 고안해 냈습니다. 그것이 바로 훈민정음입니다. 세종은 신분제 국가의 절대지존이었음에도, 훈민정음을 통해 만백성에게 자유를 부여하고 싶었던 것이라 하겠습니다. 15세기 당시의 기준으로 보면 놀랍기 그지없는 일입니다. 아마도 인류 최초로 '자유'의 개념을 생각한 군주가 아닐까 싶습니다.

그러나 아이러니하게도, 위대한 한글이 진정으로 세상 빛을 보게 된 것은 세종께서 한글을 창제하신 이후 수백 년이 지나서입니다. 암울했던 구한말, 그리고 일제 강점기를 거치는 동안 우리 민족의 정체성을 재규정하고 진정한 근대인으로 다시 태어날 수 있게 한 원동력은 한글과 한글 창제의 정신이었다고 생각합니다. 그 힘을 바탕으로 우리는 한국전쟁과 냉전이라는 인류사적 역경을 헤쳐 나가며, 인류 문명사의 선봉에 서서 위대한 "자유인"으로써 승리의 역사를 만들어 가는 주역이 되었습니다.

근래는 비약적인 과학 기술의 발전과 급격한 국제 정세의 변화를 두고 실로 18세기 산업 혁명에 버금가는 새로운 문명의 전환기라 하겠습니다. 그 거대한 문명 전환기의 급물살 한가운데에 우리는 서 있습니다. 위기와 기회가 공존하는 격변의 시기에 우리는 위대한 한글 정신을 바탕으로 "자유인"의 저력을 다시금 발휘하여, "스스로 깨우쳐 일어나" 새로운 미래를 향한 도약의 발판을 마련해야 하겠습니다.

우리 여주대학교는 세종이 누워 계신 영릉을 곁에 하고 있는, 세종의 정기를 가장 가까이서 느낄 수 있는 곳에 자리하고 있습니다. 저는 600여 년을 앞서 간 세종의 뜻을 제대로 공부하고 이해하는 것을 우리 대학의 사명이라 여기고 있습니다.

스스로 깨우쳐 일어나라! 이것이야말로 자유의 정신이며, 우리가 배우고자 하는 참된 세종 리더십의 핵심입니다. 세종 리더십을 통해 보다 자유롭고 자주적인 자세로 삶을 바라보게 되기를 바랍니다. 세종 리더십은 우리들에게 풍요로운 삶의 나침반이 되어 줄 것입니다.

감사합니다.

2019년 8월

여주대학교 대외협력부총장 정태경

머리말

1.

“요임금과 순임금의 지혜는 먼저 해야 할 일[先務]을 미리 한 것에 있다. 오늘날 어떤 일을 먼저 해야 하겠는가?”

재위 초반인 1426년에 세종이 전설적인 최고 지도자 요순堯舜의 일하는 법을 과거 시험 문제로 출제하면서 한 질문이다. 그에 따르면 지도자에게 중요한 것은 하려는 일이 ‘급무急務’인가 ‘선무先務’인가를 깊이 헤아리는 자세이고, ‘마땅히 힘써야 할 일’ 즉 선무를 빨리할 줄 아는 실행력이다. 그렇다면 이 질문을 대한민국으로 가져와 보면 어떨까? 지금 대한민국 지도자가 우선적으로 해야 할 선무는 무엇일까?

“낙망은 청년의 죽음이요, 청년이 죽으면 민족이 죽는다.” 도산 안창호가 유길준의 뜻을 계승, “사士를 양성하는 단체라는 뜻”으로 흥사단興士團을 조직하면서 한 말이다. 안창호가 청년 문제를 민족의 선무로 보고 인재 교육을 중시한 것은 기본적으로 나이 많은 기성 인물을 변화시키는 일이 지극히 어렵다고 보았고, 또 “지금 나무를 심지 않으면 나중에 결실 거두는 일이 없다."고 판단했기 때문이다.

안창호는 '20세기의 세종'이라고 할 만큼 세종과 비슷한 점이 많다. 그중 하나가 청년을 끔찍이 아낀 점이다. 세종이 즉위한 지 4개월 만에 (1418년 12월) 집현전을 설치하고, 젊은 인재들과 국가의 미래를 의논하며 준비한 것처럼, 안창호는 평양 대성 학교를 열고(1907년) 흥사단을 창설하였다(1913년). "정치란 국민 각자가 저마다의 밥벌이를 가능하게 만들고, 유쾌하게 만드는 기술"이라고 생각한 안창호는 이상촌 구성원들로 하여금 그곳을 생생지락生生之樂, 즉 세종이 말한 '일터가 즐거운 나라'로 가꿔 나갈 것을 강조했다.

세종과 안창호가 비슷한 또 다른 점은 '준비'를 매우 강조한 점이다. 세종은 즉위 초의 상왕 체제, 즉 부왕 태종이 군사권과 인사권을 장악하고 있을 때, 집현전을 세우고 성균관을 개혁하여 인재를 기르고 미래를 준비했다. 집현전 학사들에게 사가독서제라는 독서휴가제를 실시해 능력을 배양케 한 것은 유명하다. 성균관 유생들의 숙소를 온돌 시설로 바꾸고 목욕탕을 만들게 하는가 하면, 의사를 상근하게 하는 등 복지 시설을 대폭 확충한 것도 같은 맥락이었다. "인재는 정치를 잘하게 하는 본원이요, 학교는 사람을 만드는 터전"인 만큼 나라에서 인재를 흥기시키고 양성하는[興起作成] 일에 온 힘을 기울이는 것은 당연하다고 보았던 것이다.

안창호 역시 '인물 없음을 한 하지 말고, 먼저 인물 되기에 힘쓰라'고 강조한 리더였다. 그는 청년들에게 헛된 꿈을 쫓아다니기보다는 자기 실력을 쌓고 미래를 준비하는 데 힘을 쏟아야 한다고 역설했다. 3·1운동을 겪으면서 곧 독립이 될 것처럼 흥분하여 봉기를 주장하던 "지도자들이 다 낙심하여 물러앉는 상황"을 지적하면서, 안창호는 "이것은 부

계획하게 동動하던 자의 당연한 귀결"이라고 말했다. "기초와 재목이 없이 집부터 지으려 하고, 자본도 없이 영업 광고부터 내려 하던 자의 당연한 귀결"이라는 것이다.

2.

이 책을 저술하는 내내 머릿속을 맴돌던 인물이 세종과 안창호였다. 두 분만큼 청년 문제를 치열하게 고민하고, 그들에게 희망 주는 일을 실천에 옮긴 사람은 없었기 때문이다. 지금 대한민국의 선무가 청년 일자리 해결이라는 데는 정부를 비롯해 많은 이들이 공감한다. 그런데 세종과 안창호가 강조한 것처럼, 정말 중요한 것은, 그래서 먼저 해야할 일[先務]은 그 청년들을 유능한 인재로 준비시키는 일이다. 일터에 나아갔을 때 제대로 맡은 임무를 수행해 낼 수 있도록 청소년들을 인성과 창의력을 갖춘 인재로 키워내는 일이 더 급하고도 중요하다.

필자가 2014년에 한국학중앙연구원에서 여주대학교로 직장을 옮긴 것은 정태경 당시 여주대학교 총장님과의 인연 때문이었다. "우리 대학은 '자유 시민 육성'을 사명으로 삼고 있는데, 세종이야말로 백성들에게 문자와 시간을 주어서 '자유로운' 개개인으로 일어서게 하려던 분이 아니었느냐?"는 말씀을 듣고 깜짝 놀랐다. 아, 그렇구나! 하는 깨달음이 왔다. 실제로 훈민정음 창제나 해시계 물시계 프로젝트에서 보듯이 세종은 문자 권력과 시간 권력을 백성들에게 주어서 스스로 일어서도록 하려 했던 분이었다.

"세종 영릉에서 최最단거리인 우리 대학에서 600여 년을 앞서간 세종의 뜻을 제대로 공부시키고 졸업시켜 청년들에게도 세종 리더십이 도움 된다는 것을 보여 주자."는 정 총장님의 열정 어린 말씀이 나를 감동시켰다. 여주라는 경기도의 동쪽 끝자락에 있는 인구 10만여 명의 소도시에서 세종 이야기가 작지만 중요한 변화를 일으키지 않을까 하는 기대감도 있었다. 550여 년간 세종 영릉을 지키며 살아온 여주 시민들이 '세종 덕분에 지역이 잘 산다.'고 말하게 할 수는 없을까 하는 바람이 그것이다.

2014년 가을 학기부터 2019년 1학기까지 1만여 명의 여주대학교 학생들이 '세종 리더십' 과목을 수강했다. 수업은 세종 이야기를 듣고 말하는 것(세종 스토리텔링)과, 한글 디자인 실습, 세종 유적지 답사 등으로 이뤄져 있다. 청년들이 장차 큰 인재로 자라나는 데 중요한 기초가 되는 인성을 함양하는 데 수업의 초점을 맞췄다. 즉 세종과 그 시대 사람들은 어떻게 자기를 존중하면서도 겸손하게 말하고 행동했는지, 성실하게 자기가 맡은 일을 완수해 냈는지(문제 해결 능력), 그리고 상대방을 배려하고 예의를 지키면서도 잘못된 것은 과감히 말하는 용기를 가졌는지를 수많은 사례를 통해 배운다.

가장 보람을 느낄 때는, 졸업 후 직장 생활하면서 세종을 생각하며 더 잘 참아내고 더 많이 이해하려고 노력하게 된다는 연락을 들을 때다. S 호텔 입사 면접 때, "대학 때 들은 인상적인 과목을 얘기해 보라."는 물음에 "세종대왕 이야기를 말한 것이 도움 됐습니다."라는 푸드과 학생 소식도 오래 기억에 남는다(그 졸업생은 지금도 S 호텔 주방 풍경을 SNS로 실시간으로 보내주곤 한다.). 수업 시간에 세종 이야기 2~3개 들려주고, 학생들에게 나와서 배운 얘기를 말해 보라고 하는 게 우리의 수업 방식인데, 학생들은 보통 15개 정도 이야기를 줄줄 외워서, 친구나 가족들에게 들려주는 연습을 한 학기 내내 한다. 그런 이야기를 듣고 말하는 사이에 우리들 속에 잠재해 있는 세종 리더십, 즉 '내 안의 세종(Sejong-in-us)'을 발견하게 하는 게 우리 수업의 목표이다.

3.

이 책은 필자의 《길라잡이 세종 리더십》이라는 강의 교재를 바탕으로 이뤄졌다. 수업 진행을 위해서 세종 이야기를 개조식으로 정리한 그 책은 보기에 편한 점도 있었지만, 교수의 설명 없이 독자 스스로 읽어 나가는 데는 한계가 있었다. 특히 '세종학의 의미'나 '세종의 인성' 부분 등 많은 사람들이 궁금해 하는 부분을 이번에 새로 넣었다.

책 제목을 '세종학 개론'이라 이름 붙인 것은 이유가 있다. 그것은 대학이나 기업 또는 사회에서 여러 차원에서 세종을 배우는데 — 가령 세종평생학습 네트워크(ifsejong.com)에서는 '세종학 입문' → '세종스토리텔러 과정' → '세종 리더십 마스터 양성 과정' 등을 체계적으로 학습한다. — 가장 기초가 되는 것을 종합적으로 학습할 수 있는 교재가 필요하다는 요청이 있었다. '일러두기'에서 밝혔듯이, 이 책의 내용은 그동안 필자가 집필한 《세종이라면》이나 《세종의 적솔력》을 비롯해, 국어학이나 역사학 등 각계 전문가들의 연구 성과를 집약한 것이다. 그래야 세종학 '개론'이 될 수 있다고 보았기 때문이다.

이 책의 특징의 하나는 많은 학생들이나 직장인들이 관심 갖고 있는 세종과 오늘날 기업의 인물들의 이야기를 각 장의 말미에 넣은 점이다. 세종 이야기가 600년 전의 이야기가 아니라, 지금 우리에게 도움을 주는 살아 있는 이야기라는 것을 토론을 통해 발견하기 위함이다.

끝으로 이 책을 출간하기까지 많은 분들의 도움이 있었다. 청년들, 특히 젊은 직장인들의 눈높이에 맞는 내용을 추리고, 기업 사례를 뽑아 주신 홍성근 대표님과 송재혁 교수님께 감사드린다. 세종교원양성과정을 거쳐 각자의 전공(문학, 디자인, 성악, 도자기, 피아노, 건축, 경영학 등)과 세종을 연결해서 강의를 해 주시는 여주대학교 '세종 교수'님들께도 존경과 감사의 마음을 전한다. 교수와 직원들 사이를 매개하고 언행의 준거로서 세종이 있다는 것이 대학 사회에서 얼마나 큰 힘이 되는지를 실감하곤 한다. 무엇보다 세종 리더십을 전교생이 배울 수 있도록 쉽지 않은 결단을 내리고, 또 '추천사'까지 써 주신 정태경 부총장님께 진심 어린 감사를 드린다.

무더위 속에서도 도움 요청을 마다 않고 신속히 도움을 주신 세종평생학습 네트워크의 한상기 부원장님과 김진희 담당, 그리고 한국형리더십개발원의 강주희 책임연구원께도 머리 숙여 고마운 인사를 드린다.

2019년 8월

박현모

일러두기

1. 실록 기사의 날짜는 다음과 같이 간단히 줄임.

   예) 《세종실록》 세종 28년 3월 13일 기사 → 세종실록 28/3/13

2. 《세종실록》의 내용은 세종대왕기념사업회의 번역을 참조하되, 원문(한문)을 직접 읽어가면서 지금의 어법과 용어에 맞게 재번역하였음.

3. 실록 인용문의 일련번호(①, ②, ③ …)는 저자가 매긴 번호임.

4. 이 책의 내용은 필자의 책 《세종처럼》(미다스북스), 《세종이라면》(미다스북스), 《세종의 적솔력》(흐름출판), 《길라잡이 세종리더십》(여주대출판부) 등에서 소개된 것임. 특히 상당 부분이 《세종이라면》 및 《길라잡이 세종리더십》과 겹치는데 아쉽게도 두 책이 현재 절판된 상태임. 따라서 그 부분을 이 책에서 다시 소개하였음을 밝힘.

차 례

제1장

[배움]

왜 지금 세종 리더십인가

학습 내용

- 세종 리더십에 대한 두 가지 오해
- 세종 리더십의 핵심인 소통, 그 방법으로서 스토리텔링
- 천, 지, 인으로 분류한 세종시대 과학 성과

학습 목표

- 첫째, 세종 리더십이 옛날의 것, CEO에게만 해당되는 것이 아니라, 오늘날 청년들에게도 해당되고, 배울 것이 있음을 안다.
- 둘째, 세종이 자주 사용한 스토리텔링 화법의 3단계를 알고 실천할 수 있다. 그날 배운 것을 그날 말할 수 있다.
- 셋째, 세종시대의 창조 성과, 즉 과학기술 성과가 세계 다른 나라와 비교해도 뛰어남을 안다.

요점

- 세종의 리더십 교육 방법은 이야기를 통한 마음의 변화임.
- 흥기, 협흡, 체화의 순환 과정을 거치며 의미 있고 바른 삶을 체득함.

제1절

세종의 리더십 교육 방법

세종 리더십에 대한 두 가지 오해

세종 리더십과 관련해 두 가지 오해가 있는 듯하다. 그 하나는 '세종 리더십, 옛날 것 아니야? 이미 지난 이야기잖아!' 하는 생각이다. 이런 생각은《세종실록》을 몇십 쪽만 읽어 보면 금방 바뀐다. 몇백 년 전의 실록 기사를 읽다 보면 흡사 요즘의 신문을 읽는 것처럼 생생하다. 추진해야 할 일이 있고, 여러 가지 제약 조건과 장애물이 있는데, 그것을 어떻게 헤쳐 나갈까 하는 고민은 예나 지금이나 똑같기 때문이다. 특히 비전을 세우고, 그것을 구성원들과 공감 소통하고, 인재들을 등용해서 주인 의식을 갖고 일하게 하는 것 등은 리더십의 정수精髓로서 고금동서를 떠나 모든 조직에 공통된 원칙이다. 바로 그런 원칙과 현실에의 적용 과정이《세종실록》에는 너무도 생생하게 기록되어 있다. 세종 리더십을 '오래된 미래의 리더십'이라고 부르는 것은 바로 이 때문이다.

세종 리더십과 관련한 또 다른 오해는 '그거 대통령이나 사장님, 혹은 총장님처럼 높은 자리에 있는 분들에게나 필요한 거 아닌가?' 하는 생각이다. 의외로 많은 사람들이 갖고 있는 이런 생각은 세종 이야기를 단편적으로만 들었거나, 특히 드라마를 통해서 세종을 만난 사람들 사이에 널리 퍼져 있다. 가뭄이나 정쟁이 계속되는 가운데 왕이 혼자 고민하며, 반대 의견을 물리치고, 결단하여 추진하는 그런 모습 말이다. 그런데 《세종실록》을 보면 그런 고독한 왕의 모습은 마지막 순간의 것이고, 그전에 사람들과 더불어 책 읽고 토론하며, 좋은 아이디어에 귀 기울이며, 계속되는 흉년 속에서 꼭 필요한 사업을 위해 예산을 짜내는 장면이 더 많다. 무엇보다 뛰어난 인재를 발탁하고, 조직에 해를 끼치는 인재를 내치는 일 등 조직의 중간 리더와 기업의 임직원들에게 도움되는 이야기가 풍부하게 기록되어 있다.

세종 리더십의 핵심인 소통, 그 방법으로서 스토리텔링

세종대왕을 말할 때면 꼭 언급되는 것이 있다. 바로 소통의 리더십이다. 그만큼 우리 사회가 소통이 잘 안 되는 상황이라는 것을 반영하는 것이기도 한데, 이는 정치뿐 아니라 기업과 학교, 가정 모든 곳의 문제점이기도 하다.

어떻게 백성들로 하여금 추구하는 목표를 훤히 알게 하고, 인재들이 내 일처럼 공감하며 일하게 했을까? 그 비밀은 '이야기를 통해 다른 사람의 마음 움직이기' 즉, 스토리텔링 화법에 있다. 실제로 세종은 스토리텔링의 중요성을 여러 차례 강조했다.

재위 중반에 큰 아들 문종의 교육 방법과 관련해 세종은 이렇게 말했다.

> 세자를 교양하는 길이란, 반드시 훌륭한 사람을 가까이하고[近], 아름다운 일을 들려주는[聞] 데 있다. 초나라에서 생장生長하면 초나라 말을 하지 않을 수 없는 것과 같은 이치이다.(세종실록 13/1/30)

좋은 이야기를 자주 들으면 자연히 좋은 말을 하게 되고, 그러면 좋은 생각, 좋은 행동이 따라 나온다는 게 세종의 신념이었다. 이 책에서는 세종의 이 방식에 따라서, 세종시대 사람들의 리더십 이야기를 소개하는 데 초점을 맞출 계획이다. 약 30여 개의 이야기를 익혀서 독자들 스스로가 세종 리더십 이야기를 소재로 자기 생각을 다른 사람에게 전달하는 소통의 도구로 활용할 수 있도록 하는 게 일차적인 목표이다.

세종의 '이야기를 통해 다른 사람의 마음 움직이기'는 세 단계로 구성되어 있는데, '흥기'의 단계, '협흡'의 단계, '체화'의 단계가 그것이다. 세종은 자녀를 비롯해 집현전 학사, 그리고 백성들의 마음을 움직이는 데 일관되게 적용했다. 세종은 이 방법을 '《삼강행실도》 프로젝트', 즉 백성들에게 넘지 말아야 할 선과, 꼭 해야 할 일을 알려 주는 인성 교육 교재를 만들 때도 적용했다. 그 구체적인 내용을 살펴보면 다음과 같다.

첫째, 흥기의 단계인데, 세종은 사람을 변화시키려면 먼저 이야기가 재미있어야 한다고 한다. "그림을 그리려면 먼저 흰 비단을 앞서 준비해야 하는 것처럼[繪事後素], 상대와 대화를 나누기 위해서는 듣는 사람의 마음을 일단 흥기興起시켜야 한다."는 것이다(제1 단계 흥기興起). 《삼강행실도》를 만들 때 "먼저 사람들이 보고 느끼는 바가 있게 하려면 그 이야기가 관심을 불러일으켜야 한다."고 말했다.

둘째, 협흡의 단계인데, 이 말은 조금 어렵지만 쉽게 표현하면 '가랑

| 그림 1.1 | 세종의 리더십 교육 방법, 이야기를 통한 마음 변화

비에 옷 젖듯이' 이런저런 다양한 이야기들로 전하려는 메시지를 사람의 생각에 스며들게 하기이다. 《삼강행실도》에서 100여 가지의 이야기들을 삽화까지 곁들여 소개한 것이 그 예이다(제2 단계 협흡浹洽).

셋째, 체화의 단계인데, 이는 들은 내용을 완전히 내 것으로 만드는 습관화 단계이다. 이를 위해서는 일회성이 아니고 반복해서 들려주되, 그러한 말과 행동이 공동체를 위해 가치 있고, 내게도 유익한 일이라는 것을 확신하게 해야 한다. 세종은 이 방법이 사람의 말과 생각과 태도를 바꾸는 데 효과적이라고 생각했다. 그래서 그는 여러 책들을 펴내 읽고 이야기하게 함으로써 《삼강행실도》의 이야기들이 가치 있고 유익한 언행이라는 것을 확신시키려 했다(제3 단계 체화體化).

세종의 스토리텔링 전략은 오늘날 기업 교육에서도 매우 중시되고 있다. 뛰어난 리더는 곧 다양한 이야기를 동원해 듣는 이의 마음을 움직이는 사람이기 때문이다. 감성적으로 사람들의 마음을 움직이는 힘이 이야기 속에 녹아들어 있기 때문이다.

세종도 힘든 도전과 좌절을 겪었다. 하지만 그는 책 속의 이야기를 통해서 용기를 얻었고, 여러 신하들과 더불어 의논하면서 해법을 찾아갔다. 책 속의 이야기를 들려주면서 자기 생각을 전달하기도 했다. 지금 우리가 따라 배울 수 있는 방법이라고 생각한다.

제2절

과학기술 성과의 국제적 비교

세종시대 성과를 다른 나라와 비교하면

세종 리더십과 관련해 첫 번째로 살펴볼 것은 그 시대 과학기술 성과이다. 훌륭한 리더십의 중요한 조건 중 하나는 탁월한 성과이다. 제아무리 과정이 모범적이라 하더라도 결과가 엉망이라면 그 리더는 결코 좋은 평가를 받지 못한다. 그래서 세종시대의 과학기술 성과를 다른 나라와 비교하여 살펴보려고 한다.

세종이 다스렸던 15세기 전반기 동안 과학기술사 분야에서 조선이 이룩한 발전은 "지구상의 다른 어느 지역에서도 찾아볼 수 없는 일"이라고 한다. 과연 그럴까? 세종시대의 과학기술의 성과가 "서방 세계는 물론, 아랍 세계와 중국의 과학기술 수준을 능가"했다는 주장이 사실일까? 이를 확인하기 위해서 일본의 이토 준타로伊東俊太郎 등이 편찬한 《과학사기술사사전科學史技術史事典》을 살펴보았다. 이 책에는 동서양 각국의 과학기술 성과가 시기별, 국가별로 나뉘어 표시되어 있는데, 세종 재위 기간을 다른 나라의 성과와 비교해 보면 다음과 같다.

| 표 1.1 | 세계 과학사의 시기별 최고 업적(1418~1450년)

구분	한국	중국	일본	동아시아 이외
건수	21	4	0	19

여기서 보듯이, 세종 때 거둔 과학기술의 성과는 21건으로 다른 나라, 즉 중국의 그것(4건)은 물론이고, 유럽과 아랍 등을 다 합친 나라들의 것(19건)보다 많다. 그야말로 세계 최고의 과학기술 선진국이었던 것이다.

그러면 세종시대에 이룬 과학기술의 성과는 어떤 것들이었을까? 21개의 성과를 천, 지, 인의 세 범주로 나누어 살펴보면 다음과 같다.

첫째, 하늘[天]의 범주에 해당하는 과학기술 성과들이다. 하늘의 형상과 운행을 관측하기 위해 경복궁 경회루 북쪽에 설치한 천문대인 '대간의대'와, 천체 관측을 통해 알아낸 우주의 법칙성을 서울의 위도에 맞게 편찬한 《칠정산 내편》 등이 그 예이다. 주목할 만한 사실은, 570여 년 전에 지구상에서 자기 지역에 맞는 천문 계산법을 완성하여 소유하고 있던 민족은 중국과 아랍 지역, 그리고 조선에만 존재했다는 점이다. 조선의 역법은 250여 년 뒤인 1684년에 일본인들이 최초로 '정향력貞享曆'이라는 역법을 채택할 때 큰 영향을 주었다.

둘째, 땅[地]의 범주에 해당하는 과학기술 성과들이다. 땅에 내리는 비의 양과 강에 흐르는 물의 높이를 측정하기 위해 발명한 '측우기'와 '수표', 산천의 형세와 각 지방의 지리 정보를 체계적으로 수집 정리한 각종 지리지, 그리고 땅의 성질을 파악해 갈고 씨 뿌리며 비료를 주고 거두는 등의 선진 농법을 집대성한 《농사직설》이나, 그 당시의 첨단 냉장 시스템인 '석빙고' 설치 등이 그 예다.

| 그림 1.2 | 천, 지, 인으로 분류한 세종시대 과학 성과

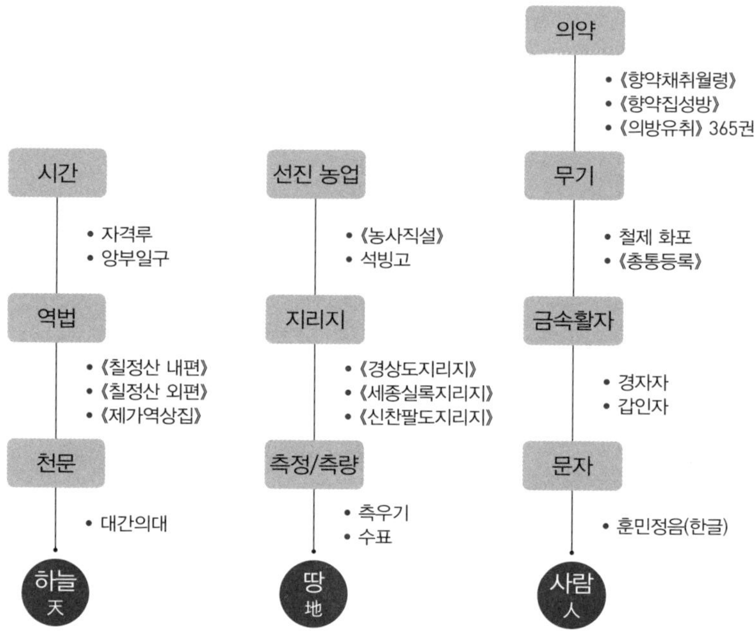

이야기 하나: 측우기 발명 관련

흥미로운 것은 서양보다 200년가량 앞선 강우 기기인 측우기와 관련된 《세종실록》 속 이야기다. 1441년 4월에 세종은 눈병 치료차 충남 온양의 온천에 가 있었는데, 전날 밤에 황사비[黃雨]가 내렸다는 예조의 보고가 들어왔다. 당시 황사비는 이변에 속하는 재이災異라서 왕은 반찬 수를 줄이는 등 삼가고 근신하는 태도를 취해야 했다. 재이에 대해 유독 민감한 세종이었기에 온천욕을 중단하고 상경할 준비를 했다.

그때 서울에 있는 셋째 아들 안평대군에게서 긴급 연락이 왔다. 궁궐에 내린 빗물을 자세히 조사해 보니, 어떤 곳은 노란 물질이 떠 있고, 다른 곳은 그렇지 않았는데 그 맛과 색깔을 정확하게 조사해 보니 황사가 아닌 소나무에서 떨어진 송홧가루였다는 것이다. 세종은 귀경을 보류한 채 일단 환관을 서울로 보내 상세한 조사를 실시토록 했다. 그 결과 안평대군의 말처럼 서울에 내린 것은 황사비가 아니라 송홧가루였음이 밝혀졌다. 세종은 이와 관련해 측우기의 발명 사실을 신하들에게 다음과 같이 말했다.

세계 최고의 발명품인 측우기에는 아버지의 건강을 생각하는 아들, 백성을 사랑하는 지도자의 이야기가 들어 있다.

> 근년 이래로 세자가 가뭄을 근심하여, 비가 올 때마다 젖어 들어 간 푼수[分數]를 땅을 파고 보았었다. 그러나 정확하게 비의 양을 알지 못하였으므로, 구리를 부어 그릇을 만들고는 궁중에 두어 빗물이 그릇에 고인 양을 실험하였다. (세종실록 23/4/29)

안평대군이 황사비와 송홧가루를 분별할 수 있었던 것은 세자 이향에 의해 발명되어 궁궐에 배치해 놓은 측우기 덕분이라는 말이다. 여기서 보듯이, 세계 최고의 우량계인 측우기는 아버지의 건강과 휴양을 기원하는 아들 안평대군의 마음과, 정확한 비의 양을 측정하기 위해 새로운 발명품을 고안해 낸 세자 이향의 노력, 그리고 정확한 사실 여부를 중시하고 사실에 근거해 판단을 내리는 세종의 합리적 정신이 결합되어 세상에 선보이게 되었다.

셋째, 사람[人]의 범주에 해당하는 과학기술 성과들이다. 사람들 사이의 소통과 교육과 기록을 위한 문자인 한글의 창제(1443년)와, 구텐베르크보다 30년 내지 20년을 앞선 조선의 금속활자 '경자자庚子字(1420년)'와 '갑인자甲寅字(1434년)' 등이 그 예다. 국방 과학기술인 천자총통 등 '철제 화포(1444년)'와 수십 년에 걸쳐 편찬되고 완성된 화기 기술 체계 종합서 《총통등록銃筒謄錄》(1448년), 그리고 우리나라 고유 의학 확립에 기여한 《향약채취월령鄕藥採取月令》(1431년)과 《향약집성방鄕藥集成方》(1433년), 중국과 한국 의학을 총정리한 의학대백과사전 《의방유취醫方類聚》(1445년) 등 의약서 등이 이 범주에 속한다.

이야기 둘: 의녀 제도

흥미로운 것은 의녀 제도를 세종이 태종으로부터 이어받아, 전국으로 확대 실시한 일이다. 여자 환자들이 남자 의사들의 진료를 받는 것을 꺼려 병이 악화되곤 했는데, 이를 막기 위해 조준의 건의에 따라 설치(1397년)된 서울의 '제생원濟生院'에 의녀를 두기 시작한 것은 태종 6년(1406년) 때부터이다. 당시의 여성 환자들은 남자 의사男醫들에게 진료받는 것을 "부끄럽게 여겨 끝내 질병을 다스리지 못해 일찍 죽는" 경우가 있었다. 따라서 태종은 허도許衜의 제안을 받아들여 여자 의사[女醫] 제도를 시행케 했다.

이는 획기적인 일이었지만 문제는 도성 안의 부녀들만 혜택을 받는 한계가 있었다. 이에 세종은 재위 5년 지방의 관비 중 총명한 자들을 가려 뽑아 제생원에서 교육을 받게 했다. 충청도·경상도·전라도 지역에서 선발된 관비들은 침구와 조제법을 배웠고, 본고장으로 돌아가 부녀자들을 치료했다.(세종실록 5/12/4) [* 중종 때의 대장금大長今 역시 '의녀' 출신이었다.(중종실록 17/9/5)]

마무리

세종시대 많은 과학기술에 관련된 이야기를 읽으면서, 마음에 와닿은 것은 사람들의 '숨은 고통'에 대한 배려이다. 의녀 제도 이야기는 사회적 약자들의 드러나지 않는 고통을 헤아려 개선하려는 당시 지도자들의 마음 씀씀이를 보여 준다(정치적 휴머니즘). 측우기만 해도 거기에는 사람의 이야기가 있다. 오늘날 과학기술은 그야말로 '사람의 얼굴 없는 과학 이론과 성과'만이 연구실이나 실험실에서 양산되고 있다.

기업의 제품도 마찬가지다. 그 제품을 만드는 과정에서 얽힌 직원들이나 고객들의 스토리가 들어갈 때 사람들은 감동한다. 과학기술의 역사에서 세계 최고를 만든 세종시대 사람들은 그런 감동 속에서 일했음을 기억하고, 그것이 비단 옛 이야기가 아닌 바로 지금 우리의 스토리가 되기를 바란다.

세종리더십 실천

세종시대의 놀라운 과학적 성과는 인재들의 꿈을 국가의 비전과 연결시키고, 창의적인 사람들이 존경받고 인정받는 사회 풍토 속에서 이뤄졌다. "그 사람이 어질다면, 비록 사립문과 개구멍[圭竇]에 사는 천인賤人이라도 공경公卿이 될 수 있다."(세종실록 14/8/2)는 사회 분위기가 그것이다. 장영실과 같은 천한 신분의 사람이라 할지라도 국가에 공헌한 바가 있으면 일정한 토론 절차를 거쳐 관료로 진출할 수 있다는 사회적 합의가 있었던 것이다.

여기서 중요한 것은, 그렇게 개인 비전을 국가 비전과 연결시키는 지도자의 철학이다. 능력 본위의 인재 쓰기 풍토를 기어코 조성해 나가겠다는 리더의 굳은 의지는 더욱 중요하다. 세종은 즉위한 직후부터 "백성은 나라의 근본이니, 근본이 튼튼해야만 나라가 평안하게 된다[民惟邦本 本固邦寧]."라는 유교의 핵심 가치를 빈번히 강조하여(6회), 당시 유교 지식인들로 하여금 국가에서 추진하는 일의 의미를 인식하게 했다(비전의 공유). 특히 그는 해시계仰釜日晷를 만들어 도성 가운데 내어 놓고, 자동 물시계가 알리는 시간을 경회루의 남문에서 월화문月華門으로, 그리고 광화문 대종고大鍾鼓로 "차례로 전하여 치게"(세종실록 16/7/1) 하는 등 당시 양반들만이 독점하던 시간이라는 고급 정보를 백성들과 공유했다. 바로 그런 철학을 인재들이 공감했고 백성들이 알고 따랐기에 세계 최고의 과학기술 성과를 창출할 수 있었다.

읽을 거리

리더십, 국가와 기업의 흥망성쇠를 가른다

1. 기적과 같은 한국의 경제 성장

| 그림 1.3 | 미국, 한국, 가나의 1인당 GDP(1960~2015년)

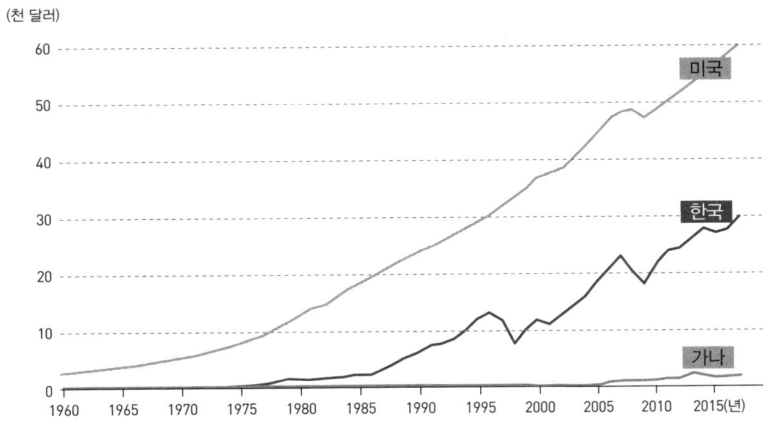

출처: World Bank national accounts data, and OECD national accounts data files.

위 그림은 세계은행의 데이터에서 1960년부터 2018년까지 미국, 한국, 가나의 1인당 GDP Gross Domestic Product(국내총생산)를 비교한 것이다. 1970년까지만 해도 한국의 1인당 GDP는 아프리카의 저발전 국가인 가나와 비슷한 수준이었다. 그러나 1975년 무렵부터 한국의 1인당 GDP는 급격하게 성장했다. 그리고 2015년에는 세계 최고 GDP의 국가인 미국의 절반 수준까지 도달했다.

한국은 세계 11위(2015년 기준)의 경제력을 가지고 있는 선진국이다. 이러한 기적적인 경제 성장 뒤에는 정치가들의 훌륭한 리더십뿐 아니라, 기업가들의 리더십이 있었다. 우리가 누리고 있는 풍요로움이 본래부터 주어졌던 것이 아니라 식민지와 전쟁이라는 장애물을 극복한 훌륭한 리더십 덕분이라는 사실을 기억하자.

2. 100년 이상 장수 기업, 한국은 8곳에 불과

| 그림 1.4 | 100년 이상 장수 기업 현황(단위: 개)

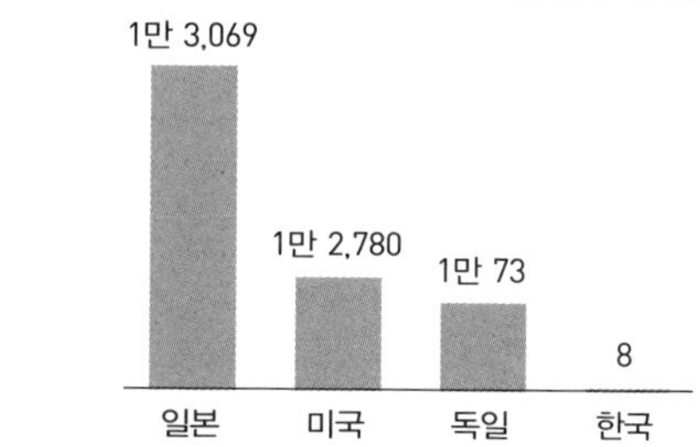

출처: 《매일경제》, 2019. 8. 5. 기사

'장수 기업'은 보통 "100년 이상 지속된 기업"으로 정의되고 있다. 장수 기업의 본산은 일본이다. 중소벤처기업부의 자료에 따르면 전 세계에서 200년 이상 된 기업 총 7,212개 가운데 절반 이상인 3,937개(54%)가 일본에 있다. 일본 이시카와현에 있는 전통 료칸(호텔)인 호시료칸은 718년에 설립되어 1301년 동안 영업한 세계에서 가장 오래된 호텔이다. 일본에는 창업한 지 1000년 이상 된 회사가 7개이며, 500년 이상은 32개, 200년 이상은 3,937개에 달한다. 100년 이상 된 기업은 일본 전국에 3만 3,069곳에 달해 현지에서는 장수 기업 축에도 끼기 힘들 정도다.

독일은 제조업 분야에서 장수 기업이 많다는 특징이 있다. 글로벌 경쟁력을 갖춘 히든 챔피언 대부분은 장수 가족 기업에서 탄생하고 있다. 200년 이상 된 기업만 1,563개에 달하는데 가족 기업 비중이 매우 높다. 독일 전체 기업 309만 9,493개(2006년 기준) 가운데 가족 기업은 295만 2,900개(95.3%)에 달한다. 반면 한국은 100년 이상 된 장수 기업은 두산(1896년), 동화약품(1897년), 몽고식품(1905년), 광장(1911년), 보진재(1912년), 성창기업(1916년) 등 6개에 불과하고, 신한은행(옛 한성은행, 1897년)과 우리은행(옛 상업은행, 1899년)과 같은 은행을 포함해도 8개에 불과하다.

1945년에 일본의 식민지에서 독립한 한국은 한 세기도 안 되어 세계 10위권의 경제력을 지닌 중진 국가로 발돋움했다. 한국 장수 기업의 현황은 한국이 후발 주자로 세계 경제에 뛰어들었다는 사실을 잘 보여 준다. 기적과도 같은 우리나라의 경제 성장을 지속시켜 나가려면 '백년 기업'이 더 많아져야 한다.

– "100년 이상 장수 기업…한국, 은행 포함 8곳 불과"
https://www.mk.co.kr/news/business/view/2019/2/76681, 검색일: 2019. 8. 5.

제2장

[기록]

세종학, 어떻게 다가갈까

| 학습 내용 |

- 세종학이란 말의 뜻과 접근 방법
- 세종학과 비슷하지만 다른 학문들
- 세종이 정립한 '실록의 체제'

| 학습 목표 |

- 첫째, 세종학이란 말을 사용했을 때 좋은점 2가지를 안다.
- 둘째, 조선왕조실록의 가치와 그 활용 방법을 배운다.

| 요점 |

- 세종실록을 '세종의 눈높이'에서 읽을 때 리더십을 체화體化하기 쉬움.
- 세종학은 역사학의 목표(일 잘하는 안목과 방법 학습)와 정치학의 본령(소유 아닌 소통)을 종합적으로 배울 수 있는 학문임.

제 1 절

세종학의 의미와 특징

세종 리더십을 배우다 보면 자주 만나는 낱말이 '세종학'이다. 세종학의 일부가 곧 세종 리더십이기 때문이다. 그동안 연구자들은 의외로 세종학의 뜻을 정의하거나 범주를 정하는 데 소홀했다.[1] 물론 세종학이란 용어는 1986년에 세종대왕기념사업회에서 《세종학연구》를 간행하면서 공식 사용되었다. 이후 연구소의 이름 또는 대학의 학과목 이름으로, 또는 시민 강좌의 교재 이름으로 사용되었다.[2] 하지만 세종학의 개념과 특징이 본격 논의된 것은 최근이다.

1 세종학의 영어표기로는 Studies of King Sejong's Statecraft and Leadership 또는 간단히 Sejong-ology 등으로 표기할 수 있다고 본다.

2 2000년대 초 미국의 김석연 교수가 '세종학연구소'를 미국 뉴욕주립대학교에 세웠고, 박종국 회장이 '세종학연구원'을 설립했다. 한국학중앙연구원 세종국가경영연구소(초대 소장: 정윤재 교수)는 2009년 한글날에 '제1회 세종학 국제학술회의'를 개최했으며, 2005년부터 열린 '실록학교'에서 《세종학개론》을 교재로 사용했다(2018년 4월까지 총 26회 개최). 또한 세종대학교에서는 2012년에 처음으로 '세종학의 이해'(담당교수 김슬옹)라는 과목을 개설했으며, 여주대학교에서는 더 나아가 전교생에게 '세종 리더십'을 가르치고 있다. 김슬옹, 《세종학과 융합인문학》, 보고사, 2019, 23쪽.

세종학이란?

최근의 논의 내용을 반영해서 세종학을 새롭게 정의해 보면 다음과 같다.

> 세종시대에 만들어진 문헌과 유물에 의거하여(①) 그 시대 사람들의 가치관과 안목, 문제 해결 방식을 탐구하는(②) 국가 경영 리더십과 그 성취(③)

이 정의에는 우선 기존의 인접 학문들이 간과하거나 경시했던 리더십 과정이 강조되어 있다. 국왕과 재상 등 '지위'에 있었던 사람들이 상황을 진단하고 비전을 공감하는 한편 실제적인 처방을 내리는 과정을 중시한다(③). 새로운 학문 영역 호칭의 필요조건인 '유용성'을 충족하는 것이다(문제 해결 능력인 리더십이 세종학의 중심임을 확인).

그뿐 아니다. 이 정의는 독립적인 학문 영역 호칭으로 인정받기 위한 충분조건인 세종학의 고유 속성을 내포한다. 즉 세종시대에 만들어진 문헌과 유물이라는 공통 근거topos에 의거해서(①) 그 시대 사람들의 가치관과 안목, 문제 해결 방식이라는 본질적 가치까지 아우른다(②). 그들이 사용한 텍스트(문헌과 유물)를 통해서 그들의 사유 체계(가치 및 가치 달성 방법)를 이해하려는 게 세종학의 입장이기 때문이다(역사적 사실에 의거해 그 시대 사람들의 고민을 이해하고 배울 점을 찾음).

'세종학'에 대해 최초로 정의를 내린 김슬옹 한글학회 연구위원에 따르면, 세종학은 "세종이 이룩한 모든 업적과 학문뿐만 아니라 세종이란 인물을 대상으로 하는 모든 학문 체계"이다. 이 정의는 세종학의 범주에 들어가는 것을 알려주는 장점은 있으나, 왜 굳이 그 용어를 써야 하는지에 대해서는 말하지 않고 있다. 종래의 역사학(과학사 포함)이나 언어학 내지 정치학의 한 분야로 세종 및 그 시대 업적을 연구하지 않고 별도로 '세종학'이란 이름하에서 연구를 진행해야 하는지에 대해서는 설득력 있는 언급을 하지 않고 있는 것이다.

'학문 분류학의 시조'라고 불리는 아리스토텔레스에 따르면 새롭게 학문 영역을 만들려는 사람은 그 작업이 왜 필요한지, 그리고 "어떤 목적을 위해 유용한지"를 먼저 말해야 한다. '유용성'이 새 학문 영역 정의의 일차 조건인 것이다. 다음으로 독립적인 학문 영역의 호칭으로 인정받으려면 그 학문 영역의 고유 속성과 본질적 가치(특유성)를 담아야 한다. 말하자면 기존의 학문 영역 용어가 놓치고 있는 점을 포착해 그 점을 보완하는 '유용성'이 새 용어의 필요조건이라면, 그 시대의 사건이나 업적뿐만 아니라 사람들의 가치관과 안목, 문제 해결 방식까지도 담는 것은 그 충분조건이라 하겠다.(아리스토텔레스, 《변증론(Topos)》)

이 점에서 김슬옹 연구위원의 정의 — '세종시대의 업적 및 세종이란 인물 탐구' — 는 전자의 조건(필요조건으로서 '유용성')은 어느 정도 만족시킨다고 할 수 있다. 하지만 후자의 조건(충분조건으로서 '특유성')에는 미흡하다고 할 수 있다. 세종학에는 '세종시대의 업적 및 세종이란 인물 탐구'라는 말로는 표현이 안 되는 중요한 요소가 더 있기 때문이다.

이 점에서 세종학이 중시하는 연구 방법은 '역사에 대한 내재적 독해'이다. 이것은 역사적 사건을 논의할 때 그 당시 행위자들이 사용한 언어와 제기된 문제로부터 접근하는 이해의 방식the method of understanding을 뜻한다.[3] 이 같은 이해의 방식은 "방법에 맞추어 현상에 접근"하는 것이 아니라, 먼저 "현상 그 자체로" 돌아간 다음 "현상에 맞추어 방법을 택하려는" 의도를 반영하는 것으로서, 외래의 개념적 틀을 고유한 정치 현상에 덮어씌우는 오류를 피하기 위한 것이다. 말하자면 역사적 상황을 "있는 그대로의 모습으로" 보되, 객관적 사실의 이면에 있는 정

3 M. Merleau-Ponty, *Humanism and Terror: An Essay on the Communist Problem*, Boston: Beacon Press, 1969, p. ix.

치 행위자의 가치관과 의도를 생생하게 살려 내는 데 그 특징이 있다.[4]

세종학과 비슷하지만 다른 학문들

세종학은 그와 비슷한 인접 학문들과는 어떻게 같고 다른가? 역사학이나 인물 열전 혹은 전기傳記, 그리고 정치학 내지 정부학과 어떤 관계를 갖는가? 세종학의 성격을 보다 잘 이해하려면 인접 학문과 비교해서 살펴보는 게 좋다. 결론을 미리 말하자면 '세종학'은 위의 모든 학문 분과 중 어느 하나가 아니라, 그 전체를 관통하고 아우른다. 아우를 뿐만 아니라 그것을 넘어선다고 할 수 있다.

첫째, 세종학은 역사학과 비슷하지만 다르다. 세종학은 역사 사실을 소재로 다루되 역사 기록의 정신, 즉 "지난 일들을 서술할 때, 후대인들을 깊이 의식해야 한다[述往事 思來者]."는 사마천의 정신을 충실히 계승한다고 할 수 있다.(《한서漢書》 권62, 〈사마천전司馬遷傳〉) '동양 역사학의 아버지' 사마천은 《사기史記》를 편찬하면서 '밝은 세상을 잘 계승시키는 일[能紹明世]'을 자신의 소명이라고 했다.

'태사공자서太史公自序'에서 그는 공자나 주공처럼 뛰어난 인물들이 꿈꾸고 이루었던 성대한 시대를 기록하고 전해서 "난세를 다스려 올바른 세상으로 되돌리는[撥亂世反之正]" 것이야말로 지도자의 큰 책무라고 말했다.

---

4 물론 당시 사람들의 시와 문학, 일반 백성들의 삶과 사랑, 그리고 식물학 연구 등도 세종학의 범주에 들어간다. 하지만 그 시대를 기록하고 있는 문헌과 유물을 통해서 볼 때 세종학의 중심은 역시 국가 경영이라고 할 수 있다.

> 나라를 다스리는 자는 《춘추》, 즉 역사를 몰라서는 안 되는데, (역사를 모르면) 앞에 참소하는 자가 있어도 알지 못하고 뒤에 역적이 있어도 알지 못한다. 신하된 자도 《춘추》를 알아야 하는데, (역사를 알지 못하면) 일상적인 일을 처리함에 있어서 옳은 방법을 모르고[守經事而不知其宜] 사태의 변화를 만났을 때 임기응변으로 대처할 줄 모르게 된다[遭變事而不知其權]. (사마천, 《사기》 태사공자서)

한마디로 올바른 '판단 기준'도 역사에서 찾을 수 있고, 문제를 풀어갈 '해법'도 역사에서 발견할 수 있다는 게 사마천의 믿음이었다. 세종은 그런 맥락에서 "무릇 정치를 하려면 반드시 전 시대가 남긴 치란治亂의 자취를 살펴보아야 하고, 그 자취를 보려 하면 오직 역사책을 상고할 수밖에 없다."면서, 중국과 우리나라의 역사 속 리더십 사례를 편찬하게 했다. 세종은 또한 알려진 것처럼, 왕과 재상 등 권력을 가진 자들이 실록을 볼 수 없는 좋은 전통을 세웠다. 후대인들이 그 역사 기록을 믿지 않고 외면한다면 아무리 많은 기록을 정성 들여 남긴다 해도 무의미할 것이라고 생각했기 때문이다. 말하자면 세종학을 배우는 것은 역사 사실을 왜 기록하고 배워야 하는지에 대한 정신을 중시한다는 점에서 역사학의 정수를 꿰뚫는다고 할 수 있다.

둘째, 세종학은 인물 열전(내지 전기)과 달리 어떤 인물들의 말과 행동을 입체적으로 접근할 수 있게 한다. 인물 열전이나 전기가 특정 인물의 일대기, 즉 그가 태어나서 죽을 때까지 말과 행동, 그리고 업적을 서술하는 것인 데 비해, 세종학에서는 그 인물의 말과 생각뿐만 아니라 그를 지지하거나 반대하는 인물과의 관계 및 논쟁까지도 다룬다. 그 인물이 추진한 일의 배경과 전개 과정을 정치·사회·경제·문화적 맥락 속에서 이해할 수 있게 하고, 시간적 추이에 따라 전개되는 일의 양상도 알 수 있게 한다. 말하자면 세종학은 전기보다 훨씬 포괄적이며 인간학의 정수를 담고 있으면서 통섭적이라는 특징을 갖는다.

셋째, 세종학은 정치학이나 정부학에 상당히 근접하나 그보다 훨씬 깊이가 있으며 역동적이다. 세종학에서도 권력과 제도, 정치 세력 관계, 국가 간 관계, 정치 사상 등을 다루나, 그러한 여러 요소 하나하나를 분석하기보다는 '지위가 있는 인물'이 그 요소들을 어떻게 이용해서 문제를 해결해 가는가에 초점을 맞춘다. 예를 들어 세종학에서는 경세經世, 즉 지도자에게 필요한 경국經國의 종합적 사유와 실천 지향적 지식을 중시한다. 왜냐하면 그 시대 사람들은 과거의 경험으로부터 역사적 통찰력을 얻되, 국가로 지칭되는 공동체의 발전을 위해 유교적 지식을 탄력적으로 사용하는 '지위가 있는 인물들'의 문제 해결 과정을 중시했기 때문이다. 세종이 황희에 대해서 "경卿은 세상을 다스려 이끌 만한 재주[經世之才]와 실제 쓸 수 있는 학문을 지니고 있다."라고 말한 것이나,(세종실록 10/6/25) 남은南誾에 대해서 "경국제세經國濟世의 방략方略을 지녔다."라고 칭찬한 것이(세종실록 4/1/5) 그 예다.

이렇게 볼 때 세종학은 정치학이나 정부학보다 더 역동적이라고 할 수 있다. 세종학은 또한 정치학과 달리 권력에 대해서도 새롭게 접근한다는 특징을 갖는다. 종래의 정치학은 '라스웰H. Lasswell식 접근법'에 따라 누가 권력을 언제, 어떻게 장악하느냐(Who Gets What, When, How)에 초점을 맞추어 접근했다. 이에 비해 세종학에서는 권력을 얻는 방법을 다른 관점에서, 즉 소유가 아닌 소통으로 권력을 얻는다는 점을 중시한다.

가령 장영실 등이 노력해서 만든 동물 그림 오목해시계仰釜日晷를 종로 네거리에 설치해 백성들로 하여금 "스스로 할 바를 알게[知作]" 한 일이라든지,(세종실록 16/10/2) 죄의 큰 조항을 백성들에게 알려서 죄짓는 것을 "알아서 피하게[知避]" 하려는 조처(세종실록 14/11/7) 등이 그것이다. 시간이라는 정보와 법 지식이라는 권력을 백성들에게 공유하는 소통 정치를 펼친 것이다.

세종의 이러한 지식과 정보 공유의 정치를 '리더십 2.0'이라 부를 수 있다. 즉 '리더십 1.0'이 성과 거두는 일에 초점을 맞추고 있는 데 비해, '리더십 2.0'은 구성원에게 핵심 지식과 정보를 공유하여 시행 착오를 줄이고 학습하게 만드는 것을 중시한다. 이 점에서 세종은 '효율'이나 '권위'를 강조했던 태종이나 세조 등 다른 왕들과 구분된다.

제 2 절

세종실록과의 만남

역사를 공부할 때 조심해야 할 것이 있다. 그것은 우선, 지금 우리의 시각으로 그 시대를 재단하는 것이다. 지금 우리의 잣대로 '왜 이것을 안 했지?'라고 재단하는 것은 역사 속 인물들의 고민을 이해하지 못하게 만든다. 그렇다고 그 시대의 틀에 갇혀 책을 읽는 것도 좋지 못하다. 역사 속의 사건과 사실을 캐내어 전달하는 데만 머문다면 재미가 없을 뿐더러 별로 유익하지도 않기 때문이다.

경복궁 앞 육조거리

이 점에서 프랑스의 정치 철학자 메를로 퐁티M. Merleau-ponty가 말하는 '독자讀者의 진정한 자유'가 마음에 와닿는다. 그에 따르면 "진정한 자유는 타자를 있는 그대로의 모습으로 보려 하고, 자유를 부정하는 이론들조차도 이해하려 하며, 이해하기 전에 판단하는 것을 허용하지 않는다."라고 한다.(M. Merleau-Ponty, 2004) 한마디로 자기가 싫어하는 대상은 물론이고 좋아하고 존경하는 대상에 접근할 때도 우선 그 사람의 눈

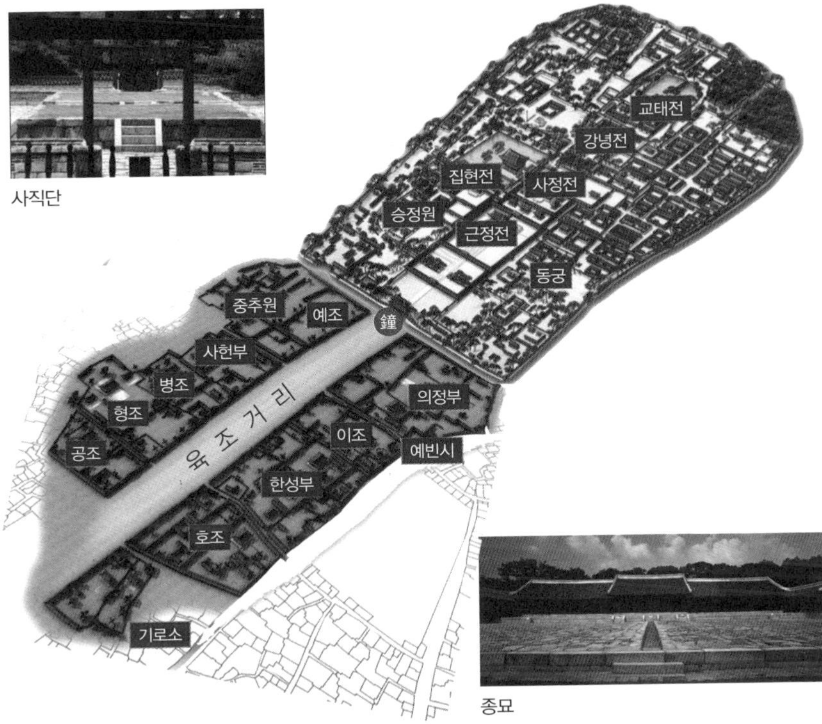

경복궁과 육조거리, 그리고 좌묘우사. 왕의 집무실인 사정전을 중심에 놓고 전후 좌우를 살피면 세종의 국가 경영 눈높이를 짐작할 수 있다.

높이에서 바라보기 시작해야 한다는 것이다.

《세종실록》을 읽을 때 최대한 세종의 눈높이에 맞추어 읽는 게 중요하다. '세종의 눈높이'란 어떤 구체적인 문제를 놓고 고민하고 선택을 내려야 하는 국왕의 입장에서 실록을 읽어 가는 것을 말한다. 다시 말해서 '내가 그 입장이라면 어떻게 할 것인가'를 염두에 두고 세종 및 그 당시 신하들의 언행을 살펴보는 것이다.

물론 그것이 정말 세종의 눈높이인지 아닌지를 확인할 수는 없다. 다만 그런 노력과 연습을 하다 보면, 세종의 판단과 조치를 좀 더 구체적으로 살필 수 있고, 정책 결정자의 고뇌를 읽는 것은 물론, 그들과의 심리적 간격도 줄일 수 있는 장점이 있다고 본다. 무엇보다 이 과정을 통해 우리의 생각과 언행을 되돌아볼 수 있고, 세종의 리더십을 내 것으로 만드는[體化] 길도 열릴 거라 생각한다.

세종의 눈높이에서 《세종실록》을 읽기 위해서 필자가 시도한 것은 15세기의 경복궁景福宮과 그 앞의 육조거리를 연구실 벽에 걸어 놓고 살펴본 일이다. 16여 년간 집무한 공간을 수십 차례 찾아가서, 골똘히 세종을 생각해 보곤 했다. 평상시의 집무실인 경복궁의 사정전思政殿에 세종이 앉아 있는 것을 가상해 볼 때, 오른편으로 경회루慶會樓와 그 앞의 집현전集賢殿 건물이 우선 눈에 들어온다. 왕명을 받아 정책 연구에 집중하느라 늘 밤늦게까지 불이 꺼지지 않는 건물이다. 집현전에서 눈을 왼쪽(동쪽)으로 돌리면 사정전 바로 앞에 경복궁의 으뜸 건물인 근정전勤政殿이 있고 바로 그 앞에 품계석이 즐비한 널따란 마당, 즉 조정朝廷이 보인다. 세종은 그 조정에 집결한 대소 신료들[滿朝百官]의 눈과 입을 늘 의식하면서 정책을 세우곤 했다.

다시 고개를 더 왼쪽으로 돌려 보면 세자가 머무는 동궁이 보인다. 세종이 왕위에 올랐을 때(1418년)에 다섯 살이었고, 여덟 살 때(1421년)부터는 세자로 책봉되어 늘 곁에서 아버지를 지켜보는 아들 이향李珦(나중의 문종)을 의식하며 세종은 말하고 행동했을 것이다. 사실 자식보다 더 준엄한 감시자는 없기 때문이다. 왕의 감시자로는 근정전의 오른편(서편)에 있는 승정원承政院의 승지들도 만만치 않았다. 왕의 말을 대신 전한다 해서 '대언代言'이라고도 불렸던 이들은 왕명이라 할지라도 잘못된 것이라 판단되면 이의를 제기하던 준準언론 집단이었다.

남쪽으로 내려가 경복궁의 정문인 광화문光化門을 통과하면 그 유명한 육조六曹거리가 나온다. 광화문 앞에서 황토현黃土峴(현재 광화문 사거리)까지 좌우에 육조의 관청이 즐비하게 들어서 있는 주작대로에 나서 보아야 비로소 조선왕조가 '거대한 관료제 국가'라는 것을 실감할 수 있다. 동쪽 편에는 의정부議政府로부터 시작해서 예빈시禮賓寺, 이조吏曹, 한성부漢城府, 호조戶曹의 관청이 늘어서 있고, 그 맞은편에는 예조禮曹로부터 중추원中樞院, 사헌부司憲府, 병조兵曹, 형조刑曹, 공조工曹가 차례로 있다. 특이한 것은 오늘날의 검찰청에 해당하는 사헌부가 육조거리 중앙에 위치하고 있다는 점이다. 이는 조정 관리들, 특히 길 건너편의 인사권과 재정권을 갖고 있는 이조와 호조의 관리들에게 경계의 마음을 갖게 했을 것이다. 사헌부의 수장인 대사헌이 입는 옷의 가슴과 등에는 잘못된 일을 보면 머리의 외뿔로 들이받는다는 해태, 즉 해치獬豸가 새겨져 있었다.(단종실록 2/12/10)

이 외에도 육조거리에는 일종의 무임소 장관들의 근무 장소인 중추원과 오늘날의 서울 시청인 한성부가 들어서 있었지만, 역시 국가 경영의 중심은 육조로 보아야 한다. 특히 여기서는 자세히 다루지 않았지만, 육조거리에서 훨씬 동쪽에 있던 종묘宗廟와 그 뒤의 창덕궁昌德宮, 그리고 그 옆의 문묘文廟와 성균관成均館 역시 국왕의 국가 경영 지도에서 중요한 비중을 차지했다.

세종의 국가 경영 지도를 그리다 보면 '경국대전 체제'를 생각하게 된다. '경국대전 체제'란 조선왕조의 종합 법전인 《경국대전》 6범주의 틀을 말하며, 경복궁 앞 '육조거리'의 공간 감각을 염두에 둔 것이다. 세종도 "이제부터 태조께서 제정하여 놓으신 법에 의하여 육조에서는 각각 맡은 직무를 먼저 의정부에 품의稟議(보고)하되, 의정부에서는 기부를 의논하여 아뢴 뒤에 분부를 받아서 도로 육조로 돌려보내 시행하게 하라."(세종실록 18/4/12)고 하여, 육조를 중요한 국가 경영의 범주로 여겼다.

세종 때 기틀이 마련되고, 세조와 성종 때 완성된 《경국대전》은 조선왕조라는 거대한 국가 체제를 유지하기 위한 각종 사항들을 종합적으로 담고 있다. 즉 인재를 선발하고 파견하는 과정(인사 행정), 국가 재정의 운영(재무 행정), 형벌 및 재판 규정(형법) 등이 그것인데, 실록을 보면 국가 업무가 실제로 6개의 범주로 나뉘어 보고되고, 지시가 전달되고, 정책이 추진되고 있음을 알 수 있다. 그리고 그러한 6범주는 인사 업무에서 재정 업무에 이르기까지 종합적이고 균형적인 사고를 할 수 있다는 점에서 오늘날의 정부나 기업의 경영 리더십 형성에도 상당한 도움이 된다.

세종이 정립한 '실록의 체제'

세종의 국가 경영 지도가 들어 있는 《세종실록》은 어떤 책일까? 세종의 업적 중 잘 알려져 있지 않은 게 있다. 그것은 '실록의 체제'를 정립한 임금이 바로 세종이라는 사실이다. '실록의 체제'란, 왕 앞에 상시 대기하는 사관과 승정원의 관리는 물론이고, 집현전 학사까지도 어전 회의 내용을 모두 기록하게 하게 한 제도를 말한다. 또 세종은 실록을 전국 네 군데의 사고史庫에 분산 보관하게 했는데, 만약 세종이 그렇게 하지 않았다면 1997년 유네스코가 세계 기록 유산으로 선정한 《조선왕조실록》은 현재 없었을 것이다. 《승정원일기》처럼 임진왜란 때 불타고 말았을 테니 말이다.

세종은 어떤 생각으로 '실록의 체제'를 정립했을까? 그리고 세종은 태조나 태종의 실록을 읽어보았을까?

그에 앞서 세계 왕조사나 실록들 중에서 《조선왕조실록》만이 유일하게 세계 기록 유산으로 등재된 이유를 살펴볼 필요가 있다. 실록은 원래 중국 육조시대부터 시작되었고, 우리 역시, 현재는 남아 있지 않지만 고려시대부터 실록을 편찬했다. 일본에는 《문덕황제실록》, 《삼대실록》이 남아 있고, 베트남에는 《대남식록大南寔錄》이 있다. 그런데 다른 점이 있다면 다른 나라의 실록들은 그 내용이 매우 소략하다는 것이다.

먼저 기록의 양으로 볼 때, 명나라의 역사를 기록한 명실록, 즉 《대명실록》이 글자 수로 1,600만 자인 데 비해, 조선왕조의 기록을 담은 《조선왕조실록》은 총 5,400만 자이다. 조선왕조의 역사(518년)가 명나라(294년)보다 두 배 가량 더 길다는 점을 감안하더라도 기록의 충실성에서 《조선왕조실록》의 상대가 되질 못한다.

또한 그 내용 면에서 《대명실록》이 주로 궁중에서 일어난 일만을 기록한 데 비해, 《조선왕조실록》은 조정의 대소사에서 시작해 두메산골 여염집 치정 사건에 이르기까지 다채롭고 풍부한 내용을 담고 있다. 그러면 세종대왕은 어떤 생각으로 그렇게 훌륭한 기록의 보물 창고를 만들 생각을 했을까?

첫째, 세종은 역사란 모름지기 후대인들이 평가할 수 있게 해야 한다고 생각했다. 즉위 직후 그는 정도전 등에 의해 편찬된 《고려사》를 개수하게 했는데, 그 동기는 "역사는 있는 그대로 기록해야 한다."는 생각 때문이었다. 예를 들어, 고려 왕들이 짐朕이나 조詔, 또는 종宗과 같이 황제가 쓰는 용어를 참람하게 사용했다고 하여 정도전이 그것을 나[予], 교敎, 또는 왕王으로 바꾼 것은 잘못이라고 보았다.

> 오늘 사필史筆을 잡는 자는 (…) 다만 마땅히 사실에 의거해 바르게 기록해야 한다[據事直書]. 그러면 찬미하고 비난할 것이 스스로 나타나서 족히 후세에 전해져 신뢰를 얻을 것이다[傳信於後].(세종실록 5/12/29)

여기서 중요한 말은 '전신어후傳信於後'이다. '후세에 믿음을 전하는 것이 역사 기록의 일차 목표'라는 뜻이고, 그러기 위해서는 '사실에 의거해 직서'해야 한다는 게 세종의 생각이었다.

둘째, 역사 기록에 대한 정치적 개입을 최소화해서 역사 기록의 공정성을 확보하는 전통을 수립했다. 세종 역시 자기 아버지, 태종에 대해 실록이 어떻게 기록하고 있는지가 궁금했다. 그중에서도 제1, 2차 왕자의 난과 관련한 태종의 역할을 몹시 궁금해했다. 권력 쟁탈 과정에서 자기 동생들을 죽이거나 쫓아 보낸 골육상잔骨肉相殘에 대해 사관이 어떻게 기록하고 있는지를 보고 싶었다.

1431년 3월, 《태종실록》의 편찬을 마무리할 즈음, 세종은 "전대前代의 제왕들이 선왕先王의 실록을 친히 보지 않은 자가 없는 것 같은데 (…) 내가 한번 《태종실록》을 보려 하는데 어떤가."라고 물었다. 그러자 우의정 맹사성 등은 "전하께서 보신다면 후세의 임금이 반드시 이를 본받아 고칠 것이며, 사관史官 또한 사실을 반드시 다 기록하지 않을 것"이라면서 "후세에 그 진실함을 전하기" 위해서는 절대 실록을 보아서는 안 된다고 말했다. 그러자 세종은 "그렇겠다." 하고 물러섰다.(세종실록 13/3/20)

하지만 세종은 아버지에 대한 기록이 정말 궁금했던 듯하다. 그로부터 7년 뒤인 1438년에 세종은 다시 "자손으로서 조상의 기록을 알지 못하면 장차 무엇으로 감계鑑戒(살펴서 조심하는 일)를 삼을 것인가."라고 묻고 있다. 하지만 이때에도 황희 등은 원칙을 굽히지 않았고, 세종도 손을 들고 말았다. 이것은 결과적으로 전통이 되어 후대 왕들이 실록을 보지 못하는 전거가 되었다.(세종실록 20/3/2)

《세종실록》은 세종이 승하한 지 2년 뒤인 문종 2년(1452년)에 편찬을 시작해, 단종 2년(1454년)에 완성되었다(2년 1개월). 《세종실록》은 조선 후기의 《정조실록》과 함께 실록 편찬자[史官]의 개입이 최소화되고 있다고 평가된다. 그런데 이런 평가와 가장 대조되는 것은 《단종실록》이나 《명종실록》이다. 예를 들어 단종실록 1년 10월 10일 자 기사를 보면, 사관은 왕을 "노산군"이라고 부르고, 수양대군을 "세조"라고 칭하고 있다. 이것은 세종의 직서법을 어긴 것이다. 또 《명종실록》 10년 11월 20일 자 기사를 보면 남명 조식을 변호하는 정종영의 말을 소개하면서 사관이 중간중간에 특정 인물에 대한 평가를 삽입하고 있다. 자신들의 정치적 입장에 부합되는 인물은 "성품과 행실이 단정하고 무게가 있으며, 공손하고 조심스러운 유일의 선비"라고 두호하는 반면, 노선이 다른 인물에 대해서는 "성품이 간사하고 표독하며, 뱃속에는 남을 해롭게 하는 마음이 가득했다."라고 평가하고 있다.

결론적으로 이렇게 사명감에 불타 기록한 《명종실록》 속 사평은 오늘날 눈살을 찌푸리지 않고는 그 대목을 읽어 볼 수 없는 기록이 되었다. 세종의 실록 기록의 정신에서 가장 멀리 떨어져 나간 결과라고 하겠다. 오늘날에도 역사 편찬과 관련해 정부는 물론이고 주요 언론들의 편파성 문제로 시비가 끊이질 않는다. "사실에 의거해 직서한 다음 후세의 평가를 기다린다."는 세종의 실록 기록의 정신을 생각해 볼 때다.

읽을 거리

조선왕조사[正史] 편찬의 필요성

세종은 재위 기간 전체를 기울여 《고려사》를 편찬했고(즉위년~재위 30년), 김부식도 고려 건국(918년) 127년 만인 1145년(인종 23년)경에 왕명을 받아 삼국시대의 정사正史를 펴냈는데, 아직까지 조선왕조 정사가 없다.

그 이유의 하나는 조선왕조가 이민족(일본)에 의해 패망했기 때문이다. 일제시대 내내 일본인들은 지배를 정당화하기 위해 조선 역사를 실제 이상으로 부정하거나 왜곡했다. 조선의 정치는 당쟁으로 얼룩졌다거나 조선인은 더러운 피를 물려받았다는 식의 왜곡이 그것이다. 해방 이후 75년이(1945~2020년) 되도록 왜곡된 식민지 시대 역사 인식은 계속되고 있다. 지금까지는 조선왕조사를 편찬할 여유를 갖지 못했고, 중요성도 인식하지 못했다. 하지만 2020년을 전후한 시기에 우리의 좌표를 확인하고 나아갈 방향을 찾기 위해서라도 정사 편찬 사업에 착수해야 한다.

조선왕조사 편찬의 큰 방향은 각 분야 전문가들의 식견과 국민들의 합의에 의해 정해져야 한다. 그 큰 방향은 '조선시대를 관통해 흘러 온 한국 문명의 재발견'이어야 한다. 대규모 성곽이나 궁궐을 짓기보다는 기록을 남겨 후대에게 물려주려 했던 '실록의 전통', 무지렁이 백성들에게 문자를 만들어 대화하고 스스로를 지킬 수 있게 한 '훈민정음 창제의 정신', 어느 한쪽으로 치우치지 않는 균형 잡힌 국가 경영의 방략 등은 그 내용이 될 것이다.

무엇보다 세종이 '실록의 체제'를 정비하면서 세운 역사 편찬의 두 원칙, 즉 거사직서據事直書(사실에 의거해 바르게 기록하기)와 전신어후傳信於後(후대인들이 믿고 배울 수 있게 편찬하기)의 자세가 가장 중요하지 않을까?

제3장

[소명] 세종의 민본 사상과 자기 변화

| 학습 내용 |

- 세종 재위 32년 개괄
- 맹인 세종, 그가 마지막으로 이루고자 한 소명은?
- 소년 세종, 세종 이도의 봄
- 훌륭한 리더는 어떻게 만들어지는가?

| 학습 목표 |

- 첫째, 세종 재위 32년은 계속되는 도전과 좌절, 그 극복으로 이뤄져 있음을 안다.
- 둘째, 나이 47세에 거의 맹인 수준의 시력을 갖고 있던 세종이 마지막으로 생각한 소명이, 한글 창제였다는 사실을 안다.
- 셋째, 직장 생활에서 자신이 이뤄야 할 업業을 발견하고, 그것을 위해 무엇을 어떻게 준비해야 하는지 생각하는 시간을 갖는다.

| 요점 |

- 세종을 '세종답게' 만든 것은 어린 시절의 두 가지 경험, 즉 백성들의 삶 속으로 들어가 본 '현장 경험'과 고전이라는 책 속 지혜의 바다를 만난 것임.

제 1 절

세종 이도의 소명

세종시대는 우리 역사에서 가장 창조적인 시대였다. 세계 최고의 과학기술 성과, 북방 영토의 개척, 아악 등 음악 분야의 혁신적인 도약, 그리고 한글 창제 등 거의 모든 분야에서 괄목할 만한 업적을 이루었다. 그런데 이들 업적의 대부분은 세종시대의 중·후반부, 즉 장년기의 세종에 의해 이뤄진 것들이다. 그런데 재위 중반기 이후의 원숙한 세종의 모습만 떠올려서는 안 되겠다. 소년 시절의 아픔과 청년 시절의 고통 없이 '대왕 세종'이 있을 수 없기 때문이다. 세종에게도 인왕산 자락에서 별을 보며 '꿈꾸던 소년 시절'이 있었다.

여기에서는 아직 원숙하지 못한 시절의 세종의 모습을 통해 세종이라는 사람이 성장해 가는 과정을 공부해 보려고 한다. 그에 앞서 그의 재위 기간 전체를 일괄해 본 후 청소년기 세종의 경험이 차지하는 비중과 의미도 살펴보려고 한다. 한마디로 청소년 시절의 독서와, 백성들 생활을 직접 목격한 것이 국가 경영의 큰 나침반으로 작용하곤 했다.

세종 재위 32년 개괄

미리 이야기하자면 세종은 개인적으로 그리 행복한 삶을 산 것 같지 않다. 아버지로부터 물려받은 무거운 유산들, 즉 선국된 지 20여 년 된 조선을 반드시 탄탄한 기반 위에 올려놓아야 한다는 책임감이며, 정치적 휴화산과도 같은 형 양녕대군의 존재, "한 해도 흉년 아닌 해가 없었다."는 세종 자신의 회고처럼 재위 기간 내내 계속된 경제적 어려움 등이 그를 힘들게 했다. 게다가 재위 말년에 연이어 발생한 자녀들과 아내의 죽음을 보면서 "지존至尊의 임금이면서도 가족의 불행에 대해서는 아무런 손을 쓸 수 없는" 무기력함에 괴로워했다.

신산하기 그지없는 세종의 말년을 보는 것은 가슴 아픈 일이다. 그의 재위 32년은 참으로 고단한 나날이었다. 재위 8년부터 12년 사이의 세종 정부는 '민생 경영'에 집중하던 시기였다. "밥은 백성의 하늘이다. 먹는 문제를 해결 못하는 수령과 임금은 자격이 없다."고 말하면서, 어전회의의 최우선 의제로 민생 문제를 다루도록 했다. 재위 11년에 《농사직설》이라는 당시로선 첨단 농업기술 집약서를 간행하여, 전국으로 배포했다.

재위 13년부터 15년 사이에 세종은 문화 국가 건설이라는 목표를 내걸었다. 백성들의 의식 수준을 향상시키는 일에 힘을 기울였다. 백성들이 지혜로워야 국격國格이 높아질 수 있다고 보았기 때문이다. 재위 13년에 중국의 아악보다 뛰어난 음악 문화를 이루었고, 《삼강행실도》를 간행 반포하여 백성들이 지켜야 할 덕목과 지키지 말아야 할 선線을 알려 주었다. 해시계와 물시계 등 과학기술의 성과가 쏟아져 나온 것도 이 시기였다.

재위 16년부터 28년 사이는 '개척과 개혁의 시대'였다. 계속되는 여진족과의 국경 갈등을 해소하기 위해 압록강과 두만강으로 군사 및 행정 기지를 전진 배치케 했다. 12만 명의 남쪽 백성들을 이주시켜 정착케 하는 대규모 프로젝트를 추진했다. 세제를 개혁하여 농사짓는 사람들이 실질적으로 소득을 향상할 수 있도록 한 것도 이 시기이다.

그런데 세종에게 가장 힘들면서도 보람 있는 때는 바로 1443년(재위 25년)이었을 것이다. 마흔일곱 살이 되는 재위 25년이 되면서 세종은 국정 운영 목표에 대해 회의하기 시작했다. 그동안의 노력으로 먹는 문제가 해결되고, 과학기술의 성과가 나타났으며, 북방 영토도 많이 개척되었다.

그러나 여전히 기근으로 백성들은 괴로워하고, 여진족의 침략이 계속되고 있었다. 세제 개혁도 자리 잡았다고는 하지만 남쪽 지역의 사람들은 계속해서 반대 상소를 올리고 있었다. 그야말로 꽤 많은 길을 걸어왔지만, 아직도 할 일은 산더미처럼 쌓여 있었다.

맹인 세종, 그가 마지막으로 이루고자 한 소명은?

결정적으로 이 시기의 세종을 힘들게 한 것은 그의 건강 문제였다.

> 옛 사람들은 친구가 죽거나 눈이 어두우면 통곡한다고 하였다. 내 눈동자를 가리는 막이 있어서, 앞에 서 있는 사람의 형체를 알아 볼 수 없다.

1443년 8월 세종이 한 말이다. 이 한탄처럼, 당시 그는 거의 맹인 수준이었다. 그 상황에서 그는 이런 생각을 했던 것 같다. '육체적인 눈이 먼 것도 가슴 아픈 일이지만, 글자를 읽을 수 없어서 억울한 일을 당해야 하는 사람들은 얼마나 통곡하고 싶을 것인가? 만약 지금 이대로 내가 눈을 감는다면, 버려진 아이들, 감옥의 죄수, 노비와 같이 무지하고 힘없는 백성들은 장차 어떻게 될 것인가? 백성들 스스로 자신을 지킬 수 있는 무언가를 만들어 주고 죽어야 하지 않을까?' 하는 생각들 말이다.

재위 25년을 전후한 실록의 기사에는 왕의 그런 고민들이 배어 있다. 바로 이 대목에서 세종은 자신이 꼭 해야 하는 것과 가장 잘할 수 있는 것을 거듭해서 고민한다. 그 결과, 자신이 꼭 해야 하는 사명은 재위 초반에 제시했던 '생생지락의 나라', 즉 '살맛 나고 올바른 나라'를 만드는 것이며, 가장 잘할 수 있는 것은 부왕까지도 인정했던 '학문'이라는 데까지 생각이 이르렀던 것 같다. 한글의 창제는 그런 생각 끝에 나온 것이다. 세종이 집현전 학사들과 전국의 방언을 수집하고, 중국 등 주변 지역의 문자를 수집해서 백성들 스스로 억울한 사정을 읽고 적을 수 있는 문자를 만든 때가 바로 재위 25년(1443년)이다.

이 시기의 실록을 읽을 때면 토인비의 《역사의 연구》 한 대목이 떠오른다. 옛적에 벌거벗은, 집도 불도 모르는 야만인의 한 무리가 열대 지방의 따뜻한 고향을 떠나서, 북쪽으로 향했다. 밤 추위가 시작되자 그들 중 일부는 걸음을 돌려 다시 남쪽으로 돌아갔고, 헤매면서도 앞으로 나아가던 사람들 중 소수의 무리가 살을 에는 듯한 찬 공기를 피할 길이 없다는 것을 알고 마침내 '인간 능력의 가장 고귀한 부분' 즉 발명하는 능력을 발휘하기 시작했다는 이야기가 그것이다.

그들 소수는 "처음에 죽을 수밖에 없다고 생각했던 그곳에서 문명을 향한 위대한 전진을 하게 되었다."는 토인비의 말에서 세종의 말년을 연상한 것은《훈민정음 해례본》때문이다. 만약 세종이 자신의 건강 악화에 좌절하고 훈민정음의 창제를 포기했더라면 어찌 되었을까? 창제 후에도 연이은 가족의 불행과 내우외환에 힘들어하며 2년 10개월에 걸친《훈민정음 해례본》제작 작업을 그만두었다면 어찌 되었을까? 어쩌면 왕의 죽음과 함께 어렵게 창제한 훈민정음이 역사 속에 묻혀 버렸을 수도 있다. 제아무리 중요한 국가사업도 그 일을 주장하고 추진하는 사람들이 그 가치를 이해하지 못하면, 최고 권력자의 교체와 함께 무산된 경우가 역사에는 수없이 많다.

세종은 "지금 우리가 일터에서 하고는 있으나, 아직 다 이루지 못한 소명을 업業이라 한다."고 말했다.[1] 살아가면서 혹은 직장에서 반드시 이루어야 할 나의 소명은 무엇일까 곰곰이 생각해 본다.

1 정인지 편,《치평요람》제8집 16권; 업(業)의 개념과 배경 이야기는 박현모,《세종의 적솔력》, 흐름, 2016, 242~246쪽 참조.

제2절

소년 세종, 세종 이도의 봄

다시 시계를 훨씬 앞으로 돌려서 원숙한 40대의 세종 말고 청소년기의 세종의 모습을 살펴보겠다. 소년 시절의 세종을 생각할 때 가장 먼저 생각나는 것은 그가 태어난 동네이다. 많은 이들이 잘 모르고 있는데, 세종은 궁궐에서 태어나지 않았다. 《세종실록》을 보면 "태조 6년 4월 임진일에 한양 준수방 잠저에서 태어나셨다[太生於 漢陽 俊秀坊 潛邸]."라고 나온다. 서울 경복궁 서편의 준수방이라는 행정 구역, 지금의 통의동 근처가 세종이 태어난 동네인 것이다. 태어난 해는 태조 6년(1397년)으로 우리는 이날(음력 4월 10일)을 양력으로 환산하여 5월 15일이면 '스승의 날'로 삼고 있다.

어린 세종의 주 무대는 인왕산에서 흘러 내려오는 옥류천玉流川이나 인왕산 매바위, 또는 그 언저리인 지금의 배화여고 교정이었을 것으로 추정된다. 지금은 복개 도로가 된, 제법 큰 백운동 계곡과 거기서 북쪽으로 거슬러 올라가면 보이는 넷째 큰아버지 이방간의 집과 그 집의 사촌 형(이맹성 등)과도 어울려 놀았을 것이다. 인왕산 백운동에서 물이 흘러 내려와서 이방번 집 옆 자수궁교 아래로 지나가는 모습을 어린 세종

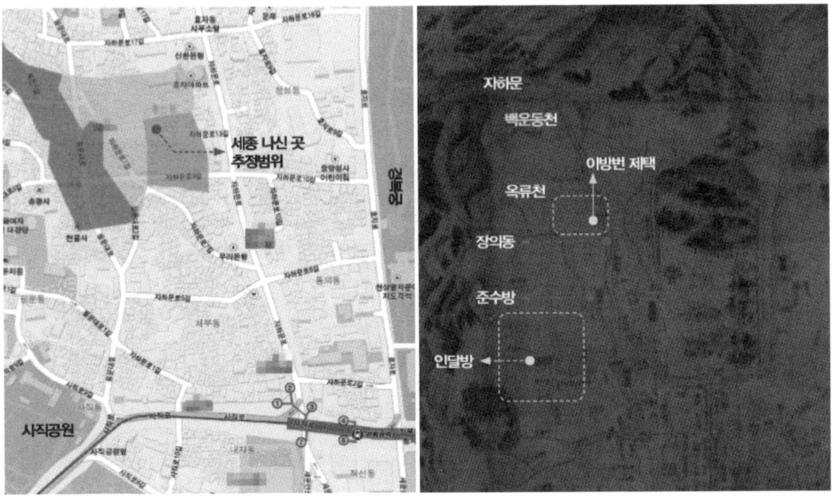

세종은 경복궁 서편, 지금의 통의동 근처에서 나고 어린 시절을 보냈다. 18세기에 제작된 《도성대지도》를 바탕으로 '세종시대 도성 공간 구조' 연구팀(연구 책임자 이익주·박현모)의 연구 결과에 의거해 서울시립대학교의 박희용 선생님이 만든 것이다.

의 형제들은 보며 자랐다. 백운동천을 경계로 서쪽으로 1,300여 평 되는 넓은 정안군 이방원의 집에는 4남 4녀의 형제자매들이 와글와글 모여 살았다. 즉 세 살 위의 큰형 양녕대군, 한 살 위의 둘째 형 효령대군, 8년 연하의 동생 성녕대군, 그리고 큰누나 정순 공주(1385년 생으로 세종보다 12세 연상), 여동생 정선 공주(1404년생으로 세종보다 6년 연하) 등이 어린 세종의 성정에 영향을 주었을 것으로 짐작된다.

국정에 지치고 힘든 세종은 저녁 시간에 어린 시절의 추억을 찾아서, 세자를 데리고 태어난 곳을 방문해 추억하기도 했다.

> 오후 8시경에 임금이 가마를 타고 서문으로 나가 장의동의 태어나신 곳에 이어하였다. 날이 이미 어두웠으나 등불을 켜지 아니하고, 세자와 여러 신하들도 따라갔다.(세종실록 //윤7/28)

이야기 하나: 불안했던 세종의 유년 시절

어린 시절 백운동천川 동쪽으로 250미터 거리의 경복궁에서 들려오는 조정 이야기는 어린 세종에게도 적지 않은 영향을 주었다. 그런데 그것은 그렇게 평온하고 아름다운 이야기는 아니었던 듯하다.

태조 6년(1397년)부터 태종 14년(1401년)의 기록에 나타난 세종 주변의 일들이 그것을 말해 준다. 세종이 두 살 되던 1398년 정도전 등이 정안군 이방원에 의해 척살되었고(1차 왕자의 난), 2년 뒤인 1400년에는 세종의 넷째 큰아버지 이방간이 궁중 쿠데타를 기도하다 숙청되었다(2차 왕자의 난). 정도전 척살 사건이야 나이 어린 세종에게 잘 기억되지 못했겠지만, 이방간 숙청 사건은 충격적인 일이었을 것이다. 경복궁 서편, 지금의 통의동 일대에서 위아랫집으로 함께 자라며 뛰놀던 사촌 형제들이 하루아침에 원수 관계가 되었기 때문이다.

어린 세종을 가장 마음 아프게 한 것은 아마도 열 살 때 들은 외삼촌 민무구의 말이었을 것이다. 민무구는 1406년 태종에게 또 다른 왕자의 난을 막으려면 세자 양녕을 제외한 나머지 왕자들을 제거해야 한다고 주장했다. "왕자 본인은 원하지 않더라도 옆에서 부추기고 꾀는 자가 있을 것이니, 나무의 곁가지를 쳐 내듯 모두 없애 버려야[剪滅] 한다."는 것이었다. 이미 다섯 살 때부터 "우두머리를 다투는 마음[爭長之心]이 있다."는 말을 들었던 어린 세종에게 이 말은 가슴 철렁한 것이었다. 자칫 나무의 곁가지처럼 순식간에 잘려 나갈 수도 있는 자기 존재에 대한 처절한 깨달음이 세종으로 하여금 재위 기간에 '정치적 이유로 사형당하는 일이 한 건도 없게' 만들었는지도 모르겠다.

일련의 '왕자의 난'은 세종에게 상당한 영향을 준 것으로 보인다. 적장자嫡長子에게 왕위가 계승되지 않았을 때 발생할 수 있는 형제간의 왕권 다툼에 대한 우려가 그것이다. 이것은 말년에 아들 문종의 병약함에도 불구하고 수양대군에게 과감히 세자 교체를 해주지 못하는 계기로 작용한 듯하다. 더 큰 문제는 아버지 이방원이 왕위에 오른 다음 계속된 부모의 불화였다. 어머니인 원경 왕후는 태종 이방원이 후궁을 들이고, 자신의 친정 동생들까지 숙청하는 데 대해 강하게 반발하곤 했다. 《태종실록》을 보면 당시 조정에서는 폐비, 즉 이혼까지 논의되기도 했는데, 이런 사실들은 세종의 형제들을 몹시 불안하게 만들었다.

훌륭한 리더는 어떻게 만들어지는가?

그런 가정 환경에서 자란 탓인지 어린 시절 충녕의 성정 역시 좋은 것만은 아니었다. 충녕은 우선 일러바치기 잘하는 왕자였다. 《태종실록》에 외삼촌 민무회로부터 안 좋은 말을 들은 충녕은 즉시 부왕 태종에게 그 사실을 알렸는데, 그 일로 외갓집이 풍비박산되고 말았다.(태종실록 15/4/9) 충녕의 이런 모습에 실망한 세자 양녕은 동생을 꺼렸으며, 자신의 애첩인 어리도 동생 충녕의 고자질 때문에 곤경에 처하게 된 것이 아니냐고 따지기도 한다.(태종실록 18/5/11)

충녕은 또한 잘난 체하는 사람이었다. 태종 재위 16년째인 1416년 한 여름에 태종은 상왕인 정종을 모시고 경회루에서 술자리를 베풀었는데, 이때 신하들은 당시 지식 경쟁의 상징이었던 시구 잇기[聯句]를 경쟁적으로 벌였다. 이때 충녕은 그 어렵다는 《서경》의 한 구절을 들어 한껏 학문을 뽐냈나. 물론 그 자리엔 세자 양녕이 있었는데, 아니나 다

어린 시절의 세종

- 일러바치기 잘하는 사람
- 잘난 체하는 왕자
- 비만하고 편식하는 아이
- 무예 취약

를까 태종은 양녕을 돌아보면서 "왜 너는 학문이 이만 못하냐?"(태종실록 16/7/18)고 꾸짖는다. 이때 충녕의 나이 이미 스무 살이었고, 또 누구보다 영리했던 그가 자신의 이런 행동이 형을 곤경에 처하게 할 것이라 몰랐을 리가 없었다.

그러면, 이처럼 불완전하고 결함 많은 인간이었던 세종이 어떻게 그런 훌륭한 리더가 될 수 있었을까? 결론부터 말하자면, 그는 좌절의 아픔 속에서 스스로를 돌아보며 고쳐 나갈 수 있는 능력을 가진 사람이었다. 세종은 이미 열두 살 때 양녕이 왕세자에 책봉되면서 본인의 의지와 무관하게 정치적 야망을 꺾어야 했다. 이후 형 양녕과 외삼촌 등의 견제와 협박 속에서 자라야 했다. 그런데 바로 그런 소외된 경험과 어려운 가정 환경에서 자란 그는 오히려 비뚤어지지 않고 감옥의 죄수나 여자 노비 등 나라의 가장 어려운 처지에 있는 백성들의 억울함을 돌아볼 수 있는 마음을 키웠다.

그렇게 될 수 있었던 요인으로 크게 두 가지를 들 수 있을 듯하다. 우선 그는 책을 통해서 인간과 세상에 대한 견문을 넓혀 나갔고(좋은 책을 골라 백번씩 읽는 '세종 백독世宗百讀'), 형을 반면교사反面教師 삼아 스스로를 변화시켜 나갔다. 다음으로, 그는 백성들을 직접 만나 보면서 그들의 입장에서 정치를 바라보는 안목을 갖게 되었다. 실제로 세종은 소외된 사람들의 어려운 형편을 왕위에 오르기 전에 두루 알 수 있는 기회를 가지게 된다. 태종 재위 16년째인 1416년 2월에 세종(충녕)은 부왕 태종을 따라 충청도 태안반도에 갔는데, 약 20일간의 강무講武 기간 동안 여기저기를 돌아다니면서 백성들의 생활 모습을 두루 살폈다는 기록이 있다. 그 과정에서 백성들의 고통과 기쁨, 그리고 국왕이, 정치가 왜 존재해야 하는가를 깊이 깨달았던 것이다.

마무리

세종의 어린 시절을 보거나, 그의 인생 전체를 보아도 세종은 평범한 사람들이 누리는 행복을 거의 누리지 못했다. 그럼에도 불구하고 우리는 그를 위대한 리더라고 부른다. 그는 보통 사람들이 매일매일 비상한 결정을 내리지 않고 살도록 국왕과 신료들이 비상한 각오로 준비하고, 추진하며, 그 결실을 백성들이 향유할 수 있게 했다. 그렇게 할 수 있었던 저력은 백성들의 삶 속으로 들어가서 현장에서 실마리를 찾았고, 그 실마리를 풀 열쇠를 책이라는 지혜의 큰 바다에서 발견했기 때문에 존재할 수 있었다. 백성들의 삶과 책이라는 두 가지 만남이야말로 세종 리더십을 탄생시킨 큰 원동력이었던 것이다. 현장의 경험과 고전 속 지혜를 만나 리더십의 키를 훌쩍 키우는 기회가 많아지길 바란다.

세종을 변화시킨 요소

- 책: 세종 백독世宗百讀
- 형을 반면교사 삼음: 하지 말아야 할 것 깨우침
- 아버지와 강무講武 기간 여행: 백성 만남

읽을 거리 고전 독서력의 힘

> 청와대 경호실에서 22층 건물을 17층으로 자르라고 합니다. … 저는 이 나라와 각하, 그리고 법의 권위를 위해서도 그렇게 할 수가 없습니다. 저희가 합법적으로 쌓은 사옥을 자르라면 건물을 자르는 대신 죽을 각오로 부당함에 맞서겠습니다.

1979년 봄 광화문 교보빌딩이 완공될 즈음, 교보생명 설립자 신용호 회장이 박정희 대통령에게 보낸 편지 내용이다. '경호'를 이유로 다 지어진 건물의 층고를 낮추라는 청와대 경호실 고위 간부의 압력에 대해 신 회장은 "옛 선비들이 죽을 각오를 하고 임금에게 상소문을 올렸던 심정으로" 위의 편지를 썼다고 한다.

신용호 회장의 편지를 보면서 나는 엉뚱하게도 세종 때 편찬된 책 《삼강행실도》를 떠올렸다. 효자, 충신, 열녀의 사례 105개를 엮은 이 책의 대다수가 윗사람의 잘못된 판단이나 결정을 간언諫言으로 바로잡은 이야기들이기 때문이다. 《삼강행실도》의 첫 번째가 효자 민손의 사례인데, 민손은 자기를 미워하고 차별 대우한 새어머니를 내쫓지 말아 달라고, 이 엄동설한에 쫓겨 나가면 새어머니와 배다른 동생들이 얼어 죽을 것이니 부디 아버지께서 생각을 바꿔 주시라고 간언했다. 무릎을 꿇고 공손하지만 옳은 말로 간청하는 그의 말을 듣고 아버지는 물론이고 새어머니까지 감동했다.

충신도의 첫 번째 사례인 하나라의 충신 관용방關龍逄의 경우도 마찬가지다. 그는 여색에 빠져 정사를 돌보지 않는 걸桀임금에게 "고칠 것"을 간언하다 목숨을 잃었다. 고려 말의 충신 이존오의 경우는 더 극적이다. 그는 공민왕의 스승을 자처하며 왕과 나란히 앉은 신돈을 크게 꾸짖어 의자에서 급히 내려오게 만들었다. 성난 임금 앞에서 파직과 투옥을 겁내지 않고 용감하게 직언했다.

신용호 회장이나 《삼강행실도》에 실린 수많은 인물들의 이야기를 읽으면서 문득 궁금해졌다. 도대체 무엇이 이들로 하여금 죽음이나 미움받을 것을 각오하고 그런 언행을 하게 만들었을까? 심리학자 브루노 베텔하임Bruno Bettelheim에 따르면 어린이는 동화를 들으면서 도덕적 행위의 귀중함을 깨닫고 자기 것으로 받아들인다. 옛이야기는 상황을 단순화시키는 특징이 있는데, 어린이들은 그 이야기를 들으면서 "악행은 결코 승리할 수 없다는 신념을 갖게" 된다는 것이다.

며칠 전 만난 교보생명의 한 임원은 신용호 회장의 경우 청소년 시절의 '천 일 독서千日讀書'가 청와대의 부당한 압력에 맞서는 저력이 되었을 것이라고 말했다. 어린 시절 어머니가 구해 준 고전들을 읽으며 감수성과 상상력을 계발했고, 위인전과 철학 서적을 3년(1,000일)가량 침잠해 읽으면서 '옳은 것이 마침내 승리한다.'는 믿음을 갖게 되었다는 것이다. 독서를 통해 옳고 그름을 분별하는 힘을 기를 수 있다는 것은 세종의 생각이기도 하다.

재위 9년째인 1427년에 자신의 학습법이라면서 세종은 고전 속의 '통찰력 있는 말이나 잘한 정치의 사례[嘉言善政]를 반복해서 듣는 것'의 힘을 강조했다. 점심 무렵부터 저녁 시간에 이르기까지 스승들에게 고전 속 이야기들을 '귀에 딱지가 앉도록' 들어서 몸에 익숙하게 만들었다는 것이다. 그런데 세종의 독서의 목표는 그저 아름다운 말과 성공 사례를 암기하는 데 있지 않았다. 그의 진정한 학습 목표는 '하늘의 이치'를 깨우치는 것이었다. 하늘을 대신해 만물을 다스리는[代天理物] 존재인 왕은 당연히 계절의 순환을 반복하는 하늘처럼 변치 않고 굳건한 이치를 꿰뚫고 있어야 한다는 것, 그리고 거기서 도출된 보편 논리를 이해하고 자유롭게 자기 말로 표현할 수 있는 지도자가 때론 중국 황제까지도 설득할 수 있다는 게 세종의 생각이었다. 최고 권력자에게 편지를 보내 잘못된 결정을 바로잡았던 교보 설립자의 이야기를 읽으며 '내 안의 북극성'을 발견하게 하는 독서의 힘을 새삼 깨달았다.

– 박현모 칼럼, 《문화일보》 2019. 6. 26.

제4장

[신념]
한글 창제와 설득

| 학습 내용 |

- 한글이 세계에서 가장 우수한 문자라는 사실
- 한글 창제 동기로서 '억울한 재판 줄이기'
- 한글 창제 과정 – 최만리는 과연 설득당했을까?
- 세종, 《훈민정음 해례본》으로 당시 지식인들을 설득시키다!

| 학습 목표 |

- 첫째, 한글이 왜 우수한 문자인가를 합리적으로 설명할 수 있다.
- 둘째, 세종의 한글 창제 동기가 '억울한 재판 줄이기'라는 사실을 알고, 우리 주위의 약자를 배려하는 마음을 갖는다.
- 셋째, 한글 창제를 반대하는 사람들의 논리를 알고, 그것을 설득하기 위한 세종의 노력을 배워서, 구성원들을 설득하는 능력을 키운다.

| 요점 |

- 한글은 백성 스스로 소통하고 지킬 수 있게 하는 무기이자 최고의 선물이었음.

제 1 절

한글을 창제한 이유

세종시대의 가장 뛰어난 업적을 꼽으라면 단연 훈민정음, 즉 한글을 들 수 있다. 만약 한글이 없었다면 우리 민족은 어떤 모습으로 살고 있을까? 아마도 조선시대 왕 앞에서 모든 대화를 기록하는 사관史官들처럼 우리말로 대화하고 외국 문자로 기록하는 이중 언어생활을 하거나, 그도 아니면 역사상에 나타났다 자취를 감춰 버린 말갈족, 흉노족, 거란족과 같은 운명을 겪지 않았을까?

한글이 우수한 문자라는 건 이제 상식에 속한다. 1960년에 이미 미국 하버드 대학교의 라이샤워Reischauer 교수와 페어뱅크Fairbank 교수는 한글이 "세계에서 가장 과학적인 기록 체계"라고 인정했다. 유네스코 역시 세계적으로 문맹 퇴치나 언어학적으로 업적을 쌓은 사람에게 주는 상을 '세종대왕상King Sejong Literacy Prize'이라고 부르고 있다. 자기 언어는 있으나 문자가 없는 부족이나 민족들이 자기 언어를 기록하는 데 한글만큼 우수한 문자 체계가 없다고 인정했기 때문이다.

심지어 미국 시카고 대학교의 세계적인 언어학자 고故 제임스 맥콜리James D. McCawley 교수는 매년 한글날이 되면 수업을 포함해 모든 일을 멈추고 자신의 아파트에 학생과 지인들을 불러 '한글날 파티Hanggul Nal party'를 열었다고 한다. 왜 한글날을 기념하느냐는 질문에 대해서 그는 "이날은 언어학자들의 영광을 위한 유일한 공휴일이기 때문"이라고 대답했다.

이처럼 한글은 세계적으로 우수한 문자로 인정되고 있는데, 정작 세종시대 사람들, 특히 대다수 지식인들은 한글, 즉 훈민정음을 세계 최고의 문자라고 인정했을까? 한자와 다른 문자를 만드는 것은 "오랑캐나 하는 짓"이라는 당시 지식인들을 세종은 어떻게 설득시켰을까?

여기에서는 세종의 한글 창제 동기와 창제 원리, 그리고 한글의 우수성을 당 시대 지식인들에게 설득시켜 가는 세종의 지식 경영 리더십을 살펴보고자 한다.

한글 창제 동기로서 '억울한 재판 줄이기'

먼저 세종이 한글을 창제한 동기에 대해서는 여러 사람들이 다양한 의견을 내놓고 있다. 그 의견은 크게 ① 한자음의 발음 표기를 효과적으로 하기 위해서라는 이숭녕 선생님의 주장(1949), ② 민중의 동향을 조정에서 쉽게 파악하기 위한 정책적 고려였다는 이우성 선생님의 주장(1976), 그리고 ③ 백성의 자의식이 성장한 결과에 대한 조정의 불가피한 대응이라는 강만길 선생님의 설명(1979)으로 나눠 볼 수 있다. 이숭녕 선생님이 언어학적 측면에서 창제 동기를 보았다면, 이우성, 강만길 선생님은 정치학적 측면에서 동기를 보았다.

각각의 해석이 그 나름의 논거를 가지고 있기 때문에 어느 하나만이 맞고 다른 것은 틀린다고 말할 수는 없겠지만, 무엇보다 세종의 말을 먼저 들어보는 게 중요하다고 본다. 《세종실록》을 통해서 볼 때, 세종은 한편으로 법으로 금지하는 것을 백성들에게 알려 주어서 억울한 일을 겪지 않게 하기 위해서(세종실록 14/11/7) 다른 한편으로 사회에 꼭 필요한 언행을 널리 알리기 위해 한글을 창제했다고 할 수 있다.(세종실록 26/2/20) 이 중에서 앞의 것, 즉 백성들이 법을 몰라서 억울한 일을 겪지 않게 하려는 동기가 더 중요했다. 그것은 재위 중반부에 발생한 약노藥奴 사건 때문이다.

한글 창제 동기에 대한 학자들의 해석

① 한자음의 발음 표기를 효과적으로 하기 위해서(이숭녕, 1949)
② 민중의 동향을 조정에서 쉽게 파악하기 위한 정책적 고려(이우성, 1976)
③ 백성의 자의식이 성장한 결과에 대한 불가피한 대응(강만길, 1979)
④ 백성들이 법을 몰라서 억울한 일을 겪지 않도록 하기 위해서(박현모, 2010)

이야기 하나: 황해도 양민 약노의 사례

세종 재위 15년 째인 1433년, 황해도 곡산에 사는 여자 양민 약노는 주문을 외어서 사람을 죽였다는 혐의로 투옥되었다. 그녀가 준 밥을 먹고 어떤 사람이 죽었는데 담당 관청에서는 그녀의 자백을 받기 위해 조사와 고문을 반복했다. 그녀는 매를 견디지 못하여 마침내 주문을 외워서 그 사람을 죽였다고 자백했다. 이 사건을 보고받은 형조의 관리는 아무래도 그 말이 허망하다고 생각해 그녀를 찾아가 재조사를 했다(1차 재고

사). 주문으로 사람을 죽였다는 그녀의 말을 듣고 관리는 그 주문을 닭과 개에게 실행시켜 보았으나 죽지 않았다. 그 까닭을 물으니 약노는 "갇혀 있은 지가 여러 해 되어서 주문 접하는 귀신이 몸에 붙어 있지 않기 때문에 영험이 없어졌다."며 "빨리 법대로 처치해 달라."고 사정했다.

죄수의 최종 사형 판결을 내려야 하는 세종은 약노의 사건에 석연치 않은 구석이 있음을 발견하고, 이 사건을 의금부에 내려 재조사케 한다(2차 재조사). 그런데 약노는 뜻밖에도 의금부의 관리에게도 조금도 주저하지 않고 자기의 죄 사항과 주문 외는 술법을 다 설명하고, "빨리 나를 죽여 주오."라고 말한다. 의금부 관리는 "지난번 1, 2차 조사 때는 죄를 모두 숨기더니, 지금 와서는 어찌 쉽사리 자복하느냐."라고 물었다. 이에 약노는 "처음에는 죽기를 면하려고 애써 변명을 했지마는, 이제는 덮을 수가 없게 되었습니다."면서 거듭 "빨리 죽여 달라."고 말했다. 그런데 그녀의 "말씨가 애처롭고 간절하였다."라는 게 의금부 관리의 보고였다.

세종은 이 보고를 듣고 좌부승지 정분을 보내 다시 실정을 알아보게 했다(3차 재조사). 처음에 정분에게도 똑같은 말로 대답하고 거듭 죽여 달라고 말하던 약노는 "임금께서 네가 여러 해 동안 갇혀서 때리는 매에 고통 당하는 것을 불쌍하고 딱하게 여기시어 사정의 실상을 알고 싶어 하신다. 네가 과연 주문 외는 술법으로 사람을 죽였으면 사형을 받아도 마땅하겠지만, 만약 매에 못 이기어 거짓 자복하였다면 진실로 가엾고 딱한 일이다. 그러니 사실대로 대답하라."는 임금의 뜻을 듣고는 약노는 갑자기 하늘을 우러러 크게 울부짖으며 다음과 같이 말했다.

> 본래 주문 외는 일은 알지도 못합니다. 그 사람의 죽은 것이 마침 내가 밥을 먹여 주었던 때였는데 그것으로 나를 의심하여 강제로 형벌을 수없이 하여 꼭 자백을 받으려 하였습니다. 고문과 매 때림을 견

> 디지 못하여 거짓 자백하였습니다. 이제 비록 실정대로 말해 올린다 하여도 또 형장을 쓸 것이니, 내가 어떻게 견디어 내겠습니까. 죽기는 마찬가지입니다. 태장笞杖을 당하는 것보다 한 번 죽는 것이 나으니, 빨리 나를 죽여 주시기를 청합니다.(세종실록 15/7/19)

이 말을 전해 들은 세종은 심히 측은하게 여겨 최종 조사를 한 번 더 했다(4차 재조사). 약노는 단지 어떤 사람이 죽을 때 같이 있었다는 사실만으로 무려 10년간 감옥에 갇혀 있었다. 그리고 그 사이에 "문초하는 형장을 11차례나 맞았으며, 의금부에서 또 15차례나 형장을 당했던 것"을 알게 되었다. 형장을 받는다는 게 죽는 것보다 고통스럽다는 것을 수십 번이나 겪으면서 그녀는 자신의 무죄에도 불구하고, 거짓으로 죄를 자복함으로써 목숨을 끊고자 했던 것이다.

결국 살인죄 누명을 쓴 양민 출신 피의자 약노는 최종 조사 끝에 무죄 판결을 받았다(무죄 석방 및 식량 제공). 쉽게 판결하며 지나칠 수 있었던 이 약노 사건에 대해서 세종은 "단 한 사람이라도 억울하게 죽어가는 죄수가 있어서는 안 되겠다."는 어진 마음으로 임했다. 그리고 자기 죄가 어떻게 기록되는지를 백성 스스로 알게 해서 약노와 같은 억울한 사람이 없게 해야겠다는 생각으로 한글을 창제한 것이다.

가족 중에서 장애자가 있을 경우 건강한 가족은 그를 먼저 배려하고 돕는다. 마찬가지로 건강한 국가나 직장이라면 사회적 약자를 먼저 돌보고 그들이 마음 아파하지 않도록 배려한다. 나아가 그들 스스로 누구의 도움 없이도 스스로 자립할 수 있게 한다면 더욱 좋은 일이다. 세종시대의 사회적 약자인 백성들은 국가의 돌봄을 받았을뿐더러, 나아가 스스로 권익을 지킬 수 있는 한글이라는 문자를 선물로 받았다.

제2절

한글 창제 과정—반대와 설득 과정

백성들에게 문자를 읽고 쓸 수 있게 하여 억울한 재판을 겪지 않게 하려는 세종의 '훈민정음 프로젝트'는 어떻게 진행되었을까? 《세종실록》으로 볼 때 한글의 창제 사실이 처음 세상에 알려진 것은 1443년 12월 30일이다. 세종 재위 25년째인 1443년의 연말의 실록 기사는 이렇게 기록되어 있다.

> 이달에 임금이 친히 언문 28자를 지었는데 (…) 무릇 문자文字(한자)에 관한 것과 이어俚語(이두)에 관한 것을 모두 쓸 수 있고, 글자는 비록 간단하고 요약하지마는 전환하는 것이 무궁하니, 이것을 훈민정음이라고 일렀다.(세종실록 25/12/30)

여기서 한글의 창제자(세종), 시기(1443년 12월)를 말한 다음에, 그 글자는 간단하면서도 전환이 무궁하다고 언급하고 있다. 이것이야말로 한글의 장점을 집약적으로 보여 준 것이다.

한글에 대한 다음 정보는 이듬해 2월 16일 자 기사에 나온다. "집현전 교리 최항 등에게 언문으로 《운회韻會》를 번역하게 하고" 세자인 문종, 수양대군과 안평대군으로 하여금 그 일을 관장하게 했다는 기록이

| 그림 4.1 | 한글 창제와 활용: 과정 정리

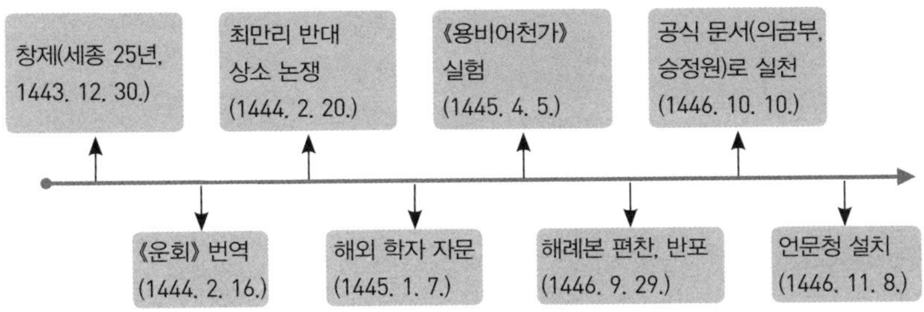

그것이다.(세종실록 26/2/16) 이 기사는 한글 창제에 관여한 사람들이 누구인지를 보여 주고 있다. 집현전 학사로는 최항, 박팽년, 신숙주, 이선로, 이개가 참여했고, 세자(문종)와 수양대군, 안평대군, 그리고 왕의 내외척을 관장하는 부서인 돈녕부에서 강희안이 관여하고 있다.

그런데 여기에 보이는 집현전 학사들은 모두 20~30대의 소장파들이다. 그중 가장 나이가 많은 최항이 35세였고, 박팽년, 신숙주, 이개, 그리고 강희안은 모두 28세였다. 당시 40대 후반이었던 집현전 부제학 최만리와 43세였던 응교 정창손 등 40대의 노장파는 제외되어 있는 것이다.

눈여겨볼 것은 세종이 "언문으로 《운회》를 번역하게 했다."는 대목이다. 《운회》란 명나라에서 만든 한자의 발음 표기 책인 《고금운회거요古今韻會擧要》를 가리키는데, 이 때문에 현대의 중국인들은 '어려운 한자를 쉽게 배우기 위해서 한글을 만들었다.'는 주장을 하고 있다. 그런데 실록의 문맥을 잘 살펴보면, 세종의 《운회》 번역 작업은 여러 가지 목적을 가지고 진행되었음을 알 수 있다. 그중 대표적인 목적은 한글이 한자 발음을 매우 정확히 표기할 수 있는 우수한 문자라는 것을 정음 반대파들에게 보여 주려는 것이었다. 즉 나흘 뒤 최만리 등과의 논쟁에서 "네가 《운서》를 아느냐. 사성칠음四聲七音에 자모字母가 몇이나 있느냐?" 라는 세종의 논박이 그 증좌이다.

최만리는 과연 설득당했을까?

하여튼 이를 계기로 집현전 소장학자들과 세자 및 종친을 중심으로 비밀리에 진행되던 한글 창제 사실이 최만리 등 집현전 노장파 신하들의 귀에 들어갔다. 그리고 불과 나흘 후인 1444년 2월 20일에 최만리 등은 그 유명한 정음 창제 반대 상소를 올렸다(제2라운드 논쟁).

한자 1,221자로 되어 있는 장문의 반대 상소는 얼핏 '중화 교조주의자' 즉, "한족에 의한, 중국에 근거한, 유교적 예법 체제를 위한 중화 체제를 태양처럼 따르고, 그 속으로 조선을 일체화시키려" 한 중화 사상 원리주의자들의 말처럼 들리기도 한다. 하지만 잘 살펴보면 이 문제는 그렇게 간단히 매도해 버릴 문제가 아님을 알 수 있다. 태조 이성계의 《즉위교서卽位敎書》에 나타난 것처럼, 조선왕조는 제후국으로서 명나라와의 강대국 동맹 노선을 대외 관계의 기조로 채택하고 있었다. 또한 세종 역시 명나라 황제나 사신들에 대해 '지성스러운 사대'를 함으로써 명나라의 신뢰를 얻는 데 주력하던 시점이었다.

그런 상황에서 한자와 다른 고유한 문자를 만들겠다는 얘기는 비유하자면, 오늘날의 핵무기 확산 금지 체제 상황에서 핵확산금지조약Nuclear nonproliferation treaty, NPT을 지키지 않겠다고 선언하는 것과 같은 중대한 문제를 야기할 수도 있었다. 이렇게 볼 때 최만리 등은 어쩌면 바로 그런 위험성을 지적한 현실주의자였다고 보는 것이 맞을지도 모른다.

세종도 최만리가 지적한 말의 타당성을 부정하지는 않고 있다. 한글 창제는 "문명의 큰 흠절이며 대국을 섬기고 중화를 사모하는 데 부끄러움이 있다."는 최만리의 말에 대해서는 언급을 회피하고 있는 것이다. 대신 세종은 언어학적인 측면에서만 반론을 폈다(운서韻書와 사성칠음에 대한 언급). 아울러 "이제의 언문(창제)은 백성을 편리하게 하려 한 것[便民]"이며, "만일 내가 그 운서를 바로잡지 않으면 누가 이를 바로잡을 것이냐."라고 말했다. 한글 창제의 동기(편민)와 자신의 역사적 사명감을 들어 최만리 등을 설득하려 한 것이다.

하지만 세종의 이러한 주장은 그다지 설득력이 커 보이지 않는다. '백성을 편리하게 한다.'는 명분만 가지고는 최만리 등 당시 반대파 지식인들이 '아, 그렇구나!'하고 납득하지 않았을 것 같다. 운서나 사성칠음 등 음운학적 지식을 따지는 세종, 무엇보다 '너희들이 설총은 옳다 하면서 너희 임금이 하는 일은 그르다 하는 것은 뭐냐.'라고 하는 세종의 모습을 보면서 임금의 지위를 이용해서 윽박지른다고 생각하지 않았을까?

사실 이러한 대결 상황은 최만리 상소보다 12년 전에 있었던 허조와의 논쟁에서도 비슷하게 전개되었다(제1라운드 논쟁). 세종 재위 14년(1432년) 11월에 이조판서 허조는 이두문으로 법조문을 번역해 백성에게 알게 하자[知律文]는 세종에게 법을 알면 농간 부리는 무리가 나올 것이라 하여 반박했다. 그러자 세종은 "그러면 알지 못하고[使民不知] 죄범케 하는 것이 옳으냐? 모름지기 일반 백성으로 하여금 금법禁法을 알게 하여 두려워서 피하게 함이 옳겠다[知禁而畏避]."라고 논박하였다. 그것은 "조사모삼朝四暮三과 같은 기만책이 아니냐."고도 말했다.(세종실록 14/11/7) 어쨌든 이 경우도 허조는 백성에게 문자를 주는 것에 대해 납득하지 못했을 것으로 보인다.

결국 세종은 1432년의 1라운드에서도 그다지 설득력을 얻지 못했고, 다시 12년이 지난 1444년의 2라운드(최만리와 논쟁)에서도 반대파 지식인들을 납득시키는 데 실패했다고 할 수 있다. 이러한 상황에서 제작된 것이 바로 《훈민정음 해례본》이다. 2라운드를 성공적으로 치르지 못한 세종은 그로부터 약 2년 10개월 뒤인 1446년에 《훈민정음 해례본》에서 치밀한 논리를 전개한다.

《훈민정음 해례본》으로 당시 지식인들을 설득시키다!

《훈민정음 해례본》의 논리를 살펴보기 전에 먼저 '훈민정음'에 대한 두 가지 오해를 풀고 가야할 필요가 있다. 그 하나는 유네스코가 세계기록 유산으로 등재하고 있는 것은 한글이라는 문자 체계가 아니라 《훈민정음 해례본》 책이라는 사실이다. 기록 유산인 만큼 언어나 문자 체계가 아니라 기록으로 남아 있는 책을 등재할 수 있었던 것이다.

다른 하나의 오해는 '훈민정음'이라는 말에 대한 혼동이다. '훈민정음'은 두 가지의 뜻을 가지고 있는데, 그 하나는 1443년(세종 25년) 12월에 창제된 새로운 문자 체계를 가리킨다. 다른 하나는 그 문자 체계의 취지와 원리와 특징을 기록한 책을 지칭한다. 그래서 혼란을 피하기 위해서 문자 체계는 '훈민정음'으로, 책은 《훈민정음 해례본》으로 구분해서 적기도 한다.

여기서 말하고자 하는 것은 후자의 《훈민정음 해례본》 책으로서, 이 책은 1446년에 완성 간행된 것으로 추정된다. 세종의 지시로 착수되어 세종 재위 28년 째인 1446년 음력 9월 상순上旬에 완성되었는데, 책 제목이 새로 만든 문자 체계와 똑같은 '훈민정음'이었다. 그 책이 1940년경 경상북도 안동의 어느 고가에서 발견되어, 고故 전형필 선생님의 손에 들어가 지금은 간송 미술관에 소장되어 있다.

세종이 이미 2년 10개월 전에 창제가 끝났고, 해외 학자 자문과, 몇 가지 실험까지 마친 상황에서 굳이 이 책을 펴내야 했던 이유는 무엇일까? 그 당시 반대파 지식인들을 설득하는 게 중요한 이유였다. 제아무리 국왕이 역점을 두어 추진한 '훈민정음 프로젝트'라 할지라도 그 사회의 오피니언 리더이자, 정책의 실질적인 추진 주체인 사대부들이 반대할 경우 결코 그 프로젝트는 안착될 수 없기 때문이다.

그러면 《훈민정음 해례본》에서 세종이 전개한 논리는 무엇이었을까? 훈민정음이 한자보다 더 뛰어난 문자 체계라는 것을 어떻게 증명했을까?

훈민정음이 세계 최고라는 논리: 3라운드

세종의 전략은 유교 철학의 핵심인 '음양오행의 원리'를 끌어오는 것이었다. 훈민정음 제자해制字解, 즉 글자 지은 뜻풀이를 보면, 그 첫 문장이 "하늘과 땅의 이치는 음양陰陽과 오행五行일 뿐[天地之道 一陰陽五行而已]"이라고 되어 있다. 이 대목은 다소 어려운데, 최대한 쉽게 풀어보면 다음과 같다.

첫째, 여기의 첫 문장은 우주를 관통하는 유일한 원리는 음양오행으로서, 하늘과 땅 사이에 있는 존재 치고 이 원리를 벗어난 것은 없다는 주장이다. "하늘과 땅의 이치는 하나의 음양과 오행일 뿐"이라는, 당시

| 그림 4.2 | 한글이 최고라는 세종의 삼단 논법

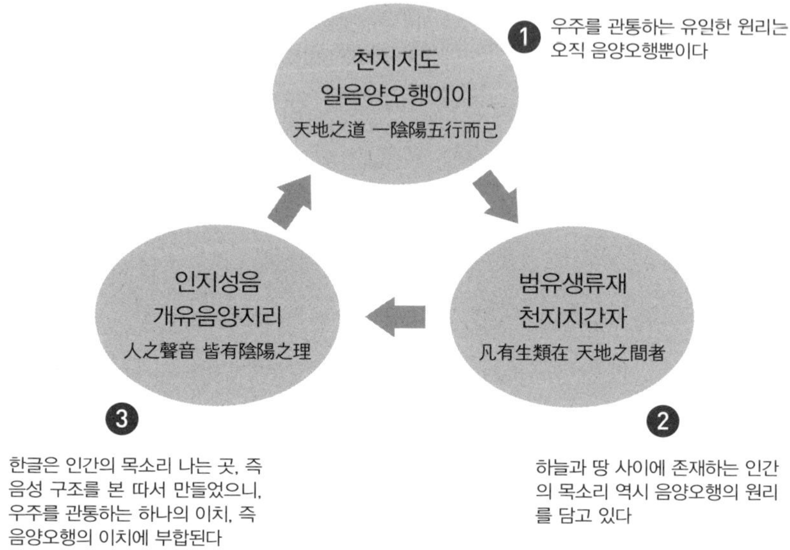

사람들 누구나 당연시하는 대大전제를 끌어들여 논리 전개의 출발점으로 삼은 것이다.

둘째, "무릇 생명을 지닌 무리로서 하늘과 땅 사이에 있는 것이라면 음양을 두고 어디로 가랴[凡有生類在天地之間者 捨陰陽而何之]."라는 문장이다. 하늘과 땅 사이에 존재하는 인간의 목소리 역시 음양오행의 원리를 담고 있다는 논리를 전개하기 위해, 이 책의 저자들은, 하늘과 땅의 원리가 되는 태극과 음양을 설명한 다음, 이 세상의 어떤 것도 음양을 벗어나 존재할 수 없다는 논리로 나아갔다. 이 논리의 귀결로 생명 있는 무리 중 하나인 사람, 그리고 사람의 목소리 역시 음양의 이치를 담을 수밖에 없다[故人之聲音 皆有陰陽之理]고 주장한다. 여기까지 오면 그 다음부터는 논리적으로 어렵지 않게 이어진다.

셋째, 훈민정음은 인간의 목소리 나는 곳, 즉 음성 구조를 본 따서 만들었으니, 우주를 관통하는 하나의 이치, 즉 음양오행의 이치에 부합된다는 논법이다. 훈민정음이 천지 음양의 이치를 담고 있는 사람의 목소리에 따라 만들어진 것이며[因其聲音而極其理], 따라서 하늘과 땅과 귀신들도 다 함께 호응할 정도로 훈민정음의 작용은 자연스럽고, 한문을 비롯해 어떤 문자 체계보다 우수하다는 주장이다.

철학적 논변이라 다소 어렵게 느낄 수 있겠으나, 세종의 삼단 논법은 분명하다. 누구나 받아들일 만한 보편 명제를 제시한 다음, 거기서 파생된 자연스러운 연결 고리를 끌어내고, 마지막으로 자신이 말하고자 하는 주장을 도출해 내는 논법이다.

정인지 등 집현전 8학사를 비롯해 많은 유교 지식인들이 정음의 가치를 인정하고 그 활용에 앞장선 것은 바로 이 논법과 철학 때문이라 할 수 있다. 이 삼단 논법에 의해서 비로소 유교 지식인들이 '아, 훈민정음이라는 문자 체계가 오랑캐들이나 사용하는 조잡한 문자가 아니라, 유교 철학의 핵심에 입각해서 만들어진 고도의 문자 체계구나.'라고 인정했을 것이다. 지위나 권위를 이용해서 내리는 명령이 아니라, 논리와 이성에 의거해 듣는 사람을 설득하는 리더십이야말로 진정 마음을 움직이는 힘을 갖고 있기 때문이다.

마무리

우리나라 사람들만큼 책을 사랑하는 민족도 드물다고 한다. 조선시대의 세종이나 정조가 "우리나라는 책의 나라"라고 자랑스레 말하는 것도 바로 책을 통해 인류의 고귀한 지식과 놀라운 통찰을 전수받을 수 있다고 보았기 때문이다. 우리나라 사람들은 국가나 세계 경제의 흐름을 꿰뚫어서 알려 주는 지식인이나 기업의 임직원들을 유독 존경한다고 한다. 기업의 사장이나 임직원들은 구성원들에게 '왜 우리가 그런 변화를 따라야 하는지'를 납득시켜 주어야 할 책무가 있다.

세종은 바로 《훈민정음 해례본》을 편찬하여 그 당시 사대부들에게 '왜 한글이 세계 최고의 문자 체계인가'를 납득시켰다. 그리고 무엇보다 세계에서 가장 먼저, 최고로 쉬운 문자를 백성들에게 선물하였다. 세계 최고의 나라를 만들려면 무엇보다 먼저 세계에서 제일 깨어난 백성들이 되어야 한다고 믿었기 때문이다.

읽을 거리

대한민국의 근현대 기업가들은 창업해서 무엇을 하려 했나

SK의 사업 보국事業報國

최종건 회장은 자신의 세대가 역사를 만들어 간다는 사명감으로 사업 보국事業報國을 경영 이념으로 삼았다. 그 방식은 불굴의 도전과 개척 정신이었다. SK는 6·25 전쟁 중 폭격으로 불타 버린 직기 20대를 재조립해 1953년에 설립한 작은 직물 회사인 '선경직물'에서 시작했다. 이 회사는 폐허 속에서 가난과 굶주림에 허덕이던 지역 주민들에게 일자리를 제공해 우리나라 산업 발전의 기반을 마련하는 데 크게 기여했다.

선경직물이 국내 시장에서 입지를 공고히 다진 뒤 최 회장은 해외 시장으로 눈을 돌렸다. 선진국의 높은 장벽을 넘기 위한 각고의 노력 끝에 1962년 4월 인견 직물Rayon Twill 10만 마를 홍콩에 수출하면서 우리나라를 직물 수출국 반열에 올려놓았다.

국가와 기업의 발전에 있어 인재의 중요성을 일찌감치 깨달은 최 회장은 창업 초기부터 인재를 구하기 위해 부단한 노력을 기울였다. 인재 중시 경영 이념이 드러난 것이 바로 TV 방송 프로그램 '장학퀴즈'였다. 최 회장은 청소년들의 면학 분위기 조성과 향학열을 고취하기 위해 '장학퀴즈'를 적극 후원했다. 인재들이 성장해 미래를 밝게 이끌어 달라는 취지였다.

절망으로 가득한 전쟁의 폐허 속에서 새로운 희망의 불꽃을 피우고 원대한 기업가로서의 꿈을 키워 나간 청년 창업가 최종건 회장의 모습

| 그림 4.2 | 47년 국내 최장수 퀴즈 프로그램 장학퀴즈

출처: http://mediask.co.kr/36556

은 오늘날 예비 창업자들이 반드시 갖춰야 할 진정한 기업가의 귀감이 되기에 충분하다. 인재와 기술, 미래를 내다보는 경영 리더십은 지금의 글로벌 기업 SK로 도약하는 굳건한 초석이 됐다.

— 《한국경제신문》, 2018. 12. 6.

제5장

[강점]

세종 인성과 인재 경영

| 학습 내용 |

- 세종의 인성관과 좋은 인성의 세 요소
- 율곡 이이가 평가한 세종의 인재 쓰기 기준
- 세종 인성의 세 요소, 즉 든 사람, 된 사람, 난사람의 의미와 인재의 조건

| 학습 목표 |

- 첫째, 세종의 든 사람 우선론, 사람과 사물에 대한 정확한 지식을 얻는 과정(든 사람)을 거쳐 남을 배려하는 사람(된 사람)도, 성과를 거두는 사람(난사람)도 될 수 있다는 세종의 철학을 알고 설명할 수 있다.
- 둘째, 인재 경영에서 싱크 탱크의 중요성을 알고 스스로 그러한 인재가 되는 목표를 세운다.
- 셋째, 주변 친구들 및 만나는 사람들의 강점을 발견하고 기록하는 습관을 갖는다.

| 요점 |

- 세종의 인재 판단 기준: 열정, 공공심, 진실함.

제 1 절

세종의 인성관과 그 자신의 인성

사람이 교육에 의해 바뀔 수 있을까? 이 질문에 대한 대답은 '그렇다.'이다. 《세종실록》 속 대화가 그 근거인데, 단 조건이 붙어 있다. 어려서 바른 교육을 제대로 받는다는 조건이다. 세종은 일차적으로 사람의 성품이 본래부터 정해져 있는 게 아니라고 보았다. "보통 사람[中人]들은 착하게 될 수도 있고 악하게 될 수도 있다."는 말이 그것이다.

여기서 눈길을 끄는 것은 '보통 사람'이라는 말이다. 세종에 따르면 보통 사람은 눈앞의 이익에 넘어지기 쉽고 사사로운 관계에 얽매여 실수하는 일이 잦다. 따라서 그들은 성인聖人, 즉 훌륭한 지도자의 가르침을 받고 따라야 하는데, 성인은 "사물을 통찰할 수 있고, 아주 멀리 내다 볼 수 있는" 능력을 가진 사람이다. 새롭게 겪게 되는 상태의 진전을 올바로 간파하는[洞照事物] 힘과 '지금 이곳'에 붙잡히지 않고 다가올 미래를 예측하고 준비하는[明見萬里] 능력을 가진 리더의 말을 따라야 하는 것이다.

여기에서는 세종이 생각하는 사람의 품성과 세종 자신의 인성, 그리고 그러한 인간 이해에 기반한 세종의 인재 쓰기에 대해 살펴보겠다.

세종의 인성관

세종은 사람의 품성에 대해 어떻게 보았을까? 세종 문헌, 즉 세종을 만든 문헌과 세종시대에 만든 문헌에 나타난 '본성' 또는 '천성'에 대해 언급한 몇몇 사례를 통해 그의 인성관을 살펴보면 다음과 같다.

첫째, 인성 여울물론이다. 세종에 따르면 사람의 품성은 '여울의 물[湍水]'과 같다. "동쪽을 터뜨려 놓으면 동쪽으로 흐르고, 서쪽을 터뜨려 놓으면 서쪽으로 흐른다."는 것이다. 사람의 품성은 처음부터 정해진 것이 아니라[非定性命] 그 터놓은 방향에 따라서 착하게 될 수도 있고 악하게 될 수도 있는 가변적이라는 게 세종의 인성관이었다.

따라서 인성을 좌우하는 데 있어서 중요한 것은 어떤 이야기를 듣고 자라느냐이다. "사람의 마음은 본디 좋아하거나 미워하는 마음이 없는데, 부모 사랑을 받으면서 사랑하는 마음을 알게 되고, 좋은 지도자를 만나면서 공경하는 마음이 생긴다."는 것이다. 반대로 나쁜 이야기를 듣고 자라면 나쁜 인성을 갖게 된다고 세종과 그 시대 사람들은 보았다. "진秦나라 2세 호해胡亥[1]가 본성이 나빠서 그리 된 것이 아니다. 조고趙高[2]에게 배우고 익힌 것이" 그릇되었고, 나쁜 사례를 자주 듣고 자라서 그처럼 잔인하고 포악한 사람이 되었다는 것이다.

자랄 때 듣고 보는 바가 그 사람의 인성을 좌우한다는 이 말의 의미는 실로 엄청난 것이다. 요즘 우리 자녀가 자라면서 접하는 이야기는

1 호해(胡亥): 진나라의 제2대 황제로 진시황의 막내아들이다. 황제의 자리에 오르는 과정에서 많은 사람을 죽였으며, 황제가 된 다음에는 대규모 토목 사업을 일으키고, 대규모 징병을 실시했다. 그 과정에서 민심을 잃었고, 반란군에 쫓겨 자살했다.

2 조고(趙高): 진나라 시황제의 환관으로, 승상 이사와 짜고 황제의 유서를 거짓으로 꾸며 호해를 황제의 자리에 오르게 했다.

| 그림 5.1 | 세종의 인성관

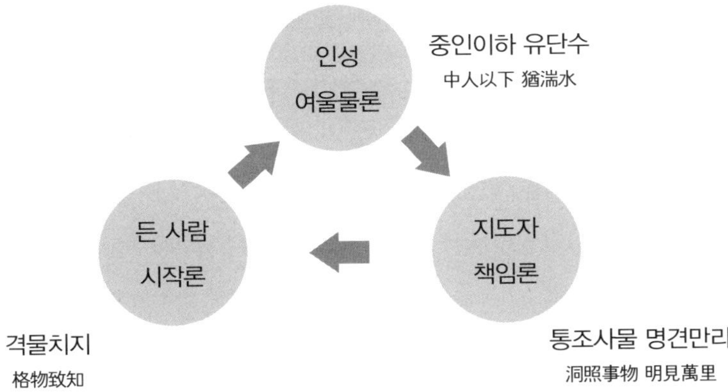

온통 '호해 만드는 것'으로 도배되어 있기 때문이다. 세종은 우리들의 기호嗜好나 기뻐하는 것[所樂]까지도 어떤 경험을 처음에 하느냐에 따라서 달라진다고 보았다. 몸에 해로운 술이나 담배 같은 것을 먼저 체험하면 그것을 좋아하는 것으로 몸이 바뀌고, 그 반대도 마찬가지라는 것이다. 중요한 것은 어렸을 때 '가려서' 하고 '먼저 익히는' 경험이라는 것으로, 우리가 왜 청소년과 청년 시절에 세종시대 이야기를 배워야 하는지에 대한 이유이기도 하다.

둘째, 지도자 인성 책임론이다. 세종은 사람을 지도자[聖人]와 보통사람[中人]으로 구분한 다음, 전자 즉 지도자의 책무를 강조했다. 그가 말하는 지도자는 "사물을 통찰할 수 있고, 아주 멀리 내다 볼 수 있는[洞照事物 明見萬里]" 사람으로서, 중요한 자리에 앉아서 중요한 결정을 내려 "의심으로 꽉 차서 일마다 머뭇거리는" 보통사람 이하의 사람들을 이끌어 가야 한다고 한다.(세종실록 15/3/17)

세종이 이처럼 정치 교화를 강조한 것은 허물을 고치고 스스로 새로워질 수 있는 사람의 잠재력을 믿었기 때문이다. 재위 초반 '탐오貪汚죄'로 탄핵을 받은 강원도 관찰사 유사눌에 대해서 "사람에게는 스스로 새로워지는 이치가 있다[人有 自新之理]."(세종실록 4/2/25)면서 그를 보호한 것이 그 예이다.

세종은 사람의 성품이 타고나면서부터 악하거나 선하지 않고, 누구를 만나 어떤 이야기를 먼저 배우느냐에 따라 달라진다고 보았다.

이 점에서 그의 인성관은 고자告者의 '선악부정설善惡否定說'과 비슷하다.(《맹자》 고자 上) 하지만 세종은 '동쪽과 서쪽의 구분은 없으나, 위에서 아래로 흐르는 것은 정해져 있다.'는 맹자의 성선설性善說에 따라, 사람이 스스로 새로워질 수 있는 가능성[自新之理]을 믿었다. 따라서 사람들 마음속에 있는 선심善心을 발현시키는[感發其同然之善心] 교육을 매우 중시한 점에서(세종실록 14/6/9) 고자와는 차이가 있다.

특히 세종은 성인, 즉 멀리 보고 정확히 알고 있는 지도자들의 교화 책임을 강조했다. 백성들이 성인의 교화를 받으면 눈앞의 이익 때문에 넘어지거나(세종실록 15/윤8/19, 16/5/15) 사사로운 관계에 얽매여[未免私情](세종실록 14/3/13) 실수를 하는 일이 적어질 것이기 때문이다.

이러한 세종의 생각은 곧 인성 교육 정책으로 나타났는데 《삼강행실도》의 편찬과 보급이라는 출판의 정치가 그것이다.

셋째, 든 사람 시작론이다. 세종이나 그 당시 사람들은 '든 사람'이 되는 과정, 즉 배움의 과정을 매우 중시했다. 세종은 그가 탐독한 성리학 서적, 예컨대 《대학》의 영향으로 인격을 갖추는 여러 단계 중에서 '격물치지格物致知'를 우선적으로 강조하였다.

《대학》에서는 먼저 제대로 된 지식을 정확히 깨우칠 때, '성의정심誠

意正心'이라는 바른 인성을 갖춘 인격체가 될 수 있다고 강조한다. 흥미로운 것은 그 이후에야 '수신제가修身齊家'와 '치국평천하治國平天下'와 같은 이른바 '출세出世'의 과정, 즉 '난사람'도 될 수 있다는 생각이다.

세종이 어려서부터 《구소수간》과 같은 고전, 즉 구양수와 소식이 편지를 통해 주고받은 활달하고 자유로운 생각의 영향을 받아서 이성과 감성이 조화되는 인품으로 성장한 것은 바로 그러한 '든 사람' 이후에 '된 사람'이 될 수 있다는 것을 단적으로 보여 준다.

그리고 《대학연의》나 《치평요람》과 같은 역사 속의 성공과 실패 사례를 깊이 있게 연구하여, 효과적인 국가 경영 리더십을 발휘한 것도 역시 '든 사람'이 된 연후에 '난사람'이 된다는 세종의 철학과 연관 지어 볼 수 있다. 한마디로 '덕성'이나 '잘남arete' 이전에 인간과 사회 그리고 자연의 이치를 제대로 깨닫는sophia 일이 중요하다는 게 세종의 생각이었다.

세종 자신의 인성

세종 자신의 인성은 어땠을까? 어떤 주장이나 지시를 하기 전에 자기 스스로 모범을 보이면 더 설득력을 갖는다. 이 점에서 세종은 인성에 대한 이야기를 할 자격이 있었다.

세종의 인성을 분석해 보면, 세종은 스스로 좋은 영향력을 행사할 수 있는 자격을 갖추고(든 사람) 좋은 사람으로서(된 사람) 뛰어난 성과를 내어 책임지는 행위자(난사람)이었다.

여기서 '든 사람'이란 자신의 문제를 풀어 갈 수 있는 지력을 갖춘 개인이라는 뜻이다. 세종은 스스로 배우고 자기의 문제를 풀어 갈 수 있는 지적 역량을 지닌 존재였다.

다음으로 세종은 '된 사람'이었다. '된 사람'이란 어떤 문제를 풀어 갈 때 협력하고 친구가 되고 싶은 사람이 되는 것인데 상대방을 배려하고 관대한 인품을 가진 사람이며 공동체의 일원으로서 환영받는, 관계가 좋은 사람이다.

마지막으로, '난사람'은 단지 말로 그치지 않고 말을 실행하는 지행일치의 사람이다. 또한 그는 성과를 가지고 그 공동체를 더 나은 사회로 발전시키는 업적을 남기는 사람이다.

세종은 필요한 지력을 가지고 사람들에게 존경받고 친구가 되고 싶은 사람이었으며 조선이라는 나라를 더 나은 나라로 발전시키는 성과를 낸 리더였다. 《세종실록》에서 그 전거를 찾아보면 다음과 같다.

첫째, 그는 배우기를 좋아하여 당대 최고의 지식인들에게 인정받을 정도로 지적 능력이 출중한 '든 사람'이었다. 그가 사망했을 때 신하들이 중국에 보내는 부고를 보면 그는 "천품의 자질이 영예英睿하며 배우기를 즐겨 하고 게으르지 않았다[天資英睿 好學不倦]."고 한다. (세종실록 32/2/22)

세종은 어린 시절부터 온 대궐이 꽁꽁 얼어붙은 듯한 추운 밤에도 밤을 새워 책을 읽곤 했다고 한다. 병이 날까 염려한 태종이 저녁에는 책을 읽지 못하게 금지하기도 했으나, 막무가내로 밥을 먹을 때도 좌우에 책을 펴 놓고 읽었다. (태종실록 5/12/23; 18/6/3) 그 덕분에 일찍이 경서는 물론이고 역사책과 외교 문서에 이르기까지 거의 모든 지식을 섭렵할 수 있었다. 청소년기의 세종이 "국가에 큰일이 있을 때마다 의외로 뛰어난 소견을"(세종실록 총서) 제시할 수 있었던 것은 바로 이와 같은 넓고

| 그림 5.2 | 세종의 인성 3요소

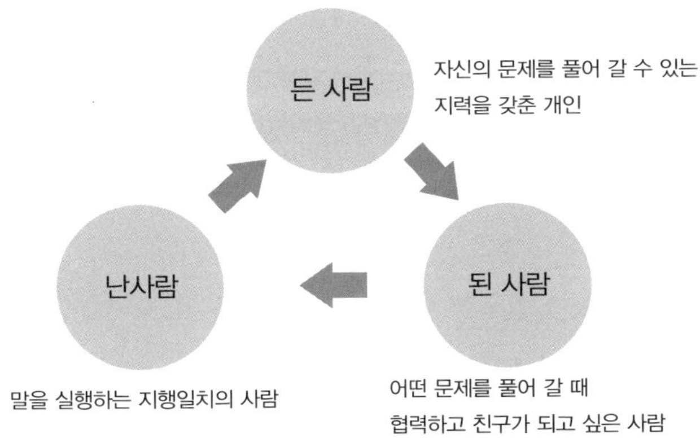

도 깊이 있는 책 읽기의 덕분이었던 것으로 판단된다.

둘째, 그는 '된 사람'이었다. 태종은 재위 말년에 충녕(세종)을 세자로 책봉하면서 "마음이 너그럽고 크고 씩씩하고 의젓할[莊重]뿐더러 부모에게 효도하고 형제간에 우애하며[孝悌] 겸손하여 주위 사람들을 공경하는[寬弘莊重 孝悌謙恭]" 사람이라고 말했다.(태종실록 18/6/17) 특히 세종은 중요한 결정을 내릴 때, 나라 원로들의 의견을 경청하는 것은 물론이고, 그 결정이 나라에서 가장 어려운 처지에 놓인 사람들[鰥寡孤獨]에게 끼칠 영향을 맨 먼저 고려하였다.

셋째, 세종은 그의 재위 기간에는 물론이고 후대에도 가장 성공적인 군주로 평가받은 '난사람'이었다. 재위 초반부에 그는 심각한 자연 재해로 "이 임금 때문에 흉년이 들어 살기가 심히 어렵다. 내가 만약 임금이 된다면 반드시 풍년이 들것이다."(세종실록 5/3/5)라는 불신을 받기도 했다. 하지만, 최종적으로 그가 사망했을 때 '생생지락 하는 나라를 만든 임금'으로 평가받았다. "30여 년 동안 백성들이 전쟁을 보지 못하고 편히 살면서 생업을 즐겼다[三十餘年之間 民不見兵 按堵樂業]."(세종실록 32/2/22)는 평가가 그것이다. 그뿐 아니다. 그는 후대의 율곡 이이로부터 "사민부서斯民富庶"를 연 군주, 즉 백성의 살림을 넉넉하게 하고[民富] 인구가 많아지게[民庶]" 했을 뿐만 아니라 "후손들이 잘살 수 있는 길을 터놓아 우리나라 만년 운의 기틀을 다져 놓았다(이이, 《율곡전서(栗谷全書)》 《성학집요》)."는 극찬을 받았다.

이처럼 세종은 개인적인 학문 역량은 물론이고 주위 사람을 감동시킬 정도의 인품을 가진 사람이었고, 결과적으로 높은 성취를 거둔 지도자였다.

이야기 하나: 굶주린 백성이 충녕대군을 찾아간 이유

어린 시절 세종(충녕)의 모습 중에 인상적인 것이 있다. 어려운 백성을 불쌍히 여기고 도와주는 소년 세종의 모습이 그것이다.

1415년(태종 15년) 11월 6일 실록을 보면, "걸식하는 사람이 미처 진휼을 받지 못하여 충녕대군에게 찾아갔다."고 한다. 걸식하는 사람이 어떤 사정으로 그날 구휼 식량을 얻지 못했는데, 다른 사람(왕이나 세자 양녕)이 아니고 대군 중 한 명인 충녕대군을 찾아가 도움을 요청한 것이다.

그날 식량을 얻지 못하면 가족이 모두 굶주려야 하는 상황에서 그 사람은 누구를 찾아가야 그 어려움을 해결할 수 있을까 생각했을 것이다. 그리고 마침내 어진 마음을 가진 것으로 알려진 충녕대군을 찾아간 것이다.

흥미로운 것은 이 보고를 받은 태종의 반응이다. 태종은 "서울과 외방의 굶주린 백성을 이미 담당 관리[有司]로 하여금 자세히 물어서 구휼하게 하였는데, 무슨 까닭으로 담당 관리가 빠짐없이 물어서 고루 주지 못하여 스스로 대군에게 말하게 하였는가?"라고 하여, 담당자를 추궁하였다.

이어서 그는 왕 자신이 "굶주리고 추워하는 사람을 불쌍히 여기는 것을 충녕이 보고 자라서" 어려운 지경에 처한 사람을 보면 바로 내게 와서 도와주자고 건의했다고 말했다. (태종실록 15/11/6)

다시 말해서 태종 자신이 어려운 처지에 놓인 사람을 불쌍히 여기는 것을 어린 충녕대군이 보고 자라서 어진 마음을 가졌고, 남을 도와주려는 인성을 갖게 되었다는 것이다. 그리고 그것이 소문이 나서 걸식자가 충녕대군을 찾아갔다는 게 태종의 말이다.

마무리

세종 인성 교육의 효과, 즉 세종학을 통해서 배우는 인성 교육의 차별점은 인성 교육에 대한 생각 자체를 바꾸는 것이다. 인성 교육은 그동안 말 잘 듣는 '착한 사람'을 만드는 교육이라거나 질서 잘 지키는 '민주 시민'이 되는 교육이라는 생각으로 간주되어 왔다.

하지만 《세종실록》을 통해서 볼 때, 지도자 내지 인성 갖춘 리더란 말 잘 듣는 착한 사람이나 질서 잘 지키는 시민이 아니라 '복잡다단한 현실 문제를 헤쳐 갈 수 있는 능력'을 갖춘 사람을 말한다.

"사물을 통찰하여 아주 멀리 내다볼 수 있는[洞照事物 明見萬里]" 사람이 그것이다. 이는 시도자란 '통조시물 洞照事物', 즉 당면한 문제를 꿰뚫어 볼 수 있는 '분석적 사고(현미경)'와 '명견만리明見萬里', 즉 바로 눈앞에 보이지 않지만 장차 닥쳐올 일까지 헤아려서 대안을 마련하는 '전략적 사고(망원경)'를 가진 사람임을 뜻한다.

우리의 차세대들이 세종 인성 교육을 통해 이러한 리더십을 갖출 수 있다. 유대인들은 《바이블》과 《탈무드》를 세대 간에 전승하며 인생의 지혜를 전수한다고 한다. 이와 같이 한국인들도 《세종실록》 속 리더십 이야기를 통해 인생의 다양한 상황과 경우의 수를 간접 체험하고, 사태를 읽고, 다양한 옵션과 결과를 예측하여, 최선의 판단을 내리는 '경험'을 할 수 있다.

제2절

세종의 인재 경영

세종의 인재관

세종이 잘한 것은 바로 현미경과 망원경을 가진 인재들을 '천하와 국가의 지극한 보배'로 알아보고 역량을 발휘하게 한 일이다. "나는 작은 벼슬 하나도 온 마음을 기울여 고른다留心揀擇."는 말처럼, 그는 인재를 선발하는 데 온 정성을 기울였다. 특히 그는 훌륭한 인재가 요직에 앉아 중요한 결정을 내려 "의심으로 꽉 차서 일마다 머뭇거리는" 보통 사람들을 이끌어 가야 한다고 주장했다.

득인위최得人爲最! 인재를 얻는 것이 최고로 중요하다는 세종의 말이다. '인사가 만사다.'라는 말의 세종식 표현이다. 세종이 세미나식 어전회의인 경연에서 가장 열심히 읽은 《대학연의》에도 "임금은 인재 알아보는 것으로써 밝아진다."는 말이 나온다.

도대체 세종은 인재를 어떻게 생각했으며, 어떤 방법으로 분별해 낼 수 있었을까? 이를 위해서는 먼저 그의 인재관을 살펴볼 필요가 있다. 리더가 어떤 인재관을 가지고 있느냐에 따라 인재를 범재로 취급해 놓치기도 하고, 범재로 보이는 사람 속의 강섬을 발견해 인재로 키워 낼 수도 있기 때문이다.

세종의 인재관을 볼 수 있는 책은, 세종시대 때 편찬된 《치평요람》이다. 이 책에는 주周나라 주공이 인재를 대하는 태도가 나와 있는데 그것은 한마디로 '토포악발'이다. 여기서 '토포吐哺'란 음식을 뱉어[吐] 낸다는 것으로, 주공이 다른 사람의 말을 듣고 있다가 그 사람에게 바로 대답해야 하는 상황이 생겼을 때 그는 지체 없이 입안의 음식을 뱉어낸 다음에 응답하기를 서너 차례 했다고 한다. 주공은 또 '악발握髮' 즉, 한창 머리를 감는 중에 어떤 인재가 찾아왔다는 말을 듣고, 머리를 빗지 않은 상태로 그 머리카락을 붙잡고 와서 만나 보았다고 한다.

그 정도로 사람 말을 귀하게 듣고 인재 만나기를 보물 대하듯 했다는 얘기이다.

실제로 세종의 인재 쓰기를 보면 《치평요람》의 인재론과 거의 흡사하다는 것을 알 수 있다. 세종의 인재 쓰기에 대해 율곡 이이는 약 130여 년 뒤에 이렇게 말하고 있다.

> 세종대왕은 사람을 쓰되 자기 몸과 같이 하였다. 현인과 재능 있는 이를 쓰되 그 부류를 따지지 않았다. 임용한 사람의 말을 채택할 때 오롯이 하여 참소와 이간질이 들어갈 수 없었다. 또 지위가 그 재능에 합당하면 종신토록 바꾸지 않았다.

율곡의 이 말에는 세종의 인재 경영의 요체가 잘 정리되어 있다. 그것은 다음 네 가지로 요약할 수 있다.

인재를 소중히 여기고, 덕망과 재능으로 발탁하다

첫째는 인재를 귀하게 여겼다는 것이다. "자기 몸과 같이 하였다."는 것은 신하들을 세심히 보살피고 존중했다는 말이다. 김종서나 하경복 장군의 어머니의 경우에서 알 수 있듯이 세종은 인재들의 부모 형제까지도 귀하게 보살폈다. 그랬기 때문에 인재들이 '주인 의식'을 갖고 맡은 일에 열과 성을 다했다. 실제로 허조의 유언에서 보듯이 세종시대 인재들은 '이 나라의 임금은 비록 세종이나 내가 곧 주인'이라는 책임 의식을 가지고 혼신의 노력을 기울였다.

둘째는 사람의 부류, 즉 신분이 아니라 덕망과 재능을 우선해 인재를 발탁했다. 천민 신분의 장영실을 종 3품의 대호군까지 승진시킨 사실이나, 아전 출신의 이예를 재상급인 동지중추원사(종 2품)로 발탁해 중용한 것, 그리고 아버지는 강릉군수이나 어머니가 천인이었던 황희를 정승으로 임용한 경우가 그 예이다. 유능한 통역사 김하金何와 천문에 뛰어난 이순지를 각각 첨지중추원사와 동부승지로 발탁시킨 것도 세종의 능력 위주의 인재 운용을 잘 보여 주는 사례들이다.(세종실록 26/12/23)

인재의 말을 경청하고, 오래도록 일하게 하다

셋째는 사람을 뽑고 그들의 말을 들을 때 오롯이 했다는 것이다. 세종은 실제로 일단 인재로 선발된 사람의 말을 경청했다. 그 사람의 말을 집중해서 들음으로써 '참소와 이간질이 들어올 수' 없게 했다. 특히 세종은 "인재를 불러오는 것[擧賢]보다 더 중요한 것은 그 사람의 말을 채택하여 쓰는 것[得用]"이라 하여 아이디어 듣는 것을 중시했다. 아무리 뛰어난 인재라 할지라도 그 사람의 말을 채용하지 않는나면, 헛갓 인간 병풍에 불과하며, 반대로 비록 어떤 관직에 앉히지 않는다 하더라도 그 사람의 말을 듣고 쓰면 그것이야말로 더 중요한 인재 쓰기라는 게 세종의 인재관이었다.

넷째는 그 사람의 재능이 그 자리에 적합하면 종신토록 바꾸지 않았다는 것이다. 황희나 맹사성 같은 정승에게는 각각 24년과 8년씩 장기간에 걸쳐 정승을 지내게 하여 국정을 안정시켰다. 또한 예조·호조·병조처럼 전문성이 필요한 부처의 판서들은 평균 6~8년간 재직하게 하여 임무를 완수하도록 했다.

그 결과 그 당시의 신료들은 "나랏일을 자기의 책무로 여기며" 일했고(세종실록 21/12/28) 왕이 "한 달씩이나 자리를 비워도 일이 적체되지" 않았다.(세종실록 20/5/27)

세종이 말한 인재의 조건

- 열정: 맡은 일을 끝까지 해내는가
- 공공심: 나보다 공동체를 위하는가
- 진실함: 아첨하지 않고 정직하게 말하고 행동하는가

과연 그러한 국가 경영의 비결은 무엇이었을까? 그것은 세종이 어떤 인재를 선발하고 길러 배치했는지를 보면 알 수 있는데 차례로 살펴보면 다음과 같다.

먼저 세종이 인재를 선발할 때 중시한 기준은 '열정', '공공심', '진실함'이었다.

세종의 인재 선발 기준

첫째, 세종은 인재를 선발할 때 마음속에 열정熱情이 있는지를 보았다(적극성).

> 사람들은 처음에 부지런하다가도 나중에는 게을러지는 경향이 있다. 처음에 열성적으로 일하다가도 끝을 완수하지 못하는 경우가 많은데, 하물며 처음부터 열을 내지 않는 자일까 보냐.(세종실록 29/9/9)

열정 없는 사람과 일하기는 정말 어렵다는 게 세종의 생각이었다. 세종은 열심을 가지고 부지런하며 삼가는 마음[謹愼]을 가진 사람을, 재주 있고 명성 높은[才德] 사람보다 높이 평가했다.

둘째, 세종은 그 사람이 나보다 공동체를 우선시하는지를 살폈다(공공심). 세종에 따르면 "유능하다고 알려진 자들은 처음엔 제법 능숙하지만 결국엔 자기 개인적인 일을 구제하는 데 급급하다."(세종실록 29/4/21)고 한다. "선심善心 가진 사람에게 일을 맡기면 처음엔 굼뜨고 실수하기도 하지만, 그는 오래갈수록 더욱 조심하여 책무를 완수한다."는 게 세종의 생각이었다. 그 사람 마음 바탕에 자기 개인보다는 그가 속한 조직이나 공동체를 우선시하는 공공심이 깔려 있으면 다른 구성원과의 화합은 물론이고 조직을 탄탄하게 만든다는 것이다.

셋째, 아첨하지 않고 진실되게 말하는 사람을 중용했다(진실함). 즉위초부터 세종은 신하들에게 아첨하지 말라고 말했다. "아첨을 하는 신하치고 제 수명을 끝까지 보존한 자가 없었다."(세종실록 즉위년/11/29)라고도 말했다. 실제로 어느 관리가 유난히 이삭이 많이 달린 보리를 발견해 올리면서 "이것은 성인의 덕화가 만물을 두루 적신 때문"이라고 말하자 세종은 "이처럼 아름다움을 과장하는 일을 내가 심히 부끄럽게 여긴다."면서 물리쳤다.(세종실록 19/5/8) 세종은 또한 거짓말하는 사람을 미워했다. 군사 훈련을 겸한 사냥인 강무講武를 시행하는 도중에 "왕이 아프다."라고 거짓말을 한 관리를 세종은 망언죄妄言罪로 판결해 의금부에 가두고 90대를 때리게 했다. 아첨이나 거짓말(허위 보고)은 상사의 판단을 흐리게 하고 조직 운영에서 가장 중요한 요소인 신뢰를 해치는 빌미가 된다는 게 세종의 생각이었다.

장점을 발휘할 기회를 주다

세종의 인재 쓰기에서 중요한 것은 인재들의 강점을 잘 파악하고 그것을 발휘할 기회를 주었다는 것이다. 사람은 누구나 장점과 단점을 가지고 있는데, 훌륭한 지도자라면 단점보다는 그의 장점을 발견하고 제 위치에 배치해서 그 능력을 발휘하게 해야 한다는 게 세종의 생각이었다.

세종의 인재 쓰기에서 특징적인 것은 인재들로 하여금 공적을 세워서 허물을 덮을 기회를 주곤 했다는 것이다.

'뇌물 혐의'로 탄핵을 받은 조말생을 중용해서 북방 영토 경영에 공헌하게 한 것을 그 예로 들 수 있겠다. 조말생은 태종의 총애를 받아 대마도 정벌 등 주로 국방 분야에서 공로를 세웠다. 하지만 병조판서 때 뇌물을 받고 관리를 승진시켜 주었다는 탄핵을 받았다.

세종 재위 8년째인 1426년에 사헌부는 김도련 노비 소송 사건과 관련하여 24명의 노비를 증여받은 죄로 조말생을 탄핵했다.(세종실록 8/3/4) 세종은 당시 관리들 사이에 뇌물이 공공연히 오가는 현실을 개탄하면서도 조말생의 병법과 군사에 대한 경륜을 높이 사서 파직한 지 4년 만에 벼슬을 돌려주었다. 일단 파직함으로써 죄에 대한 벌을 주되, 다시 복직시킴으로써 그 능력을 발휘하게 한 것이다.

그 당시 많은 조정 관리며 재야 유생들이 벌떼 같이 들고 일어나 반대했지만, 세종은 "북방의 함경도(함경도, 동북면)를 살필 만한 인물로 조말생만 한 인물이 없기 때문에 그를 임용하지 않을 수 없다."며 그 뜻을 꺾지 않았다. 세종은 "조말생이 《논어》에 나오는 공자의 제자 중에서 자로의 과감성과 자공의 달변을 겸한 인재"(세종실록 21/5/25)라면서 여러 가지 일이 복합적으로 얽혀 있는 함경도에는 "충성심과 성실함에서 뛰어나 능수능란하게 일처리를 잘하는 조말생을 보내야 한다."고 주장했다.

이후 조말생은 함경도 감사로서 여진족 내부를 분열시키면서 견제하는 역할을 맡았다. 재위 15년째인 1433년에 최윤덕이 압록강 건너편 파저강 일대의 이만주 일당을 성공적으로 토벌한 '파저강 토벌'은 바로 동북면 일대를 잘 뒷받침한 조말생이 있었기에 가능했다. 그는 재위 16년 9월 함경도 감사 임무를 마치고, 중앙 정부로 돌아올 때까지 동북면을 안정되게 다스리는 공적을 세웠다.

또한 유능한 관료가 잘못을 범했을 경우, 세종은 다시 기회를 주어 실수를 만회할 수 있게 했다. 재위 중반부의 김윤수가 그런 경우이다. 여연군 군수 김윤수는 1432년 겨울 여진족 침입 사실을 제대로 보고하지 않아 탄핵받았다. 세종은 신료들의 처벌 요구를 받아들여서 그를 일단 해직한다. 하지만 곧 "사람의 마음이란 잃었던 직임을 그대로 다시 주면 그 전의 허물을 벗기 위해 마음을 고치는 것"(세종실록 17/6/17)이라면서 복직시킨다. 그 결과 김윤수는 한 달 후 재차 여연군을 침범한 여진족을 완벽하게 무찌르는 전과를 세운다.

세종은 이처럼 공적인 마음과 열정을 가진 인재를 선별하고, 유능한 인재로 길러 낸 다음, 관직에 임명한 다음엔 장점을 발휘하게 하는 인사 정책을 폈다.

마무리

현재의 대한민국 정부가 만약 세종시대의 인재들 중 발탁해 쓰려고 한다면 적합한 사람이 있을까? 우선 장영실과 최윤덕은 신분과 학력 미달로 제외될 것이다. 황희는 뇌물죄와 간통 혐의로 청문회를 통과하지 못할 것이다. 맹사성 역시 과거 투옥 전력으로 인해 중용되지 못할 것이다. 도대체 이처럼 결격 사유 많은 인물들을 데리고 세종은 어떻게 그 많은 성과를 냈을까? 세종은 누구보다도 뛰어난 '인재 감식가connoisseur'였다. 우리나라 역사상 세종시대만큼 개성이 강하고 뛰어난 인재들이 활약한 시대가 없다. 그런 인재들이 나랏일을 자신의 일로 여기게 하고 각자의 자리에서 재능을 발휘하도록 이끈 것은 바로 세종이다. 구성원들의 강점을 발견하는 눈과 그것을 발휘하도록 적극 돕는 역할이 매우 중요하다.

세종리더십 실천

인재는 온 천하의 지극한 보배이지만, 지도자가 어떤 인재관을 가지고 있느냐에 따라 등용되어 세상에 기여하기도 하고 버려진 채 방치되기도 한다. 중국의 요堯임금[3]이 사방의 제후들에게 인재를 묻지 않았던들 순임금[4]은 끝내 시골의 홀아비로 살았을 것이고, 이윤伊尹[5] 역시 탕왕을 만나지 않았더라면 들판의 늙은이로 생을 마감했을 것이다. 그런데 여기서 한 가지 유념해야 할 것은 인재는 본질적으로 자연 자원과 다르다는 점이다.

인재가 등용되어 능력을 발휘할 경우 그 개인에게는 물론이고 세상에도 유익하지만, 방치될 경우 그는 공동체 전체에 해로운 기운을 뿜어낸다. "지금 세상의 울결鬱結(답답하게 꽉 막혀 있음)한 일을 손꼽아 보면, 나라의 습속이 인재를 천대하여 어진 이를 숨게 만들고, 문벌과 학벌로만 사람을 평가하니 나라에 백 가지 폐단이 절로 생긴다."는 조선 후기 성호 이익의 말은 인적 자원의 그러한 특성을 지적한 것이다. 세종시대 들어 조정에 청신한 분위기가 감돌고 '인재가 왕성하게' 된 것은 세종의 탁월한 인재 경영 능력 때문이었다.

---

3 중국 고대의 태평성세를 이끈 전설상의 성군이며, 현인인 순(舜)에게 임금 자리를 넘겨 주었다.

4 중국 고대의 태평성세를 이끈 전설상의 성군이며, 요임금에게 선양받아 나라를 다스렸다. 요임금과 함께 가장 이상적인 군주로 평가받는다.

5 상(은)나라 초대 왕인 탕왕(湯王)의 초빙으로 재상이 되어 나라의 기틀을 다졌으며, 이후 4대를 섬겼다. 이윤과 관련된 가장 유명한 고사는 탕왕의 손자인 태갑(太甲)이 왕이 되었으나 정사를 돌보지 않고 법제와 덕행을 파괴하자 이를 감금하고 섭정을 맡았는데 3년 뒤 태갑이 잘못을 뉘우치고 새로워지자 그에게 정권을 돌려주었다는 이야기다.

읽을 거리

삼성 이병철의 용인用人 철학

삼성 창업자 호암 이병철은 28세인 1938년 대구에서 삼성상회를 설립하였다. 삼성상회는 대구에서 생산되는 청과류와 포항의 건어물 등을 만주와 중국 등으로 수출하는 한편, 제분기와 제면기를 설치하여 제분, 제면업도 겸하였다. 개업한 지 약 1개월 후 동경 유학 시절에 사귄 이순근을 지배인으로 맞이하였다. 은행의 거액 융자나 대량의 자재 구입, 수주 등 극히 일부분을 제외하고는 어음 발행이나 인감 관리에 이르기까지 경상적인 모든 업무를 지배인에게 위임하였다. '의인물용 용인물의疑人勿用 用人勿疑', 즉 의심이 가는 사람은 고용하지 말고, 일단 채용했으면 대담하게 일을 맡기는 '용인 철학用人哲學'이 이때 이미 지켜진 셈이다.

이병철 회장의 용인 철학은 그의 아들 이건희 회장에게도 전수되었다. 노사 관계가 어수선하던 1980년대 말경, 삼성의 인사팀 K 전무가 이건희 회장을 찾아가 보고했다. "회장님, 우리 삼성은 노조가 없어도 다른 회사보다 급여가 높은 게 자랑인데, 요즘 다른 회사들이 노사 분규를 통해 우리보다 급여를 많이 주고 있어서, 우리 직원들 인건비를 올려야 하겠습니다."라는 그의 보고를 들은 이건희 회장은 얼마나 필요하냐고 물었다. 700억 원 정도 들어간다는 대답을 들은 이 회장은 "현장의 실무자가 잘 판단해서 결정을 내리세요. 필요하면 700억 원이 아니라 7,000억 원이라도 써야지요."라고 말했다. 현장의 정보를 가진 실무자를 믿고 맡기는 이러한 용인 철학 덕분에 삼성은 '노조 없이도 최고로 대우가 좋은 기업'이 되었다.

– 이창우, 《다시 이병철에게 배워라》, 서울문화사, 2003, 166~167쪽.

제6장

[창의] 집현전과 경연 회의

| 학습 내용 |

- 세종은 왜 즉위하자마자 집현전을 만들었을까?
- 세종의 즉위 제일성 "의논하자"의 의미
- 침묵하는 인재들의 말문을 열기 위한 방법으로서 '독서 토론'
- 경연 회의로 관료들 사이에 독서하는 풍토가 생기고, 불합리한 관행들을 토론으로 고침

| 학습 목표 |

- 첫째, 집현전이라는 싱크 탱크 활용이 지도자의 성공 조건임을 안다.
- 둘째, 집현전의 사례를 통해 좋은 직장의 조건을 알고 직장 문화 바꾸기를 실천한다.
- 셋째, 경연 회의의 특징을 익히고, 실제로 그 방식으로 회의를 진행할 수 있다.

| 요점 |

- 세미나식 어전 회의인 경연에서 수많은 창의적 아이디어와 정책이 나왔고, 그것이 세종시대를 우리 역사 전성기로 만들었음.

제1절

세종의 비밀 병기, 집현전

세종에게는 있고, 태종과 세조에게 없는 것은 무엇일까? 개인 역량으로 볼 때 태종과 세조가 절대 세종보다 못하지 않았다. 태종의 경우 고려말에 과거 시험에 합격한 실력자요, 조선 건국을 기획하고 성사시킨 실행가였다. 세조 역시 할아버지 태종처럼 원래는 국왕이 될 운명이 아니었으나 "책운제권策運制權" 즉, 스스로 운수를 기획하여 권세를 제어한 탁월한 전략가였다. 둘 다 학문과 무예, 예능에 뛰어난 리더였다. 그럼에도 불구하고 태종과 세조시대의 업적을 다 합쳐도 세종시대를 따라가지 못한 이유는 무엇일까? 정답은 싱크 탱크 집현전과 활발한 경연 회의다.

여기에서는 세종의 비밀 병기 두 가지, 집현전과 경연이라는 창의적 회의에 대해 살펴보겠다.

세종의 싱크 탱크 집현전의 비밀

세종은 왕자 시절에 '학문에 뛰어났으나 군무軍務에는 약하다.'는 평가를 받았다. 문·무·예文武藝에 고루 뛰어난 부왕 태종이니 이들 세조

보다 개인 역량에서는 못 미쳤다는 얘기다. 그 때문인지 세종은 왕위에 오르자마자 싱크 탱크 만드는 일에 힘을 기울였다. 즉위한 지 1년 7개월 만인 1419년 12월 12일(양력 1월 10일)에 그는 "일찍이 집현전을 설치하려는 의논이 있었는데, 어찌하여 다시 아뢰지 않는가."라면서 설립을 독려했다.

집현전은 세종 2년(1420년)에 설치되어 세조 2년(1456년)에 폐지될 때까지 37년간 운용되었으며, 그 사이에 100명 이상의 학사와 관원이 배출되었다. 이렇게 37년간 양성된 100여 명의 집현전 인재들은 세종 치세의 초석이었고 사실상 조선 전기의 학문과 정치를 이끌어 가는 주역이었다.

세종은 집현전 학사들에게 연구에 전념할 것을 요구했다. 책을 읽게 하고, 시험을 치렀다. 각자에게 연구에 전념할 것을 다짐받았으며(세종실록 16/3/20), 다른 관청으로 옮기는 것을 막았다. 또 '사가독서賜暇讀書', 즉 휴가를 주어 책을 읽고 성과를 내게 하는 독서 휴가제를 도입하기도 했다.(세종실록 8/12/11) 연구는 오랜 시간이 필요하며, 숙성되고 정제된 자료만이 "나라를 위해 소용"된다고 보았기 때문이다. 나무를 심고 길러서 큰 목재를 만들어야 집을 지을 수 있는 것처럼, 그 분야에 "정통精通한 인재라야 크게 쓸 수 있다[大用]."는 게 세종의 판단이었다.(세종실록 10/3/28)

주목할 점은 세종이 — 조선 후기의 정조와 마찬가지로 — 집현전을 만들 때 이미 존재하지만, 형식뿐인 제도나 기구를 활성화시켰다는 것이다. 제도의 재활용이라고 할 수 있는 이 전략은 새 제도를 만들 때 부딪히는 저항을 최소화하는 방법이다. 이 방법은 소술선지紹述先志, 즉 그 이전 국왕들이 목표했던 제도나 제도의 설립 정신을 계승 발전시키려는

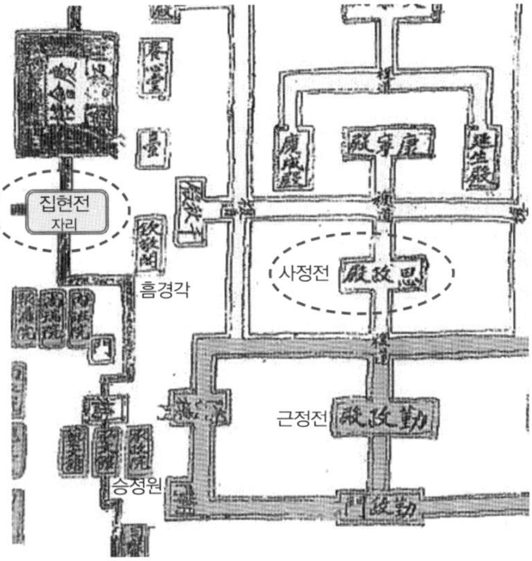

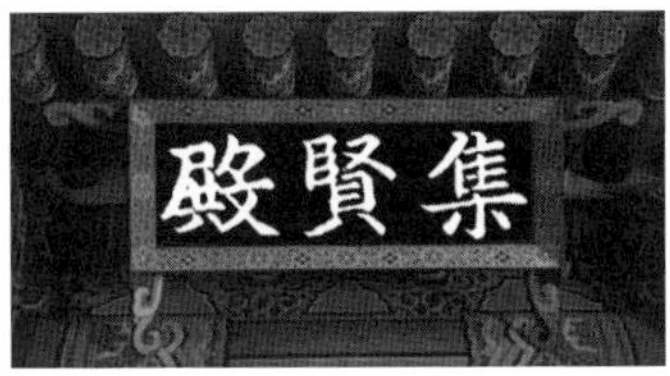

경복궁 집현전의 위치. 세종의 집무실(사정전) 지근 거리에 있었다.

세종 자신의 정치 운영 방식에도 부합된다. 다만 세종은 그 역할을 혁신적으로 변화시켜, 과거 도서관(多置書籍, 정종실록 1/3/13)에 불과하던 것을 학술 연구와 국왕 자문[講論經史 以備顧問] 기관으로 만들었다. 이름은 그대로 유지하되 기능을 획기적으로 바꿔서 '새 것을 만들려 한다.'는 혐의를 피하면서 동시에 목표를 달성하는 전략을 취한 것이다.

우선 궁금한 것은 '집현전은 세종시대의 인재들에게 어떤 곳이었을까?'이다. 다시 말해서 학사들에게 집현전은 일하고 싶은 직장이었을까? 여러 가지 자료를 통해 보면 "그렇다."고 대답할 수 있다.

첫째, 집현전의 탁월한 근무 여건이다. 집현전 학사들의 근무지는 경복궁이었다. 다시 말해서 다른 관료들과 달리 지방 근무를 하지 않아도 되었다. 당시는 내·외관 순환 근무제에 따라 모든 관리들이 만 5년씩 지방 근무를 하고 돌아와야 했는데, 서울 근무를 선호하고 지방 내려가기

기를 꺼리는 분위기였다[多慕京官 不樂外任].(세종실록 13/10/17) 이런 분위기 속에서 도성, 그것도 화려한 궁궐로 출퇴근할 수 있다는 것은 대단한 특권이었다.

근무지가 궁궐이라는 것의 또 다른 의미는 핵심 정보에 접근할 기회가 많다는 뜻이기도 하다. 집현전 학사들은 수시로 국왕을 비롯해 국가의 핵심 요직에 있는 인사들을 자주 만날 수 있었다. 경복궁 안 집현전의 위치는 주요한 의사 결정이 이뤄지는 왕의 집무실인 사정전 바로 옆(경회루 앞)이었다. 그곳은 심지어 국왕 비서실인 승정원보다도 왕과 가까웠다. 그러다 보니 왕의 언행과 나랏일의 상황과 주요 인사 이동 등을 누구보다도 먼저 알 수 있었다.

집현전 학사들은 다른 관리들과 달리 출퇴근 시간에서도 자유로웠다. 한번은 사헌부 관리들이 집현전 학사들의 출퇴근 시간 등을 관리하겠다고 말했다. 하지만 세종은 "집현전은 대궐 안에 있으니 따로 규찰할 필요가 없다."고 그 제안을 거절했다.(세종실록 12/5/21) 집현전 학사들은 "늘 새벽에 출근하는 관원들[常時早仕之官]"이고 왕과 자주 만나는 사람들인데, 사헌부에서 관리할 차원이 아니라는 게 왕의 판단이었다.

실제로 학사들이 왕을 만날 기회는 많았다. 집현전 자체가 국왕의 자문에 대비하기 위해 세워진 기관이었기 때문이다. 세종은 '계고稽古' 즉 집현전 학사들로 하여금 과거 사례를 자세히 조사해서[詳考] 보고하라는 지시를 수시로 내리곤 했다. 어떤 때는 왕이 직접 집현전에 찾아가 물어보고 함께 토론하는 일도 많았다. 유명한 신숙주 숙직 일화는 그런 배경에서 생긴 것인데, 조선 초기의 서거정이 쓴 《필원잡기》라는 책에 실려 있다.

세종대왕은 인재를 기르는 데 탁월한 안목이 있었으니, 그 어느 임금보다도 높고 빼어났다. 집현전 선비들은 번갈아 숙직했는데 임금이 그들을 아끼고 대접함이 융숭하였다. 다들 그곳을 신선이 노니는 곳[瀛洲]으로 여겼다. 어느 날 해가 저물고 밤이 되었는데, 어린 내시에게 숙직하는 선비가 무엇을 하는가를 살펴보게 하였다. 바야흐로 신숙주가 촛불을 켜 놓고 글을 읽고 있었다. 내시가 돌아와 아뢰기를 '말씀대로 서너 번이나 가서 보아도 글 읽기를 끝내지 않다가 닭이 울자 비로소 잠자리에 들었습니다.' 하니, 임금이 이를 가상하게 여겨 돈피 갖옷을 벗어 그가 잠이 들 때를 기다려 그 위에 덮어 주게 하였다. 신숙주가 아침에 일어나서 이 일을 알게 되었고, 선비들은 이 소문을 듣고 더욱 학문에 힘을 쓰게 되었다.(서거정, 《필원잡기》; 이긍익, 《연려실기술》 1966, 235~236쪽)

이른바 '신숙주 숙직 사건'의 내용이다. 신숙주는 이후로 더욱 국가일에 매진하게 되었고, 집현전 학사들 역시 이 소식을 듣고 더욱 부지런히 일했다는 이야기다.

둘째, 당시 지식인들이 집현전을 선망했던 가장 중요한 요소는 그곳에는 실력이 뛰어나면서도 서로를 존중하는 동료들이 있었기 때문이다. "문신 중에서 재행才德과 문학文學이 있는 젊은 사람[年少者]"이라는 선발 기준에서 알 수 있듯이 집현전은 일단 젊고 실력 있는 인재들로 구성되었다. 집현전 학사 전원은 20대 전반의 나이에, 우수한 점수로 문과文科를 합격한 후 1년 이내에 선발되어서 최소 10년 이상 장기 근무를 했다.

집현전 학사 중에는 명문가 출신도 있고 미천한 집안 출신도 있었다. 하지만 어떤 가문 자손이든 간에 반드시 갖춰야 할 조건 한 가지는 '실력'이었다. 남수문, 정인지, 유효통, 유상지, 심순, 유의손, 박시생, 김예몽, 김말 등에서 보듯이 다수 학사들이 한미한 가문 출신이었다. 심지어 김문은 '그 학문이 박학博學하면서도 정심精深하여 묻는 것마다 즉시 대답해도 모두 맞아 당세當世를 탄복시켰던' 수재秀才였지만, 어머니가 무당[巫]이었다.(세종실록 30/3/13) 가문이 아니라 실력을 중심으로 발탁되어 인정받을 수 있는 곳이 집현전이었다.

집현전이 선망의 직장이 되었던 빠뜨릴 수 없는 요소는 구성원 상호간의 존중과 우정이다. 집현전 소속의 젊은 지식인들이 십여 년간 함께 활동하며 생활과 의식을 공유하면서도 서로를 존중했다. 가령 학사들끼리 주고받은 시문을 보면 "고절孤節", "지음知音" 등의 문구가 자주 나오는데, 그들이 얼마나 서로 '깊이 교유交遊'하면서도 존중했는지를 엿볼 수 있다.(김남이, 2004)

신숙주가 일본에 사신으로 가서 지은 시에도 그런 우정이 묻어난다. 후쿠오카의 하카타博多에서 쓴 시가 그렇다. 이 시에서 신숙주는 "하늘 끝에 노닌 지 반년이라 / (…) / 산속 등불 아래 글 읽던 오래된 벗들이 [山中舊友靑燈夜] / 한담 나누다 바다 밖 숙주를 애처로워하겠지."라고 하여 옛날 진관사에서 상사上寺 독서하던 학사들을 '오래된 벗[舊友]'이라고 그리워하고 있다.(신숙주, 《보한재집》 4권) 한마디로 집현전 학사들은 자기 직장을 '대화가 서로 통하는 사람들이 모인 곳'이라는 생각을 갖고 있었다.

집현전은 어떻게 최고의 싱크 탱크가 될 수 있었나?

그러면 세종은 집현전을 어떻게 '조선 최고의 싱크 탱크'로 발전시킬 수 있었을까?

첫째, 집현전 학사의 구성과 재임 기간에 그 원인이 있다. 《세종실록》에 따르면, 집현전 학사로는 "문신 중에서 재행과 문학이 있는 젊은 사람"이 뽑혔는데, 100여 명의 학사들 중에 상당수가 '자연계열'의 전공자였다. 예를 들면 장영실의 매형이기도 한 김담은 천문학 분야의 재주가 인정되어서 세종의 명에 따라 이순지와 함께 《칠정산 외편》을 만들었다. 김빈 역시 문과 출신이지만 '갑인자'를 주조하고, 간의대를 관리했으며 자격루 제작에 참여한 자연 과학자였다. 그 외에도 유효통과 이예는 생물학자 내지 약학자로 각각 《향약집성방》과 《의방유취》를 편찬하였다.

정인지만 하더라도 문과에 장원 급제 했지만 수학, 과학에도 밝은 인재였다. 이들은 정치를 비롯한 모든 분야에 대하여 자문하고 토론할 수 있는 전문가 집단으로서, 거의 대부분 10년 이상씩 자기 전문 분야의 연구에 몰두했다. 전공이 다른 사람들이 같이 밥 먹고 때론 오랜 시간을 같이 지내는 사이에 긴밀한 토론과 자연스러운 교제가 이루어졌으며, 이 속에서 이뤄진 대화가 서로의 연구에 큰 자극이 되고 매우 중요한 도움이 되었다.

집현전의 성공 비결

- 집현전 학사의 구성과 재임 기간
- 방대한 자료 축적
- 연구와 정책의 유기적 연계

다양한 분야의 전문가 양성, 자료의 축척과 신속 정확한 열람 체계

둘째, 집현전 학사들이 손쉽게 활용할 수 있는 방대한 자료들이다. 요즘 컴퓨터 용어로 말하자면 집현전은 축적 기억 장치ROM: Read Only Memory(읽기 전용 기억 장치)와 임의 접근 기억 장치RAM: Random Access Memory(컴퓨터에서 정보나 명령을 판독, 기록할 수 있는 기억 장치)가 모두 탁월했다. 먼저 집현전에는 엄청난 자료들이 축적되어 있었다.

"집현전에 고금의 책들을 모았으며 문적을 많이 배치해 두었다."는 기록처럼(채제공 외, 《증보문헌비고》, 1908), 세종시대 집현전은 국내외 문헌들의 총집결처였다. 세종은 전국에서 책을 사들이도록 명하고, 서적을 바치는 자에게는 그 희망에 따라 베와 비단을 주거나 관직을 주어서 포상하게 했다.(세종실록 3/3/26) 명나라에 간 사신들을 통해서 외국 서적과 문물을 수입하기도 했다. "세종은 서적을 매우 중히 여겨 혹은 구입하고 혹은 찍어서 집현전에 수장하였다."(연산군일기 6/9/26)는 후세의 기록도 그 시대 사람들이 책과 자료를 수집하는 데 얼마나 많은 노력을 기울였는지를 알려 준다(방대한 ROM).

그러다 보니 책을 체계적으로 분류하는 작업이 필요했다. 집현전 학사를 지낸 이계전에 따르면, 조정의 도서 수집 노력 결과 "책이 쌓이고 쌓여 열람하기가 곤란"할 상황까지 되었는데, 세종은 그 해결책으로 1429년(세종 11년)에 집현전 북쪽에 장서각이라는 도서관 5칸을 짓게 했다고 한다.

흥미로운 것은 도서관 책 분류법이다. "벽마다 시렁[架]을 만들어 여러 서적을 꽂았는데, 부문별로 모아 책갈피[牙籤]를 표시하여 놓았다."는 말처럼, 장서각의 모든 서적은 경사자집經史子集이라는 동양의 전통적인 도서 분류 방법에 따르되 책갈피까지 표시되어 비치되었다. 그 결과 "열람의 편리함이 손바닥을 뒤집는 것보다 쉽게 되었다."는 게 이계전의 기록이다(서거정 외, 《국역 동문선》, 1976, 113쪽). 한마디로 언제든지 쉽게 원하는 책을 찾을 수 있도록 체계적으로 정리되어 있었고, 그 때문에 세종은 경연 등 어전 회의에서 신속히 필요한 정보를 접할 수 있었다(RAM의 우수성).

셋째, 연구와 정책의 유기적 연계이다.

집현전 학사들은 자신의 연구가 곧 정책으로 수립될 수 있다는 높은 긴장감 속에서 연구를 수행했다. 세종 역시 그중에서 좋은 것을 채택하여 시행했다. 집현전이 '옛 제도'를 연구해 왕에게 올렸던 수많은 국가 예법과 민간 예절에 관한 보고서들은 거의 대부분 채택되었고, 그것은 나중에 《경국대전》에 반영되어 조선왕조를 지탱시키는 기틀로 작용했다. 그 보고서들은 "증빙과 원용을 거쳐"(세종실록 32/2/17) 올라온 것들이었기 때문이었다.

한마디로 집현전은 조선왕조의 표준을 만드는 데 결정적인 역할을 했다.

마무리

지금까지 살펴본 것처럼 세종은 집현전 학사들을 우대하되, 최대한 활용했다. 세종이 집현전에 기대한 것은 크게 두 가지, 활발한 국정 회의 이끌기와 국가의 기간基幹 인재 육성이었다. 우선 경연經筵이라는 세미나식 어전 회의가 활발하면서도 성과를 거두는 토론장이 되게 하는 일이 집현전의 임무였다.

'어전 회의 수준이 곧 국력'이라고 본 세종은 경연이라는 창의적 어전 회의를 국정 토론의 중심지로 만들고, 집현전으로 하여금 "경전과 역사를 강론"하면서 그 회의를 이끌게 했다. 이른바 인문학 강좌에서 창의적 아이디어를 얻는 방식으로 회의를 진행시킨 것이다.

"집현전은 오로지 경연을 위해서 둔 것"(세종실록 20/11/23)이라는 말처럼, 집현전과 경연은 불가분의 관계였다. 학사들은 경연을 준비하는 과정에서 언제 어디에서 열 것인지, 어떤 정책 의제를 염두에 두고 강독책을 정할 것인지 등 거의 모든 것을 왕과 긴밀히 의논했다.(유희춘《미암일기》1993, 65~68쪽) 경연 중에는 '계고稽古'한 학사들의 사례 연구가 힘을 발휘한 것은 물론이고, 심지어 경연 후 대화 기록을 검토하는 일도 집현전의 몫이었다. 한마디로 경연은 왕과 집현전의 합작품이라 할 수 있었다.

제 2 절

두 번째 비밀 병기, 경연 회의

왕위에 오른 후 맨 처음 한 공식 발언이 "의논하자"였다는 것이 상징하듯, 세종은 토론을 매우 중시했고, 의논하면서 국사를 결정하는 군주였다. 하지만 최고 권력자 앞에서 마음속 생각을 개진하고, 무슨 일이 있을 때마다 창의적인 생각을 내놓기란 예나 지금이나 보통 어려운 일이 아니다. 세종은 어떻게 그 어려움을 극복했을까? 세종의 두 번째 비밀 병기인 창의적인 회의인 경연과 왕의 토론 기법 등을 살펴본다.

인재들의 말문을 여는 법

세종이 왕위에 오른 직후 당면한 가장 어렵고도 중요한 일은 신하들의 마음을 바꾸는 일이었다. 그 당시는 조선이 건국된 지 30여 년밖에 안 된 시기였기 때문에 많은 신하들은 고려 말에 태어나 여러 차례의 개혁 시도와 좌절, 혁명과 정변을 겪었다. 황희를 예로 들어 보면, 그는 1363년생인데, 세 살 때인 1365년에 고려 공민왕이 신돈을 등용해 개혁을 추진했으나 6년 만에 좌절된다(1371년 신돈 처형). 열두 살 되던 1374년에는 왕이 시해되는 사태까지 발생했다.

황희가 문과에 급제하던 1389년(25세)은 최영과 우왕의 요동 정벌 시도가 이성계의 위화도 회군으로 좌절된 다음 해였고, 1년 사이에 국왕이 세 명이나 교체되었다(우왕 → 창왕 → 공양왕). 조선이 건국된 후로도 개혁을 주도하던 사람들이 '왕자의 난'과 같은 정변을 겪으면서 제거되는 것을 그는 수없이 목도하게 된다. 한마디로 무언가 새롭게 시도해 보려 하면 그것이 올무가 되어 인재들을 형장의 이슬로 사라지게 하곤 하던 시절이었다.

말과 일을 엮는 토론으로 분위기를 쇄신하라

그런 상황에서 새로 즉위한 세종이 할 수 있는 일은 무엇이었을까?

> 지금으로 말하면 과감한 말로 과인의 면전에서 쟁간爭諫하는 자를 볼 수 없으며, 말하는 것도 절실 강직하지 않다. 의논해 보라고 말하면 한 사람이 옳다고 하면 다 옳다고 말하고, 한 사람이 그르다고 말하면 다 따라서 그르다고 말한다. 한 사람도 중론을 반대하여 논란하는 자가 없다.(세종실록 7/12/8)

세종이 재위 초반부에 한 이 개탄이 보여 주듯이, 당시 관료 사회의 분위기는 '복지 부동' 그 자체였다. 이런 분위기를 바꾸기 위해 세종이 시도한 것은 바로 경연의 활성화이다.

경연이란 왕과 신하들이 한자리에 모여 고전을 읽고 함께 나랏일을 토론하는 회의를 말한다. 왕에게 유교 경전과 역사를 가르쳐 '요·순 같은 임금'으로 만들려는 게 유교 지식인들의 애초 기획 의도였다. 고려 후기에 처음 도입된 경연은, 하지만 조선왕조에 들어서도 그리 활성화되지 못했다. '왕을 가르치려는 의도'를 태조나 태종이 못마땅하게 여겼기 때문이다. 세종은 그때까지 형식적으로만 개최되던 것을 무려 1,898회, 즉 월 5회 꼴로 열었다. 지금도 대통령이 한 달에 한 번 이상 주재하는 회의라면 가장 중요한 회의인 셈인데, 세종은 경연을 '국정 토론의 중심지'로 부상시킨 것이다.

세종이 경연을 중시한 이유는 세 가지였다.

첫째는, 이미 만들어 놓은 제도를 활성화시켜서 '새로운 제도를 만든다는 혐의'를 피할 수 있기 때문이다. 게다가 그것은 조선의 건국 정신인 성리학 이념에도 — 유교 경전을 군신君臣이 학습하면서 국정운영의 방향을 찾아간다는 점에서 — 부합되는 것이었다.

둘째 이유는, 독특한 회의 형식 때문이다. 회의를 고전 토론으로 시작하게 되어 있어서 신하들은 비교적 덜 껄끄러운 화제로 말문을 열 수 있었다. 그뿐 아니라 경연의 앞부분은 언관들이 이끌어가지만, 재상들도 그 자리에 함께 참석하게 되어 있어서, 단순한 독서 토론으로 끝나지 않고 정책 사안까지 의제가 넓혀질 수 있었다. 한마디로 '말과 일을 엮는' 장점이 있었다.

마지막으로, 경연은 세종 자신이 좋아하고 잘할 수 있는 것, 즉 학문에 토대를 둔 회의였다. 태종이 충녕대군(세종)으로 세자를 교체한 다음 맨 처음 한 일이 서연(세자가 참석하는 경연)을 열게 한 것이라는 데서 보듯이, 경연은 세종의 강점을 잘 드러낼 수 있는 자리였다. 경연을 거듭할수록 왕의 정치적 정당성은 강화되었고, 또 세종 자신의 강점을 신하들과 나눌 수 있는 좋은 점이 있었다.

그러면 구체적으로 경연은 어떤 회의였으며, 그것이 세종 정치에서 차지하는 비중은 어느 정도였을까?

경연에서 '말'과 '일'을 엮다

《세종실록》을 보면 "상참常參(매일 아침 국왕을 배알(拜謁)하던 약식 조회)을 받고 경연에 나아갔다."거나 "상참을 받고, 윤대輪對(문무 관원이 임금을 알현하고 질문에 응대하던 일)를 행하고, 경연에 나아갔다.", "조참朝參(신하들이 근정전에 모여 왕에게 문안드리는 조회)을 받고 정사를 보고 경연에 나아갔다." 등의 문장이 수도 없이 나온다. 그리고 거의 대부분의 국정 사안이 상참, 경연, 윤대라는 회의에서 활발히 논의되었고 결정되었다. 다시 말해서 세종 정부의 정책 결정 과정에서 상참, 윤대, 그리고 경연은 매우 중요한 '투입 구조'였던 것이다.

그런데 이것은 비단 세종 정부에만 해당되는 것은 아니었고, 조선왕조의 정책 결정 과정의 특징이기도 하다. 조선시대의 어전 회의는 크게 정무를 토론하는 '시사視事 회의'와 고전을 강독하는 '경연 회의'로 나눌 수 있는데, 먼저 시사 회의에는 조참, 상참, 윤대, 그리고 차대次對(조선시대 당상(堂上)·대간(臺諫)·옥당(玉堂) 등이 매월 여섯 차례 임금 앞에 나아가 업무를 보고하던 일) 등이 해당된다.

둘째, 고위 관료들은 매일 왕을 알현해 정무 보고를 올리는 상참을 해야 했다. 상참에는 의정부, 종친부, 충훈부, 중추부, 의빈부, 돈녕부(이상 1품 아문) 및 육조, 한성부(이상 2품 아문) 등의 당상관 전원과, 다음으로는 언관인 사헌부, 사간원에서 각 한 명과 경연의 당상관, 당하관 각 두 명까지 참석할 수 있었다.

셋째, 6품 이상의 동반東班(문신)이나 4품 이상의 서반西班(무신)이 각각 관아官衙의 차례에 따라 매일 돌아가며 접견하는 윤대이다. 세종은 윤대를 통해 신하들의 마음속 이야기를 다 들을 수 있고 또 인재를 가려내는 기회로 삼았다.

'시사 회의'인 상참이나 윤대는 '경연 회의'와 달리 고전 강독 없이 '일'을 중심으로 회의가 진행되었다. 예를 들어 세종은 재위 14년 12월에 상참을 받은 자리에서 정사를 의논했는데, 이조판서 허조가 참람하게 신문고 치는 자들 때문에 사헌부와 형조에 판결을 기다리는 문서가 구름같이 쌓여 있다면서 그 대책을 마련해야 한다고 말했다. 그러자 세종은 격고擊鼓라는 제도가 중국에서 어떻게 운용되고 있는지에 대해 말하면서 "하정下情(아랫사람들의 일의 형편이나 까닭)이 임금에게 전달될 길을" 열어 놓되 참람히 호소하는 무리만 처벌하는 게 어떻겠느냐고 물었다.(세종실록 14/12/3)

경연에서 '말'과 '일'을 엮어 창의적 해법을 도출하다

다음으로 경연이라는 세미나식 회의의 장점이다.

세종시대의 숱한 창의적 아이디어를 이끌어 낸 경연 회의는 알려진 것처럼, 언관과 재상들이 왕 앞에 앉아서 고전[經]을 놓고 공부하면서 당면 과제를 함께 풀어 가는 독특한 회의[筵] 방식이다. 그러면 세종은 경연 회의를 어떻게 운영했을까?

즉위 초년 첫 번째 경연의 교재는《대학연의》였다. 첫 경연에서《대학연의》를 읽으면서 세종은 다음과 같이 물었다.

> 과거를 설치하여 선비를 뽑는 것은 참다운 인재를 얻으려 함인데, 어떻게 하면 선비로 하여금 들뜨고 화려한 것만 좋아하는[浮華] 버릇을 버리게 할 수 있을까?(세종실록 즉위년/10/7)

과거 시험이 원래의 취지를 살리지 못하고 있어서 진지하고 실용에 맞는 참다운 인재를 뽑는 장치가 되지 못하고 있다는 말이다. 이 자리에서 지사 변계량은 시험 제도 개혁을 주장했다.

"초장에서는 의疑와 의義로 경학에 대한 깊고 옅음을 보고, 종장에서는 대책對策으로 그 사람의 포부를 보는데, 이 중에서 종장의 '대책'을 강화해야 합니다." 어려운 이 용어들의 뜻은, 종래의 암기식 시험이 아니라 논술식으로 바꿔야 한다는 말이다. 요컨대 세종과 신하들은 경연의 첫 교재로 《대학연의》를 가지고 논의를 시작하다가 점차 과거 제도, 인재 선발 등의 주제로 옮겨 가고 있다.

이처럼 세종은 고전 강독으로 시작하는 경연을 당면한 국정 사안까지 함께 의논하는 자리로 활용하곤 했다. '말'과 '일'을 엮는 방식으로 회의를 진행했다. 또 다른 예를 들어 보면 재위 11년 6월에 세종은 윤대를 하고 경연에 나아갔는데, 이날은 《좌전》을 강독하는 날이었다. 세종은 시강관侍講官(경서를 강의하는 일을 맡은 관리)에게 "성균관에 가서 석전례釋奠禮(봄·가을 공자에게 지내던 제사)를 행하고 인재를 뽑는[取士] 문제에 대해 어떻게 생각하느냐."고 묻는다. 동부대언同副代言(승정원의 정 3품 관직. 뒤에 동부승지로 변경됨.) 황보인이 그것은 "아름다운 일"이라고 찬성하자 세종은 다시 "성균관에서 경서를 강講하게 하여 선비를 뽑는 것은 어떤지"에 대해 묻는다. 경서를 강할 때 자칫 얼굴을 보고 심사하면 사사롭게 선발하는 잘못이 있지 않겠느냐는 것이다. 그러자 황보인은 하루 동안에 그 많은 사람들을 다 강하게 할 수도 없을 것이라며 변계량의 제안처럼 제술製述(논술)로 시험을 치르게 하면 좋겠다고 대답한다. 이처럼 세종은 경연에서 고전을 강독하는 한편 인재 등용의 문제까지 함께 경연관들과 의논하곤 했다.(세종실록 11/6/2)

경연의 구체적인 모습은 어땠을까?

아쉽게도 《세종실록》에는 경연에서 토론된 내용만 나온다. 다행히 16세기의 지식인 유희춘은 자신의 문집 《미암일기》에 실제 경연 절차와 대화 내용을 자세히 묘사해 놓았다.

여기를 보면 아침 경연을 하는 시간(날이 밝기 전), 참석자(왕, 대비, 재상과 언관, 승지 등), 그리고 교재(대학)와 진행 순서(입장 → 왕의 읽기 → 언관의 시독(侍讀) → 왕의 읽기 및 풀이 → 언관들의 검토(檢討) → 신료들의 정사(政事) 제안 → 대비의 대답 → 퇴장)가 상세히 나와 있다. 《대학》이라는 고전의 한 대목을 읽고 그것을 분노의 조절과 연관시켜 국왕의 마음가짐을 이야기한 다음, 그와 연관해 22년 전에 있었던 '을사사화' 연루자들을 신원해 달라고 — 옛날의 노여움을 없애야 한다고 — 말하는 방식이 인상적이다. 고전에 나와 있는 '말'로 회의를 시작해서 당면한 '일'을 엮는 경연의 전형적인 형식을 확인할 수 있기 때문이다.

경연 진행 순서(요약 정리)

[입장]

→ 언관의 강독 자료 시독侍讀

→ 왕의 읽기 및 풀이

→ 언관들의 검토檢討 → 이 대목에서 구성원 모두가 참여해서 강독 자료의 행간까지 완전히 풀어내야 함

→ 재상들의 당면 사안(政事) 제시

→ 왕의 대답 및 지시

[퇴장]

세종이 경연을 통해 얻은 것

그러면 경연은 세종 정부를 어떻게 변화시켰을까?

경연의 효과 ①: 독서를 통해 불합리한 사고를 깨우치다

첫째, 관료 사회에 책 읽는 분위기가 조성되었다. 세종은 즉위한 지 두 달도 안 된 1418년 10월 7일에 첫 경연을 열어 《대학연의》라는 책을 강독하기 시작했다. 《대학연의》는 송나라의 진덕수가 사서四書(《대학》, 《논어》, 《맹자》, 《중용》)의 하나인 《대학》을 부연해서 설명해 놓은 책인데, 일찍이 조준이 태조 이성계에게 "이 책을 읽으면 천하를 다스릴 수 있습니다."라고 말한 것에서 보듯이 국왕의 필독서로 간주되고 있었다. 세종은 그 책을 무려 세 번이나 경연에서 연속해서 되읽음으로써 신료들은 물론이고 과거를 준비하는 유생들 사이에 '대학연의 읽기 붐'을 일으켰다.

세종은 중국을 다녀오는 사신들에게 필요한 외국의 책을 모두 구입해 오게 해서 장서궐이라는 큰 도서관에 비치한 다음, 정책 수립 과정에서 의심난 점이 있으면 책을 두루 상고하게 했다.(세종실록 17/6/8) 중국에서 들어온 지 얼마 안 된 '신간 서적'인 《성리대전》을 강독하게 한 다음 "우리나라의 칠월시를 만들라[成我國七月之詩]."고 지시한 일도 있었다.

> 내가 《시경》의 빈풍칠월도를 보고, 그것으로 해서 농사짓는 일의 힘들고 어려움을 살펴 알게 되었다. 자손들이 깊은 궁중에서 생장하여 논밭 갈고 곡식 가꾸는 수고로움을 알지 못할까 염려된다. 빈풍칠월도를 모방하여 우리나라 풍속을 두루 채집하라.(세종실록 15/8/13)

흥미로운 것은 세종이 "우리나라의 농업과 잠업 등의 일을 널리 채집하여 그 실상을 그림으로 그리고 거기에 노래로 찬사를 쓰게 한 일[博採本國 … 農桑之事 圖其形狀 仍贊以詩歌]"이다.(세종실록 15/8/13) 이야기를 통해 사람들의 마음을 움직이게 하되, 시각을 넘어 청각까지 동원할 수 있게 한 것이다.

이러한 상황에서 신하들도 책을 읽지 않을 수 없었다. 집이나 절에 들어가서 신료들이 독서에 몰입할 수 있게 하는 제도는 이런 분위기에서 만들어진 것이다(재위 10년의 사가독서제와 상사(上寺)독서제도(문신들을 진관사라는 절에 들어가게 하여 독서하게 한 제도)). 이 과정에서 자연스럽게 잘못된 관습이나 불합리한 사고를 깨우칠 기회를 가졌는데, 예컨대 한식날 3일간이나 불을 못 피우게 하는 관습이 올바른 것이냐에 대한 토론 끝에 오후에만 금화禁火하면 된다는 결론에 이른다.(세종실록 13/2/26) 동성끼리 결혼하지 않는 것의 근거가 무엇인지(세종실록 20/12/15), 과연 용이 존재하는가에 대한 논란(세종실록 12/윤12/19), 그리고 천인 감응설天人感應說의 불합리성(세종실록 14/5/5) 등도 경연에서 다루어졌던 주제들이다.

경연의 효과 ②: 과거의 사례를 토대로 새로운 아이디어를 도출하다

둘째, 고전을 함께 읽으면서 옛날에 성공했거나 실패했던 사례를 검토하는 일이다. 세종은 경전과 함께 역사책 읽기를 강조했는데, 《자치통감 속편》을 읽다가 왕안석의 신법 시행과 실패 부분에 이르러서 성급한 개혁 추진의 문제점을 지적했다. "처음에 동전법을 세울 때 너무 엄해서" 염려했더니, 당시 신하들이 모두 몇 해만 지나면 저절로 좋아질 것이라고 하여, 엄한 법을 그대로 유지하다가 결국 실패했다는 회고가 그것이다.(세종실록 12/12/18) 동전법 개혁 실패를 거울삼아 세종은 이후 새로운 제도를 도입하거나 일을 시작할 때는 늘 점진적 방법을 택하곤 했다.

재위 19년에 《농사직설》을 인쇄하여 전국에 배포하면서 "원하지 않거든 강제로 시키지 말고, 적당하게 권장하되, 한결같이 부지런히 하여, 점차로 흥행하게 하라."고 지시한 것이 그 예이다.(세종실록 19/7/23) 평안도와 함경도의 관찰사에게 목면을 심게 하면서 "우리나라 사람들은 비록 생활에 절실하게 이익됨이 있더라도 관청에서 시키면 꺼리는 마음을 내게 된다. 모름지기 강제로 심게 하지 말고, 관에서 먼저 솔선 수범하여 따르게 하라."고 말한 것도 인상적인 부분이다.(세종실록 18/1/6)

경연에서 새로운 아이디어를 발견해 시행한 일도 많았다. 재위 10년 때 경상도의 김화라는 사람이 아버지를 죽인 사건 소식을 듣고 세종은 괴로워하면서 그 대응책을 물었다. 경연관이었던 변계량은《효행록》의 사례를 들면서, 역사 속에서 효도한 사례를 책으로 묶어 내어 "백성들로 하여금 항상 읽고 외게" 하자고 하여 《삼강행실도》가 탄생한 것은 잘 알려진 일이다.(세종실록 10/10/3) 고려 역사를 다시 편찬할 때 내용이 충실하면서도 체제가 뛰어난 기전체紀傳體(인물의 행적을 중심으로 쓴 역사 서술의 한 형식) 방식을 택하자는 아이디어가 나온 것도 경연 석상이었다.(세종실록 20/3/21) 앞에서 언급한 절에서 사가독서 하자는 생각도 물론 경연에서 나온 것이다.(세종실록 10/3/28)

경연의 효과 ③: 훌륭한 지도자가 갖춰야 할 마음 자세를 배우다

셋째, 경연에서 가장 많이 등장한 것은 나라 다스리는 사람들이 취해야 할 마음과 자세였다. 처음엔 현실 정치며 왕의 잘잘못을 언급하기를 꺼려 하던 신하들도 왕이 경연에서 진실된 마음으로 직언을 요청하고 용기 있게 말하는 사람을 칭찬하자(세종실록 7/1/22; 12/5/21) 점차 마음의 문을 열기 시작했다. 재위 7년째인 1425년에 왕이 《태조실록》을 보겠다고 하자 "불가합니다. 사고史庫에 넣으십시오."라고 직언하여 국왕이 그 전 시대의 실록을 볼 수 없게 한 것이 그 예다.(세종실록 7/12/5) 임금의 마음을 미혹케 하는 장애물로서 여자와 환관과 아첨에 관한 이야기(세종실록 12/11/21; 19/11/12)나, 국왕이 처음엔 부지런히 노력하다가도 끝에는 흐지부지되고 마는 일이 많다면서 한 무제의 실패를 경계로 삼은 일(세종실록 12/11/25) 등도 그러한 분위기에서 나왔다.

흥미로운 것은 성군과 현신이 만나기 어렵다는 대화 내용이다. 재위 11년째인 1429년에 세종은 경연에서 《좌전左傳》[1]을 읽다가 무릎을 치며 말했다.

> 아, 진 문공晉文公[2] 곁에 관중管仲[3]이 있었더라면 그 업적이 어떻게 되었을까!(세종실록 11/4/9)

---

1 공자의 《춘추(春秋)》를 해설한 주석서 중 춘추 3전 중 좌구명이 지은 것으로 알려진 《춘추좌씨전(春秋左氏傳)》을 말한다. 좌씨전(左氏傳)이라고도 한다.

2 춘추시대 5패 중 진의 군주인 중이. 19년간 유랑 끝에 진의 군주가 되었으며, 8년간의 재위로도 진나라를 당시 최강국으로 만들고 제 환공(桓公) 이후 패업을 달성했다.

3 춘추시대 5패 중 첫 번째인 제 환공의 재상. 관중이 있어 환공은 천하를 호령하였고, 관중이 죽자 제나라의 패업도 무너졌다.

세종에 따르면 옛날 공자가 진 문공은 속임수를 사용하는 군주로, 그리고 제 환공은 공정한 군주로 평가했는데, 제 환공이 공정한 군주로서 천하의 패권을 장악할 수 있었던 것은 온전히 관중의 지혜로운 보필 덕분이었다.

> 그런데 내가 두 군주의 사적을 비교해 보니 진 문공의 패권 기간이 제 환공보다도 더 길었다.

요컨대 진 문공처럼 의욕적인 군주가 관중 같은 인재를 얻어 공정한 방법으로 나라를 다스렸다면 중국의 역사는 달라졌을 것이라는 게 세종의 생각이었다. '나는 정치를 잘해 보려는 의욕을 가지고 있으니, 경들도 관중 같은 재상이 되어 적극 보필해 달라.'는 메시지를 던진 것이다.

마무리

오늘날 대부분의 직장 회의가 일로 시작해서 무미건조하게 일 얘기만 하다 끝나는 데 비해, 대학 강의실에서는 현실 정책과 별로 관계없는 말만 무성한 경우가 많다. 그런데 조선시대 경연처럼 언관들을 중심으로 고전을 함께 읽고 토론하다 보면 그 자리에 참석한 재상들은 일의 구체적인 사항을 넘어서서 큰 흐름을 생각할 수 있고, 또 창의적인 해법을 찾아낼 수도 있다고 생각한다.

세종리더십 실천

세종이 침묵하는 신하들의 입을 열게 하는 방법을 오늘날 직장으로 가져올 수는 없을까? 세종의 창의적인 회의법을 경험한 대기업 인사 담당 직원이나 핵심 인재들은 '재미있고 놀랍다.'는 반응을 보였다.

① 창의적인 회의를 하기 위해서 먼저 참석자의 역할을 구분해야 한다.
② '세종대왕'의 명찰을 찬 사람은 회의의 의제, 즉 오늘 무엇을 결정할 것인지(메타 결정)를 정하고 회의를 진행한다.
③ '시독관' 명찰을 찬 김종서나 윤회 등은 정해진 의제의 문제점과 해법을 자유롭게 이야기하는 사람들이다. 이들의 자유로운 아이디어에 대해 태클을 걸거나 부정적인 반응을 보이는 것은 금지되어 있다. 하지만 '아이디어 꼬리잇기'나 '추임새 넣기'는 대환영이다(그라운드 룰).
④ '검토관' 명찰을 찬 허조나 고약해의 역할은 '잠재 문제 분석' 등에서 중요한 역할을 한다.
⑤ 그리고 '시강관' 모자를 쓴 황희는 쟁점의 핵심을 요약 정리하고 대안을 제시할 수 있는 경험 많은 사람이 맡는다. 황희가 제시한 방안에 대해 세종대왕이 "황희 말대로 하라!"고 말하면 회의는 웃음으로 끝난다.
⑥ 이러한 세종식 회의를 하기 위해서는, 함께 읽은 강독 자료를 엄선하는 것이나, 그 자료에 대한 용어 풀이나 맥락 설명 등 도움을 줄 수 있는 '집현전 학사'의 지원 또한 중요하다.

제일 중요한 것은 회의 참석자들이 강독 자료에 몰입하는 과정을 거치게 해야 하는 것인데, 이 과정에서 세종시대 회의 참석자들의 캐릭터를 에피소드를 곁들여 들려주는 게 효과적이었다. 재미없고 무미건조한 직장 회의를 세종식 회의로 바꾸어서, 인재들이 창의적으로 회의하는 문화를 만들기를 꿈꾸어 본다.

읽을 거리 '토스'를 탄생시킨 비바리퍼블리카의 소통

| 그림 6.1 | '토스' 홈페이지

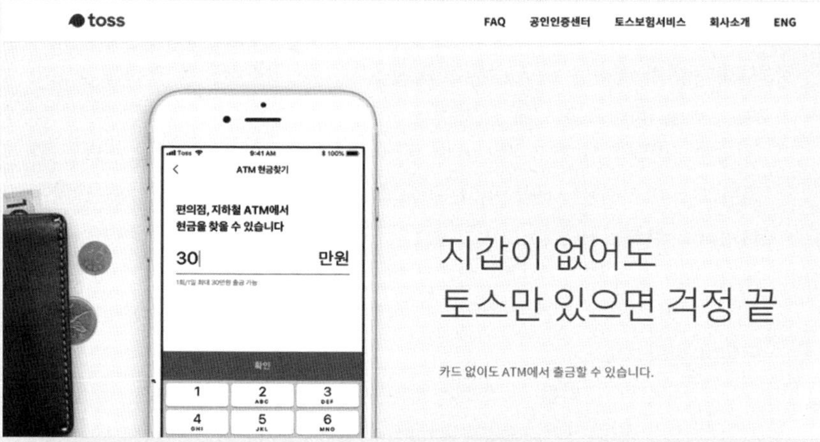

출처: '토스' 홈페이지(http://toss.im)

- 2015. 02. 토스 간편 송금 서비스 출시
- 2016. 12. 구글 플레이 올해의 베스트 앱 대상 수상
- 2018. 04. 비바리퍼블리카 이승건 대표 2018 정보통신의 날 대통령 표창 수상
- 2018. 10. 전 세계 100대 핀테크 기업 중 28위 선정
- 2018. 11. 누적 가입자 1,000만 명 돌파
- 과학기술정보통신부 주최 2019 정보보호대상 수상

지시와 명령은 없다. 역할만 있을 뿐, 리더는 수평적 소통 지원하는 조력자, 토스에는 직급이나 직위가 없다. 서로 나이에 상관없이 이름에 "○○님"이라 부르며 수평적인 문화를 지향한다. 물론 팀의 리더는 있지만 이 리더는 더 이상 팀을 소유하고 팀원들에게 명령을 내리는 것이 아니라 팀 구성원들이 효과적으로 목표를 달성하도록 도울 뿐이다. 개인들은 동료와 치열하게 소통하며 '내 일'을 찾아서 한다. 한국

사회에서는 낯선 토스의 조직 문화, 이는 다음과 같은 네 가지 요인 덕분에 지켜지고 있다.

- CEO의 강력한 의지
- 수평적 소통을 가능하게 하는 정보 공유 시스템
- 소통이 가능한 사람을 뽑는 까다롭고도 신중한 채용
- 소통을 지원하는 네트워킹 이벤트와 사내 교육 등 각종 툴

– "'토스'를 탄생시킨 비바리퍼블리카의 소통"
http://dbr.donga.com/article/view/1201/article_no/8974?utm_source=Facebook_PicSee

제7장

[비전]
세제 개혁과 공론 형성

| **학습 내용** |

- 비전의 의미와 기능
- 세종의 비전, 생생지락의 의미와 내용
- 비전을 공감하게 하는 방법: 함께 찾고, 오래도록 실천하기

| **학습 목표** |

- 첫째, 비전은 바다를 항해하는 배의 목적지와도 같아서 구성원들의 생각을 모으고 마음을 움직이는 힘을 갖는다는 것을 깊이 인지한다.
- 둘째, 세종이 인재들과 고전을 함께 읽으면서 찾았던 생생지락이라는 비전이 그 당시 사람들에게 차지하는 비중과 효과를 알고, 우리 조직 내에서 비전을 발견하는 방법에 대해 배운다.
- 셋째, 세종이 비전을 구성원들에게 공감하게 하는 방법을 조직 내에서 실천해 본다.

| **요점** |

- 세종은 세제 개혁이라는 개혁을 성공시키기 위해 백성들의 여론을 조사하고, 공론을 형성시켰음(비전 공감).
- 반대하는 사람의 마음을 움직이는 것은 활발한 토론과 대안 마련, 그리고 최고 지도자의 일관되고 진실된 태도임.

제 1 절

세종의 비전, 생생지락 하는 나라

'비전' 하면 어떤 생각이 떠오르는지 주위 분들에게 물어보았다. '처음 입사했을 때 달달 외웠던 문구' 내지 '좋은 것이지만 실현되기엔 너무 먼 목표', 또는 '회사의 CEO나 임원이 바뀔 때마다 새로 등장하는 캐치프레이즈' 등이라고 대답했다. '우리의 꿈과 목표가 담겨 있어서 그 글귀만 보아도 가슴이 뛰는 말'이라는 반응은 없었다.

그런데 비전이란 마치 바다를 항해하는 배의 목적지와도 같다. 회사든 국가든 간에 비전은 구성원들로 하여금 지금 자기들이 하는 일이 어떤 의미가 있으며, 앞으로 무엇을 어떻게 해야 하는지를 끊임없이 조율하고 바로잡아 가게 하는 역할을 한다. 그런 점에서 현재 많은 회사나 국가 기관에서 내걸고 있는 비전은 제 역할을 못하고 있다고 하겠다.

여기에서는 세종이 아주 잘했던 것, 즉 비전을 제시하고 그것을 구성원들에게 공감시켰던 리더십을 살펴보려고 한다.

생생지락, 세종이 꿈꾼 살맛 나는 부강한 나라

세종이 제시한 비전은 무엇이었나? 세종의 정치 비전은 실록에서 여러 차례 제시되고 있는데, 그중 하나는 재위 5년째인 1423년 여름의 〈민본民本 교서〉이다.

> 백성은 나라의 근본이니, 근본이 튼튼해야만 나라가 평안하게 된다. 내가 박덕한 사람으로서 외람되이 백성들의 임금이 되었으니, 오직 이 백성을 기르고 보살피는 방법만이 마음속에 간절하다. (…) 원통하고 억울한 처지를 면하게 하여, 시골 마을에서 근심하고 탄식하는 소리가 영원히 끊어지고 각자 즐겁게 생업에 종사하게[生生之樂] 할 것이다. (세종실록 5/7/3)

즐거운 마음으로 생업에 임하는 나라

여기서 세종은 '백성이 나라의 근본'이라는 유교 정치의 정언 명령定言命令을 언급했다. '민유방본'이라는 레토릭rhetoric은 중국의 우임금이 "내가 천하를 둘러보니 우부우부들도 모두가 나보다 훌륭한 사람들이었다."면서, "그 무지렁이 백성이야말로 나라의 근본이니, 근본이 튼튼해야 나라가 편안한 법"이라고 말한 이래, 유학자들이 종종 언급하곤 하던 유교 정치의 핵심어였다. 세종은 이것을 국가의 비전으로 선언함으로써 많은 유교 지식인들의 비전을 나라의 비전과 연결시켜 놓은 것이다.

세종은 이어서 '억울함이 없는 나라' 만드는 일과, 백성들이 즐거이 생업에 종사하는 것, 즉 각자의 일터를 즐겁게 만드는 일을 말하고 있다. 즉 나라의 근본인 백성이 튼튼해지려면, 먼저 원통하고 억울한 처지에 빠지지 않게 해야 하고—이것은 나중에 한글을 창제하는 계기가 되었다—그들의 일터를 살맛 나게 만들어야 한다는 것이다.

'생생지락'과 관련해서는 재위 26년의 〈권농勸農 교서〉도 눈여겨볼 만하다. 이 교서에서 세종은 그간의 자신의 국정 철학을 정리라도 하듯이, '민유방본'과 '생생지락'의 정치 비전을 집약적으로 보여 주었다. 1444년(재위 26년)에 지방의 수령들에게 당부하는 형식으로 내린 이 교서는 지금 들어도 의미심장한데, 그 요지는 이렇다.

> ① 나라는 백성으로 근본을 삼고, 백성은 먹을 것으로 하늘을 삼는다. 농사짓는 일은 의식衣食의 근원으로서 왕의 정치에서 우선적으로 힘써야 할 것이다.
> ② 오직 그 일만은 백성 살리는 소명에 관계된다. 이 때문에 천하 사람들이 지극한 노고를 마다하지 않고 왕을 섬기는 것이다.
> ③ 위에 있는 사람이 성심으로 지도하고 이끌지[誠心迪率] 않는다면, 어떻게 백성들이 부지런히 농사에 힘써 종사하여 생생지락, 즉 그 생업을 즐거워하며 완수하게 할 수 있겠는가.(세종실록 26/윤7/25)

여기를 보면, 세종이 크게 세 가지를 말하고 있다. 그 첫째는 농사짓는 것의 중요성이다. 나라는 백성으로 근본을 삼고, 백성은 먹을 것으로 하늘을 삼는다는, 세종이 애용하는 문장이 그것인데, 한마디로 백성 먹여 살리지 못한 수령과 왕은 자격이 없다는 얘기이다(①).

그 둘째는 국가의 존립 이유이다. 천하 사람들이 참으로 힘들게 농사를 지어서 나라에 세금 바쳐 왕을 섬기는 것은 바로 백성들을 입히고 먹이는 본연의 사명을 수행하고 있기 '때문'이라고 세종은 말한다(②). 첫 번째 문장에 이어서 민생 해결의 책무를 강조하는 것이지만, '때문'

이라는 말에서 보듯이, 세종은 국가가 백성들의 필요에 의해 생겨났다고 생각했다. '처음에는 임금도 없고 관리도 없었으며 백성들끼리 살다가, 어떤 일을 해 보려고 하였으나 지도자가 없어서 혼란스러워졌고, 따라서 지도자를 추대하여 다스리게 했다[立君長而治之].'(세종실록 13/6/20)는 '국왕 추대설'을 세종은 강조했다.

그 셋째는 백성들로 하여금 부지런히 농사를 지을 수 있도록 수령 등 '위에 있는 사람들'이 성심으로 지도하고 이끌어야[誠心迪率] 한다는 것이다(③). 여기서 가장 주목되는 것은 마지막의 '생생지락'이라는 말이다. 생생지락은 원래 《서경》에 나오는 말로, "너희 만민들로 하여금 생업에 종사하며 즐겁게 살아가게 만들지 않으면 내가 죽어서 꾸짖음을 들을 것이다."라는 반경의 말에서 유래했다. 즉 상나라의 군주 반경은 "생업을 즐겁게 하여 일을 일으키면 그 삶이 풍요로워질 것"이라면서 자신의 소명이 백성들의 낙생樂生에 있다고 말했다.

튼튼한 국방과 안정된 직업

세종은 《서경》의 이 구절을 좋아했는데, 《조선왕조실록》에서 '생생지락'이란 말을 가장 많이 언급한 왕이기도 하다(전체 16회 중 8회 언급). 《세종실록》을 보면 세종은 수령을 지방에 내려보내면서 "백성들로 하여금 편히 살면서 생업에 재미를 붙이게 하라."(세종실록 8/3/29)고 여러 차례 말하곤 했다. 그렇게 되면 "집집마다 넉넉하고 사람마다 풍족하며, 예의를 지켜 서로 겸양하는 풍속이 일어나서, 시대는 평화하고 해마다 풍년이 들어 함께 태평시대의 즐거움을 누리는" 나라가 될 것이라고도 말

했다.(세종실록 26/윤7/2)

여기에는 앞서 살펴본 세종이 꿈꾸는 좋은 나라의 세 가지 조건, 즉 우선 가정 경제가 넉넉한 나라, 다음으로 양보하고 존중하는 사회 풍토, 마지막으로 평화롭고 풍요로운 국가가 들어 있다. 다시 말해서 사람들로 하여금 안심하고 생업에 종사할 수 있게 하는 일이야말로 지도자가 우선적으로 힘써야 할 일이라는 것이고, 그렇게 하여 나라가 평화롭고 직장이 안정되어 있으면 누군가가 나라를 혼란스럽게 만들려 해도 꿈쩍하지 않을 것이라는 게 세종의 생각이었다.

이를 위해서 국가 지도자가 가장 유념해야 할 것은 긴급하지 않은 부역을 일으키지 않는 것, 그래서 농사 시기를 뺏지 않는 것이었다. 백성들의 시간을 귀히 여기라는 말인데, 세종은 "백성들의 시간을 헛되이 하지 않을 때 훌륭한 업적 달성도 가능하다."(세종실록 16/7/1)고 강조하기도 했다.

세종에 따르면 수령이 백성들의 시간을 함부로 빼앗지 않으면 백성들은 저절로 "밭에 나가 힘써 농사지을 것이며, 우러러 어버이를 섬기고, 굽어 자녀를 길러서 나의 백성의 생명이 장수하게 될 것"이라고 말한다. 그것이 곧 "나라의 근본이 견고하게 되는" 지름길이라는 것이다.

마무리

세종의 비전은 '생생지락의 나라' 즉 백성들 모두가 일터에서 즐겁게 일하는 나라였다. 15세기판 최고 직장great work place 만들기라고도 할 수 있겠는데, 그 조건으로 내세운 두 가지가 인상적이다.

그 하나는 원통하거나 억울함이 없어야 한다는 것이다. 조직 내에서 말이 막히고 마음이 눌려 있을 경우 결코 생생지락 할 수 없다. 혹시 우리 조직에 정의롭지 못하고 부조리한 일은 없는지, 말이 막혀 통하지 않는 곳이 없는지, 그래서 원망하는 사람이 없는지 살펴보아야겠다.

다음으로 "먹는 문제를 해결하기 때문에 백성들이 힘든 노고를 마다하지 않고 왕을 섬긴다"는 말은 다소 충격적이다. 동서양을 떠나 정치의 출발점은 왕이 아닌 백성으로 표현되는 평범한 구성원들의 생계를 책임지는 것이라는 이말은 리더십의 보편 원리principia, 즉 언제 어디서나 관통하는 원리를 언급한 것이다. 내가 우리 조직의 리더인 것은 바로 '밥'으로 상징되는 생계를 책임지기 때문이라는 것이다.

제2절

비전 공감 사례: 세제 개혁

세종은 재위 기간 내내 반복하여 '생생지락', 즉 살맛 나는 일터 만들기라는 비전을 제시했다. 그러면 그 비전을 구성원들에게 공감시키기 위해 무엇을 어떻게 했을까?

세종의 고민 – 혁명보다 어려운 세제 개혁

《세종실록》을 보면 세종도 즉위 초반에 세금 문제로 많이 고민하고 있음을 볼 수 있다. 나라에 돈 쓸 곳은 많은데, 조세 수입이 변변치 않았다. 조세 수입이 변변치 않은 대표적인 이유는 장기간의 흉년 때문이었다. 세종이 말년에 "나의 재위 20여 년 동안 풍년 든 해가 한 해도 없었다."고 회고한 것처럼, 그 시기는 우리나라는 물론이고 동아시아 전체가 작황이 좋지 않았다. 조세 수입이 낮은 또 다른 이유는 잘못된 세금 제도 때문이었다.

태종 때 만들어진 손실 답험법이라는 세제는 가을 추수기에 관리들이 들판에 나가서 그해 수확량의 실제 상황, 즉 손損과 실實을 헤아려 세금을 매기는 제도였다. 추수기가 되면 당연히 농민을 비롯한 세금 납부자들은 조사하러 온 관리들에게 "닭 잡고 술을 내어" 조금이라도 세금을 낮게 매겨 달라고 애원했다. "매양 벼농사를 답험할 때가 되면, (…) 간활한 아전이 꾀를 부려서 뒤바꾸어 시행하게 되매, 비단 세액의 무겁고 가벼움이 적중하지 못할 뿐만 아니라, 그들을 접대하는 비용과 분주히 내왕하는 수고 등 폐단이 적지 않다."는 세종의 지적이 그것이다.(세종실록 12/3/5) 물론 그렇게 접대받은 관리들은 점점 낮은 세액을 책정하게 되었다. 그리고 당연히 국가의 '재정도 허소虛疎(허전하고 미덥지 않음)'하게 되었다.

세종이 생각한 새로운 제도는 공법貢法이라는 세제였다. 공법이란, 평년의 수확량에 근거하여 "일정량을 바치게 하는 제도"(세종실록 28/4/30)였는데, 세종은 이 정액 세제를 통해 국가 재정을 확충하는 한편 백성들의 고통도 줄일 수 있다고 보았다.(세종실록 18/10/5)

《세종실록》을 보면, 좀 더 객관적인 기준에 따라 일정한 세금을 매기는 제도, 즉 공법의 필요성이 여러 차례 제기되어 왔음을 알 수 있다. 즉위한 직후에 세종은 수령이나 담당 관리가 '손실을 답사하여 증험'하는 것이 현실적으로 어렵다는 호조의 지적에 동의하고 있으며(세종실록 즉위년/8/17), 재위 9년에는 과거 시험 문제로 수취 제도의 개혁 방안을 출제해서 '공법 논의'를 불러일으켰다.

1430년(세종 12년)에는 어전 회의에서 공법을 중요한 의제로 부각시키더니, 결국 전국적인 여론 조사를 시행하기에 이르렀다. 1430년 3월부터 그해 8월까지 약 5개월에 걸쳐 위로는 고관부터 아래로는 농민까지 17만여 명에게 그 가부를 문의한 것이 그것이다. 이어서 1436년(세종 18년)에는 세제 개혁을 위한 태스크 포스 팀인 공법상정소貢法詳定所가 설치되었고, 1444년 공법 실시를 위한 '17년간의 긴 토론'을 끝내고 최종안이 채택되었다.

조선왕조 정책 결정의 핵심 요소, 공론

그런데 이 과정에서 얼른 이해가 안 되는 것은, 세종이 세제 개혁을 위해 대규모 여론 조사를 실시했다는 사실이다. 지금으로부터 600여 년 전에, 그것도 왕조 체제하에서 전국의 여염집까지 찾아다니며 새로운 제도(공법)를 찬성하는지 반대하는지를 물었다는 게 잘 납득이 되질 않는다. 이것을 이해하려면 조선왕조의 정책 결정 과정의 특징, 즉 조선시대 사람들이 어떤 행위를 정당화하는 근거가 무엇인가 하는 것을 알아야 한다.

조선왕조의 경우 어떤 정치가나 정부가 정치적 행위에 대한 지지를 끌어내고 정책을 정당화하려면 세 가지에 호소하였다. 천명과 민심과 공론이 그것인데, 이 중에서 공론은 유교 지식인들이 자기의 언행을 관철시키고자 할 때 가장 중시하는 요소였다.

천명, 민심, 공론은 정치적 정당성의 유교적 근거로서 다 중요했지만, 천명과 민심은 그것을 알기 어렵고, 또 왜곡되기 쉽다는 점에서 그 한계를 갖고 있었다. 이에 비해 공론은 사대부들이 상소나 경연 등 각종 회의 등에서 표출하는 정치적 견해로서, 상대적으로 파악이 쉽다는 점에서 중요한 판단의 근거로 작용하곤 했다.

그런데 문제는 공론이 갈라질 때, 즉 천명과 민심에 대한 해석이 다를 때 발생했다. 예컨대 공법 도입에 대해 황희 등은 민심을 들어 "공론이 새 제도 도입을 반대한다."고 했다. 이에 반해 신개 등은 다수 백성의 찬성 여론을 들어 "공론이 지지한다."고 주장했다. 따라서 최종적으로 누구의 공론이 옳은가, 즉 천명과 민심에 부합하는지를 결정짓는 것은 국왕의 몫이었다.

세종이, 정치의 주체가 아니지만 납세 의무를 지고 있는 여염집 백성들의 의견을 물었던 것은 과연 누구의 공론이 민의 뜻(민심)에 가까운지 파악하려는 노력의 일환이었다고 판단된다. 물론 세종은 다수 백성이 세제 개혁을 찬성할 것이라 미리 짐작했을 가능성이 크며, 여론 조사 결과를 통해 개혁 반대자들을 압박하는 수단으로 활용했었을 수도 있다. 어느 경우든, 세종이 여론 조사를 하게 된 것은 이러한 공론 내지 공론화 과정을 중시하는 조선조 정치 체제의 특성에서 비롯된 것이었다.

그러면 여론 조사 결과는 어떻게 나왔을까? 결론부터 말하면, 여론 조사 결과 찬성 쪽이 9만 8,000여 명으로 반대한 7만 4,000여 명보다 2만 4,000여 명이 많았다. 그런데 그보다 더 흥미로운 것은 여론 조사를 실시하라는 세종의 지시에 대한 반응과, 여론 조사 결과에 대한 상반된 해석이었다.

여론 조사를 실시하기 1년 4개월 전인 1429년 11월에 세종은 어전 회의에서 "연전에 공법의 시행을 논의하고도 지금까지 아직 정하지 못하였다. (…) 만일 이 공법을 세우게 된다면, 반드시 백성들에게는 후하게 되고, 나라에서도 일이 간략하게 될 것이다. (…) 우선 이 법을 행하여 1, 2년간 시험해 보는 것이 좋지 않겠는가. (…) 신민들로 하여금 그 가부를 논의해 올리도록 하라."고 지시했다.(세종실록 11/11/16)

여기서 세종은 공법이 "백성들에게는 후하게 되고, 나라에서도 일이 간략하게 되는" 장점이 있음을 지적한 다음, 호조에게 공법에 대해 신민들은 어떻게 생각하는지를 알아보라고 분명히 지시하였다. 그런데 약 4개월이 지난 1430년(세종 12년) 3월에 올린 호조의 보고를 보면, 호조 관리는 '신민들의 의향'을 알아보라는 지시는 생략한 채, 답험 손실의 폐해와 공법 시행의 방법만 말하고 있다. '신민들의 의향 조사'는 아예 실시하지도 않은 것이다. 아마도 신민, 특히 민의 의향을 물어보라는 말의 의미를 미처 파악하지 못했을 수도 있다. 그 당시 민은 지배와 관리의 대상이었지, 나랏일을 결정할 때 그들의 의견을 물어보아야 하는 정치의 주체는 아니었으니까 말이다.

그러자 세종은 재차 여론 조사를 지시한다.

> 의정부·육조와, 각 관청과 서울 안의 전직前職 관리들과, 각도의 감사·수령 등의 관리로부터 여염의 백성에 이르기까지 모두에게 가부를 물어보라[悉訪可否].(세종실록 12/3/5)

이렇게 해서 세계 최초로 최대 규모의 전국적인 여론 조사, 즉 위로 고위 관료에서 아래로 농민에 이르기까지 광범위한 여론 조사가 1430년 3월부터 8월까지 5개월간 실시되었다(1단계 전국적인 찬반 여론 조사).

한 달 뒤에 발표된 여론 조사 결과 전국적으로 관민은 찬성 쪽이 반대한 사람보다 2만 4,000여 명이 더 많았다. 이는 인구가 많은 남쪽 지방의 관민들이 토지 생산력을 감안해 정액 세법인 공법이 유리하다고 판단, 찬성 쪽에 집중적으로 표를 던졌기 때문이었다. 토지 생산력이 낮은 함경·평안 양도의 경우 찬성 1,410 대 반대 3만 5,912로 반대하는 쪽이 절대 우세한 데 비해, 경상·전라 양도에서는 6만 5,864 대 664로 찬성하는 쪽이 절대적으로 우세하게 나타난 결과였다.

| 표 7.1 | 공법 여론 조사 결과표

지역	찬(+)	반(−)
서울	1,825	71
경기	17,105	241
강원	944	6,898
경상	36,317	393
전라	29,547	269
충청	4,017	14,041
평안	1,332	28,519
함경	78	7,401
황해	4,471	15,618
계	95,636	73,451
원문 합계	98,657	74,149
총 조사자 수	172,806	

* 표에서 지역별 합계와 원문 합계에서 차이가 나는 것은 실록 원문에서 나타난 오류임.

신료들과 토론하기, 의견 경청하기, 진실된 태도 견지하기

여기서 일이 끝난 게 아니다. 아무리 다수의 백성들이 새로운 세제인 공법을 찬성한다 해도, 북쪽 지역 상당수의 백성들은 여전히 반대하고 있었고, 결정적으로 그 세제를 집행할 고위 관료들 또한 외면하고 있었기 때문이다. 바로 이 대목에서 세종의 비전 공감 리더십이 발휘되었다.

세종이 그의 신민들과 공법이라는 새로운 세제 개혁의 비전을 공감하기 위해서 한 일은 크게 두 가지이다.

첫째는, 일 맡은 신하들을 수긍시키는 논리와 근거를 제시했다.

여론 조사 결과 '백성의 의향'이 찬성 쪽에 기울어져 있었지만 세종은 공법 시행을 잠시 보류했다. 그 이유는 여러 가지 측면에서 살펴볼 수 있겠으나, 우선 공법 찬성론자의 논리적 빈약과—조건부 내지 병행론 주장—'조종의 법을 바꾸는' 것에 대한 부담(세종실록 18/2/23), 그리고 황희 등 고위 관료들의 반대 등이 작용했던 것으로 보인다. 한마디로 비전 공감이 안 되었다고 판단한 것이다.

세종은 보류 기간 동안 공법 실시 여부를 어전 회의에서 계속 의논하게 하여 예상되는 후유증을 검토하게 했다. 1436년(세종 18년) 2월에 세종은 "근래에 답험 때문에 국가의 (재정) 손실"이 심각한 상태에 있음을 지적하면서, 그럼에도 "조정의 신료들이 각각 그 소견을 고집해서 의논이 부산한데, 어떻게 처리하면 좋겠는가." 하고 물었다. 이때에도 신하들은 찬성과 반대 의견을 각각 근거를 대면서 주장했다.

흥미로운 것은 반대파였던 황희의 태도 변화이다. 황희는 1436년 5월의 회의에서 손실 답험법을 "경솔히 고칠 수 없다."던 6년 전의 입장과 달리, 공법의 시행, 즉 '토지 대장과 지난해의 손실에 근거해 지역별로 일정액을 작정'하게 하자고 제안했다(연분 차등 납세 아이디어 제시). 무엇이 그의 생각을 바꾸게 하였을까? 그것은 손실 답험법의 폐해와 국가재정의 곤란, 생생지락에 대한 국왕의 일관된 태도, 그리고 무엇보다도 고위 관료를 포함한 개혁 피해자들의 공법 실시에 대한 대비 등이 반대하던 세력으로 하여금 찬성 쪽으로 돌아서게 하였던 것으로 판단된다.

이제 세종은 신하들과 공법 시행을 위한 본격적인 토론을 하게 되는데, 도승지 신인손은 어전 회의에서 공법이 '고전에 근거하고 실정에도 부합'될 뿐만 아니라, 오랜 시간을 두고 '의논하여' 합의를 가져온 제도라는 점에서 '진실된 법령'이라고 말한다. 토론과 숙의가 많은 신하들로 하여금 새로운 세제를 그 시대에 꼭 필요한 제도라고 수긍하게 만든 것이다.

둘째는, 실행 가능한 합리적인 대안의 마련이다. 세제 개혁을 추진하는 데 큰 장애 요인의 하나는 상대적으로 척박한 이북 지역 주민의 반대였다. 고위 관료들의 반대 논리를 극복하기 위해 여론 조사를 실시하였고('백성 다수가 찬성한다'), 또 고전에서 출처를 찾아 그 나름대로 개혁의 정당성을 획득할 수 있었다. 그러나 다른 한편, 여론 조사 결과 나타난 척박한 토지를 가진 백성들의 반대는 또 다른 걸림돌이었다. 납세자의 최소한의 동의가 뒤따르지 않은 조세 제도란 예나 지금이나 효과적일 수 없기 때문이다.

세종이 이를 극복하기 위해 제시한 대안은 공법 제도의 수정이었다. 즉 척박한 지역 주민에게 과도한 전세가 매겨지지 않도록 보완책을 마련하게 한 것이다. 세종은 공법이 처음 논의될 때의 방안, 즉 '여러 해의 중간을 비교하여 일정한 세액'을 매기려던 생각에서 벗어나, 논의를 진행하면서 지역과 작황의 여건을 감안한 세제로 발전시켜 나갔다. 1436년에 각 도별·토지별 차등 세액이 논의된 것(전분 차등 납세)과, 1444년의 최종안에 연도별 풍·흉작 상황에 따라 세액을 거두도록 정한 것(연분 차등 납세)이 그것이다.

아울러 좋지 않은 자연환경을 극복하기 위해서 세종이 취한 전략은 시간별·지역별 안배였다. 즉 세제 개혁안의 보완책을 마련하면서 작황이 나아지기를 기다리는 한편, 기근이 적은 지역부터 차츰차츰 실시한 것이다. 또한 빗물이 흙 속에 미친 깊이를 재기 위해 '구리를 녹여 그릇을 만드는' 등 측우의 기술을 개발하고(세종실록 23/4/29) 우리나라의 역법을 제작해 농시를 놓치지 않도록 하며(12/8/3) 우리나라 지형에 맞는 수차를 개발하여 시험하는(세종실록 13/5/17) 등 신농업 기술을 발전시킨 것도 자연환경을 극복하려는 노력의 일환이었다.

세종과 개혁 추진 세력이 부닥친 가장 큰 어려움은 아마도 개혁의 결과를 예측할 수 없다는 불확실성이었을 것이다. 개혁 반대자들이 늘 말하는 것처럼, 실패한 개혁은 돌이킬 수 없는 사회적 비용을 치르기 때문이다. 현상을 유지하다가 생긴 병폐는 하루아침에 고치면 그만이지만, 개혁하다가 생긴 병폐는 결코 원상 복구가 되지 않는다는 논리가 그것이다. 특히 개혁의 결과로 얻게 될 성과가 장래의 것이고 불확실한데 반해, 개혁 과정에서 잃는 것은 현재적이고 가시적이라는 사실도 사람들의 불안 심리를 자극한다.

세종은 기득 세력은 물론이고 일반 서민들에게까지 확산되어 있는 이런 불안 심리를 해소하기 위해, 지속적인 토론과 숙의를 계속하였다. 비전 공감을 위해 설득하고 대안을 마련한 것이다. 그는 세제 개혁과 같이 입장에 따라 찬반의 의견이 크게 갈리는 사안일 경우, '적정한 과정due process'을 거쳐야만 불안 심리가 최소화되고, 합리적인 대안이 도출될 수 있다고 보았다.

'17년의 긴 토론'은 바로 그런 비전 공감의 과정으로 이해할 수 있다. 그는 신료들의 의논 말고도 이해 당사자인 신민 일반에게도 그 의견을 표명할 기회를 주어서, 개혁안의 실행력을 높였다. 이 과정을 통해서 그 정책의 후유증과 시행착오를 최소화하는 한편, 결정의 정당성도 획득할 수 있었다. 나아가 개혁 반대자들까지도 그 결정이 자신에게 불리한 것이라 할지라도, 공동체의 유지를 위해 꼭 필요하다면 "그렇다."고 수용할 수 있는 상황을 만들었다.

마무리

세종이라면, 지금의 경제적 어려움을 어떻게 극복할까? 어떤 사람은 "뾰족한 해답이 없지 않느냐."고 할지 모르지만, 하나의 길을 떠올릴 수 있다. 그것은 바로 '백성들과 더불어' 해법을 찾아 가야 한다는 것이다. 세종은 인정전 뜰에 나아가 젊은 인재들에게 물었으며, 전국 방방곡곡 농민들의 의견을 청취해 오게 했다. 조정에서 전개된 격렬한 찬반 토론의 과정을 참고 이겨 냈다. 반대자들을 어전 회의에 끌어들여 전체 상황을 인지하게 하고 개혁안을 수긍하게 만들었다. 이처럼 국가의 최고 지도자가 먼저 세금을 낼 당사자들에게 현 상황을 소상히 알리고, 고민을 털어놓은 다음 '어떻게 하면 좋을지'를 낮은 자세로 묻는 데서 해법이 발견될 것이다.

이 과정에서 가장 중요한 것은 지도자의 진실된 자세이다. 핵심 정보를 숨기지 않고 공유하되, 그것을 지혜롭게 잘 관리해서 국민들의 신뢰가 형성된다면 어떤 어려움도 극복할 수 있다.

세종리더십 실천

공자는 "만약 내게 일을 맡긴다면 1년이면 큰 기대를 모을 수 있게 하고, 3년이면 성과를 내게 하겠다."고 말했다. 《논어》 〈자로〉 편을 보면 "기월朞月이면 가야可也요, 3년三年이면 유성有成"이라고 되어 있다. 이 말은 지도자가 정치를 잘하려면 1년 안에 비전을 제시해야 하고, 3년이면 그 비전을 구체화한 성과를 거두어야 한다는 뜻으로 이해된다.

다시 말해서 리더가 해야 할 가장 중요한 책무는 구성원들로 하여금 '아, 앞으로 나라가 어디를 향해 나아가겠구나' 하는 관심을 갖게 하는 것이다. 기대를 모으는 것이다. 이때 중요한 것은 도달하고자 하는 목표를 가시화해서envisioning 공동체의 구성원들에게 공감되도록 전달해 주는 지도자의 역할이다. 아무리 고상한 목표를 제시한다 하더라도 그것이 구성원들의 희망과 동떨어져 있고 인재들의 마음을 움직이지 않는다면 힘을 발휘하지 못한다. 그 점에서 세종이 제시한 '생생지락'이라는 비전은 매우 인상적인 비전이다. "백성 모두가 자기 일터에서 신명나게 일하는 나라"를 만들자는 것보다 더 백성들의 생각을 모으고 마음을 움직일 수 있는 비전이 또 있을까?

읽을 거리

포항제철 '우향우 정신'

포항제철을 건립할 당시 모든 임직원의 비전을 가장 상징적으로 나타내 주는 것이 '롬멜 하우스'와 '우향우 정신'이다. 초기의 공장 건설 지휘 본부인 포항 건설 사무소는 연건평 60평의 2층 목조 건물로 1968년 5월 1일 개설되었다.

앞으로는 동해의 파도가 금 모래벌판을 적시며 밀려들고 뒤로는 우거진 송림이 아름다운 풍경을 이루었던 이곳은, 공장 부지 조성이 본격화됨에 따라 끝없는 사막인 양 황량한 벌판으로 바뀌었다. 모래바람은 태양을 가려 눈 뜨기가 어려움은 물론 호흡조차 곤란하게 만들었다. 그러므로 지상물地上物 철거와 부지 작업에 나선 창설 요원들은 전쟁터의 병사와 조금도 다름없는 고된 작업을 계속해야만 하였다.

건설의 사령탑 역할을 한 포항 건설 사무소는 제2차 세계 대전 당시 사막의 영웅 롬멜 장군의 야전 지휘소와 같다는 말이 나와 '롬멜 하우스'라는 별칭이 붙게 되었다. 1969년 봄 이곳에 중장비 관리소가 자리하면서부터 들어선 중장비들이 마치 사막에 진을 친 기계화 부대와 같았기 때문

1968년 개설된 포항건설 사무소(일명 '롬멜 하우스')
출처: 포스코 사보 《쇳물》 기자와의 대담, 1983. 4. 27.

에 그 이름은 더욱 실감이 나게 되었다.

박태준 사장은 롬멜 하우스 앞에서 건설 요원들에게 철저한 정신 무장과 사명감을 가질 것을 당부했다. "만약 제철소 건설이 실패할 경우 우리가 민족 앞에 져야 할 책임은 몇몇 사람의 사표나 퇴진만으로 끝나는 것이 아니고 우리 전부가 영일만에 빠져 죽어야 한다."는 말이 그것이다. 이것은 책임 정신의 응축된 표현이었다. 건설 요원들은 이를 '우향우 정신'으로 부르며 건설 과정에서 구호처럼 외치곤 했다. 이와 같은 책임 정신의 바탕이 있었기 때문에 그 위에 오늘의 포스코가 태어날 수 있었다.

제8장

[위기]
강원도 기근과 한양 화재 사건 대응

| 학습 내용 |

- 위기危機라는 말의 뜻과 용례
- 1423년의 강원도 대기근 극복 방식, 국가 재정 확충을 위한 노력들
- 세종의 최대 위기 '한양 화재 사건' 대응 방식

| 학습 목표 |

- 첫째, 세종이 처음부터 잘한 게 아니었다는 사실을 알고, 조금씩 개선해 가면서 좋아지는 리더십의 변화 과정을 배우고 실천한다.
- 둘째, 강원도 대기근 때 발휘한 세종의 위기 극복 방법, 즉 정확한 정보 파악, 현지 사람들의 입장에 서서 적절한 타이밍 놓치지 않기, 공정하고 유능한 담당자에게 위임하기를 안다.
- 셋째, 세종 정부의 최대 위기 사건인 한양 화재 사건에서 '생명 구호 최우선'이라는 초기 대응의 중요성을 배운다.

| 요점 |

- 세종시대의 위기로는 ① 재위 초반 '강원도 대기근' ② 재위 8년(1426년)의 '한양 화재 사건' ③ 재위 18년(1436년) '병진 대기근' ④ 재위 31년(1449년) 명나라의 '10만 정병 파병 요구'를 들 수 있음.
- 세종은 이러한 도전을 '위험한 기회'로 인식하고, 침착하면서도 체계적으로 잘 대응함. 그 결과 신민들이 조정의 국정 능력을 신뢰함(강원도 기근). 또한 화재 사건 후 잿더미의 도성이 위풍당당한 조선의 서울로 발전하는 계기가 됨(한양 화재 사건).

제 1 절

위기의 개념과 강원도 기근 사례

《세종실록》을 처음 읽기 시작한 사람들의 공통된 반응이 있다. 바로 재위 초반의 세종의 모습이 실망스럽다는 것이다. 태종이 상왕으로 있는 5년여 동안 국정의 모든 결정권은 상왕에게 있었다. 세종은 자기 처가가 풍비박산 나도 항의 한마디 못 하고, 부왕의 권유에 따라 밤늦게까지 연회에 참석해야 했다. 부왕을 따라 자주 사냥을 가는 세종에게 "이 따위 임금이 무슨 대체를 아는 왕이란 말인가."라고 백성들은 비난했다. 신하들은 왕 앞에서 싸우다시피 언쟁하고 심지어 어전 회의에서 서로에게 '악담'하는 상황이 벌어지고 있다.

놀랍게도 세종은 태종 사망 직후인 1422년(재위 4년) 5월부터는 언제 그랬냐는 듯 나라를 이끌기 시작한다. 그는 1425년까지 강원도 대기근 등 몇 차례 위기를 넘긴 다음부터는 국정의 중심에 서서 지도자다운 모습을 보이고 있다. 이때 세종은 20대 청년이었다. 이 시기의 청년 세종의 모습은 마치 한여름의 무더위를 견디는 벼를 생각나게 한다. 봄에 뿌린 씨앗이 더위와 습기를 먹으며 성숙해 가는 것처럼, 청년 세종 역시 고난을 이겨 가며 무르익어 간다.

새로운 화폐 제도, 즉 동전법이 국가에 꼭 필요하다고 생각했지만, 백성들이 따르지 않는 모습을 보면서 안타까워한다. 세제 개혁으로 국가 재정도 늘리고 민폐도 줄이려고 하지만, 조정 관리들이 반대하자, 전국적인 여론 조사라는 카드를 꺼내 드는 세종의 모습이 보인다. 재위 11년을 전후해서 민생 문제를 겨우 해결했나 했더니, 김화라는 사람이 아버지를 죽인 사건이 들려온다. 어머니를 때리는 자식들에 대한 보고도 연이어 올라온다. 명나라에서는 소 1만 필을 보내 달라고 요구해 오고, 여진족이 국경을 넘어와서 백성들을 납치해 갔다는 긴급 보고도 올라온다. 20대의 청년이 혼자 감당하기에는 벅찬 일들이었다.

여기에서는 먼저 세종이 왕위에 오른 후 그를 힘들게 한 큰 고비와 그 극복 방법을 살펴볼 것인데, 그에 앞서 위기라는 말의 뜻을 알아본다.

위기의 개념과 접근 방법

'위기危機'라는 말을 국어사전에서 찾아보면 "위험한 고비" 또는 "위험한 경우"라고 나온다. 그런데 '위기'란 말은 사서삼경四書三經에는 나오지 않는다. 물론 '불안정하게 무릎을 꿇는 모양'에서 비롯된 '위危'라는 한자나, '세밀한 장치가 내장된 기구'라는 뜻의 '기機'라는 한자는 《논어》를 비롯한 《서경》 등에 자주 나온다. 다만 '위기'라는 말을 묶어서 한 단어로 처음 사용한 것은 당나라 때부터이며, 우리나라의 문헌에서는 이규보의 《동국이상국집》(1251년)에서 '위기'라는 말이 처음 확인된다. 즉 이규보는 〈꿈을 기록함〉이라는 시에서 "나는 위기를 (잘못) 밟아서[踏危機] 이제 만 리 밖으로 유배되었네."라고 쓰고 있다.

말하자면 '위기'란 말은 비록 사서삼경에는 안 보이지만, 역사적으로 오랫동안 사용된 용어인데, 그 용례를 참작하고 《한한대자전漢韓大字典》에 나온 '위'와 '기'의 뜻을 토대로 위기란 말을 정의해 보면, 그것은 '잘 보이지 않지만 작게 일어나는 일의 위태로운 조짐 내지 기회'라고 할 수 있다. 이규보가 "위기를 밟는다."라고 표현하고 있듯이, 위기란 아직 정해지지 않은, 그렇지만 어떤 길을 밟는가에 따라서 위험에 처하거나 기회를 얻을 수도 있는 '위험한 기회' 내지 질병의 싹이 막 자라나려는 초창기인 것이다. 즉 지도자가 그 기회를 어떻게 대처하느냐에 따라 부흥·발전할 수도 있고, 반대로 심대한 국난에 직면할 수도 있는 것이다.

위기를 이렇게 정의해 볼 때, 우리 역사에서 세종만큼 위기에 민감하고, 성공적으로 대처한 임금도 없다고 할 수 있다.

재위 초반 최대의 위기-1423년 강원도 대기근

재위 4년과 5년(1423년)의 강원 지역 대기근은 그 지역 백성들의 '삶의 질'을 심각히 위협하는 도전이었다. 그뿐만 아니라, 그것은 1년 전 태종이 사망한 이후 국정의 전부를 책임지게 된 세종이 넘어야 할 첫 번째 리더십 시험대였다. 따라서 이 문제를 세종이 어떻게 인식했고 대응했는가 하는 것은 그의 국가 경영 능력을 평가할 수 있는 중요한 척도라고 할 수 있다.

당시 강원도 흉년은 혹독한 것이어서 인구의 27%(2,567호/9,509호)가 유리流離하여 없어졌고, 약 58%(3만 4,430결/6만 1,790결)의 토지가 황폐화되었다.(세종실록 6/3/28) 이는 흉년이 몇 년간 계속된 데다가 그해는 특히 장마가 심해서 보리 이삭이 모두 썩고, 오곡의 종자가 거의 싹이 나지 않았던 데서 비롯된 것이다.(세종실록 4/6/28)

설상가상으로 인근 지역, 즉 평안도와 함경도와 경기도까지 흉년이 들어 굶주린 백성들은 식량을 구하기 위해 먼 지역, 즉 경상도와 전라도까지 이주하지 않으면 안 되는 상황에 이르렀다.(세종실록 4/윤12/28) 산중 고을의 백성들은 풀 열매를 따서 먹고 살거나(세종실록 4/6/28) 흙을 파서 떡과 죽을 만들어 먹어야 하는 지경이었다.(세종실록 5/3/13)

이렇게 되자 북쪽의 야인 땅으로 도망가거나(세종실록 5/2/26) 왕을 원망하는 소리가 나왔다. 강원도 고성의 이각伊覺이란 자는 "이 임금 때문에 흉년이 들어 살기가 심히 어렵다. 내가 만약 임금이 된다면 반드시 풍년이 들 것"(세종실록 5/3/5)이라는 엄청난 소리[大言]를 내뱉기도 했다. 그런 와중에도 구휼 식량을 훔치거나, 백성들에게 대여해 준 곡식[還上穀]을 거짓으로 받았다고 허위 보고를 하는 수령도 생겨났다.(세종실록 6/2/5) 심지어 조정에서 특별히 파견한 경차관敬差官(중앙 정부의 특수 임무를 띠고 지방에 파견된 관리)들은 공적을 세우기 위해 "아전을 채찍질하면서까지" 환곡 되받는 일에 급급해했다.(세종실록 6/6/14) 이러한 상황에서 세종은 어떻게 대응했을까?

대기근 해결 방안 ①: 정확한 현지 실태 파악

첫째, 세종은 현지의 실태를 정확히 파악하는 데 노력을 집중했다. 재위 4년 6월 좌의정 이원으로부터 강원도 흉년 소식을 듣자마자 세종은 조정의 관리를 보내 민간을 살피고 굶는 자를 구휼하게 했다.(세종실록 6/2/5) 이어서 그는 강원도를 비롯한 각도에 경차관을 파견해 정확한 피해 실태를 파악하도록 조치를 취했다.(세종실록 4/7/9) 강원도의 경우 황보인皇甫仁 등 측근 인사들을 보냈는데, 이들의 보고가 부정확한 데 대해 세종은 실망하곤 했다. 재위 4년 10월에 좌의정 이원으로부터 "강원·평안 두 도는 기근이 더욱 심하여, 혹은 굶어 죽은 사람이 있다."는 말을 들은 세종은 "흉년 관리 경차관들이 모두 '지금 비록 굶더라도 사망하는 데까지는 이르지 않을 것'이라고 말하더니, 이제 어찌 이와 같단 말이냐. 이는 나를 속인 것이로다."(세종실록 4/10/3)라고 개탄해 마지않았다.

세종은 특히 지방 수령들의 거짓된 상황 보고에 분개했다. 그는 수령들이 임의대로 창고의 곡식을 빌려주고 빈 숫자로 회계장會計帳에 기록한 것을 "나라를 기만한 죄"로 간주했다. 또한 수령들이 구휼 업무에 바빠 보고를 제대로 하지 못한 것은 부득이한 일이었다는 주장을 펼치자 세종은 진노했다. "이미 제 마음대로 출고해 놓고 보고하지도 않았으며, 또 거둬들이지 않은 것을 거짓으로 회계장에 기록하였으니, (이는 나라를) 기만한 죄"(세종실록 6/6/14)라며 꾸짖었다.

좀처럼 화를 내지 않는 세종이 이처럼 진노한 데에는 그만한 이유가 있었다. 세종은 "내가 수령을 죄주려는 것은, 굶주린 백성을 위해 창고를 풀었다는 것도 아니고, 다 거두어들이지 못하였다는 것도 아니다. … 사실대로 보고했다면 무슨 죄줄 것이 있겠느냐."(세종실록 6/6/15)라고 했다. 정확히 보고報告하지 않는 것은 조정의 올바른 판단과 결정을 원천적으로 가로막는 것이라 본 세종은 있는 그대로의 사실 보고를 촉구했다.

세종은 또한 "매일 일을 아뢸 적에는 흉년에 관한 정사를 제일로 삼으라."(세종실록 4/12/4)고 지시했다. "흉년을 구제하는 정사는 결코 완만히 할 수 없는 것"인바, 이 문제를 국정의 최우선 순위에 놓고 실기失機하지 않도록 각별한 관심을 기울였다. 요컨대 세종은 수령들에게 현지의 급한 형편에 따라 필요한 조치를 취하되 반드시 정확히 보고해 올릴 것을 강조했으며, 그 보고를 바탕으로 가장 먼저 기민 구휼 업무를 처리했다.

세종 정부의 기근 해결 방법

- 정확한 현지 실태 파악: 흉년 문제를 맨 먼저 의논하라
- 백성의 입장에 서서 문제 파악: 굶주린 백성의 자유로운 이동 허용
- 왕의 가족 재산 축소: 아들과 손자의 연봉의 일부를 국가에 헌납
- 장기적 대책 마련: 황무지 개간 및 우리 땅에 맞는 농법 개발

대기근 해결 방안 ②: 기민의 자유로운 이동 허용

둘째, 굶주린 사람[飢民]들의 자유로운 이동의 허용이다. 북쪽 지역의 흉년이 심해지자 "전라도와 경상도에 풍년이 들었다는 말을 듣고 늙은이와 어린아이를 이끌고 식량을 구하러 가는 사람이 길에 줄을 이어 끊이지 않았다."(세종실록 4/윤12/28) 그러자 각도의 감사와 수령守令들이 그들의 이동을 금지하려 했는데, 세종은 그들이 가는 것을 막지 말라고 지시했다.(세종실록 4/윤12/28) 이동 금지를 주장하는 관리들은 굶주린 사람들이 대규모로 이동하면 곧 그 지역 주민까지 굶주리게 될 것이라고 보았기 때문이다. 예컨대 사간원의 박관朴冠 등에 따르면, "다른 도의

굶주려 떠돌아다니는 사람이 모두 와서 먹을 것을 구하게 되면, 종말에 가서는 다만 떠돌아다니는 사람들만이 먹지 못할 뿐만 아니라, 토착土着하고 있는 사람들까지도 장차 그 굶주림을 면치 못할 것"이라고 말했다.

이 상소는 "한가한 관원의 불필요한 말"(세종실록 5/1/28)이라는 비판을 받았지만, 현지에서는 이와 비슷한 일들이 실제로 일어나고 있었다. 예컨대 평안도의 상원祥原에 사는 12세의 사내아이가 강동江東의 진제장賑濟場에 배가 고파 걸을 수가 없는 지경으로 들어왔는데, 곡식 배분하는 관리는 그 아이를 다른 지역 소속이라 하여 구료하지 않고 소에 태워 다른 진제장으로 떠나보내게 했다.(세종실록 5/7/22) 세종은 책임을 회피하려는 현지 관리들의 안이한 태도를 엄벌하는 한편(세종실록 5/1/19, 05/6/10) 진휼 업적을 수령들의 근무 평정에 반영하도록 했다.(세종실록 19/1/13) 결과적으로 조정의 이런 노력으로 기민의 이동은 허가되었고, "이로 말미암아 고향을 떠나서 떠도는 백성이 비록 많았으나, 굶주려 죽은 사람은 적었다."(세종실록 4/윤12/28)고 한다.

대기근 해결 방안 ③: 구휼 방식의 혁신적 변화

셋째, 구휼 방식의 변형이다. 왕의 방침에 따라 그 당시 관리들은 굶주린 사람들이 어디서 왔는지 묻지 않음은 물론이고, 구휼 담당자를 교체하는 등의 방식을 취했다. 가히 혁신적이라 할 수 있는 이 구휼 방식은 재위 5년 당시 직접 진휼을 지휘했던 안순의 다음과 같은 회고 속에 집약되어 있다.

> ① 심히 야위고 부종浮腫이 난 자는 다른 도의 사람이라 하더라도 회복[蘇復]될 때까지 모두 머물러 두게 하되, ② 남자·여자와 ③ 역질에 걸린 사람은 따로따로 있게 하고 친히 공급하며, ④ 자비심이 있는 중을 뽑아서 그 일을 참예하여 관장하게 하고, ⑤ 감사와 수령이 때 없이 규찰하여, 주린 백성을 많이 살린 자는 아뢰어 포상하게 하고, 그 임무를 충실히 하지 못한 자는 그때그때 곧 죄를 주었다.(세종실록 19/1/2)

여기서 세종시대 구휼 방식의 첫 번째 특징으로 굶주린 사람의 출신 지역을 가리지 않았다는 것을 알 수 있다(①). 다음으로, 남자와 여자를 구분하는 한편 "베로 단삼短衫과 치마를 만들어 옷이 없는 자에게 주었다."(세종실록 19/1/2)는 기록을 통해 비록 기민이지만 인격을 존중하고 최소한의 예를 갖출 수 있게 했음을 알 수 있다. 이로써 비록 굶어 죽더라도 진제장에 나와서 얻어먹는 것은 한사코 기피하던 여염집 부녀들을 포함한 다수의 백성들을 구제할 수 있었다(②). 또한, 환자와 건강한 사람을 별도로 구휼하고 거처하게 함으로써 진휼 과정에서 흔히 발생하는 질병의 감염 위험을 차단했다(③).

황희와 안순의 혁신적 구휼 방식

① 베로 옷 만들어 옷이 없는 자에게 줌
② 선심善心 있는 승려에게 식량 배분케(아전 ×)
③ 병자와 건강한 사람 구분
④ 감사와 수령의 승진 점수도 진휼 정도로(세종실록 19/1/2, 13)

특별히 주목되는 것은 아전이 아니라 승려들에게 음식을 나눠 주게 했다는 사실이다. 예컨대 당시 강원 감사 황희는 강원도 대기근 당시 "선심善心이 있는 승도를 뽑아서 기민을 구제하는 일을 전적으로 담당하게" 했다. 하급 공무원이 아니라 현지의 종교인—내지 오늘날로 말하면 시민 단체—에게 구휼을 전담하게 하여 일의 공평성과 효과를 높인 것이다. 마지막으로, 진휼 과정을 아전이나 승려들에게 맡겨 버리지 않고 관찰사와 수령으로 하여금 수시로 살피게 하는 한편, 진휼 성적을 근무 평정에 반영하되 그 임무를 제대로 수행하지 못한 관리는 처벌하는 상벌 제도를 시행했다(⑤).

마무리

즉위 초년의 세종은 상왕 치하에서 제 역할을 못했다. 부왕인 태종의 그늘 아래 무기력한 꼭두각시 같은 모습을 보였다. 하지만 그는 태종 사망 후 직면한 강원도 대기근 때 제 실력을 발휘하여 신하들과 백성들의 신뢰를 얻었다.

그 방법은 다음 세 가지로 요약 정리할 수 있다. 첫째, 구체적으로 정확하게 현지의 실태를 파악하여 꼭 필요한 구휼 곡식을 꼭 필요한 곳에 제공하게 했다. 둘째, 굶주려 떠도는 백성들 입장에 서서 그들이 원하는 곳에서 구휼을 받을 수 있게 했다. 셋째, 현지의 종교 단체나 시민 단체에게 구휼을 맡게 하여 관리들의 농간을 차단했다.

제2절

위기 극복 사례: 1426년 한양 화재 사건

강원도 대기근 사건을 극복함으로써 일단 고비는 넘겼지만, 세종 정부에 대한 도전은 계속된다. 그 대표적인 것이 재위 8년(1426년) 2월과 3월의 한양 화재 사건이었다. 당시 세종은 강원도 횡성에서 강무 중이었다. 도성에는 왕비만이 몇몇 대신들과 남아 있을 뿐이었다. 화재가 긴박하여 왕비는 "돈과 식량이 들어 있는 창고는 구제할 수 없게 되더라도, 종묘와 창덕궁은 힘을 다하여 구하도록 하라."고 지시할 수밖에 없었다.

화재 발생과 피해 상황

경기도 광주의 사기소 벌판에서 도성의 화재 소식을 들은 세종은 깜짝 놀랐다. 2월 15일에 한성부 남쪽에서 불이 나기 시작해 경시서京市署(시전과 물가 관리 담당 기관) 및 북쪽의 행랑 106칸과 중부의 인가 1,630호, 남부의 350호, 동부의 190호가 연소되었다. 어린이와 노약자 중에 불에 타 재로 변해 버린 경우를 제외한 인명 피해자만 해도 32명이나 되었다는 보고를 받은 세종은 "이번 길은 정말 오고 싶지 않았다."며 옆에

전옥서와 평시서의 위치. '도성대지도'에 표시.

있던 병조판서 조말생을 쳐다보았다. "깊이 후회한다."고도 말했다. 하지만 그날은 너무 늦은 시각이어서 환궁은 다음 날로 미룰 수밖에 없었다. (세종실록 8/2/16)

그러는 사이에 화재가 다시 발생했다. 지금의 종각 근처의 전옥서典獄署(감옥) 서쪽에서 불이 나서 전옥서와 행랑 8칸이 불타고, 불길이 종루에까지 미쳤다. 궁궐에 남아 있던 왕비가 급히 대신과 백관을 지휘하며 화재 진압에 나섰지만, 워낙에 건조한 날씨인 데다 바람까지 거세 삽시간에 불은 서울의 중심부를 잿더미로 만들어 버렸다. 왕비의 말마따나, 종루를 가까스로 구하고 종묘와 창덕궁을 보전한 것만도 천만다행이었다.

화재의 원인

세종을 더욱 당혹스럽게 만든 것은 이번 화재의 배경이었다. 처음엔 좀도둑들이 물건을 훔치려고 밤을 틈타 불을 지르는 것으로 파악되었다. 화재를 당한 집의 절반이 도둑을 맞았고, 불이 번지지 않은 집들도 황급히 대피한 사이에 재산을 다 망실하였기 때문이다. 그러나 이조참판 성엄이 조사한 바에 따르면, 이번 화재의 근본 원인은 화폐 강행에 대한 백성들의 반발에 있었다.(세종실록 8/2/26)

"국용을 넉넉히 하고 민식을 풍족하게" 하기 위해 국가에서는 태종 때부터 저화楮貨나 동전을 사용하도록 했다. 세종 5년(1423년)부터는 특히 '조선통보'라는 동전을 발행해 상거래나 조세 납부의 수단으로 활용하도록 강제하기 시작했다. 하지만 백성들은 한사코 베나 쌀 같은 물품 화폐를 선호했다. "돈은 추울 때 입을 수도 없고 배고플 때 먹을 수도 없다."는 백성들의 생각은 좀처럼 바뀌지 않았다. 정부의 화폐 강행에 저항하여 집 앞 홰나무에 목매 자살하는 사람까지 나왔다.(세종실록 7/8/23; 7/8/24)

조정의 잦은 화폐 정책의 변화도 백성들의 불신을 증폭시켰다. 어느 날 누군가의 제안으로 갑자기 시행되다가 흉년이 들거나, 백성들의 반발이 거세지면 슬그머니 사라지는 화폐 정책은 '따른 사람만 손해'라는 인식을 확산시켰다. 이런 상황에서 조정의 화폐 정책이 효과를 거둘 리 만무했다. 급기야 일 년 전(1425년)부터 조정은 '조선통보'를 사용하지 않고 물물 교환을 하다 발각된 자의 가산을 몰수하는 극약 처방을 내놓았다.(세종실록 7/2/18)

그러나 연이은 흉년 속에 매 끼니를 걱정해야 하는 사람들에게 화폐는 너무 요원한 얘기였다. 게다가 "한 사람의 잘못으로 가족 전체의 가산을 몰수해 온 집안사람을 굶게 하는 것은 분명 지나치다."는 변계량의 지적처럼 백성들에게 화폐법은 악법 그 자체였다. 당시 이 법은 '천하의 몹쓸 법'으로 인식되고 있었는데, 물물 교환 한 사람의 이웃까지 처벌하고, 그 고발자에게 몰수한 가산의 절반을 주게 하는 등의 방법까지도 동원했다. 광흥창 마을의 어떤 사람은 쌀 몇 말을 매매하다가 적발되어 형장을 100대 맞고 수군으로 징병되었는데, 이 때문에 "남녀와 어린아이들이 성 위의 솔밭에 올라가 통곡하기를 그치지 않았다."고 한다.(세종실록 7/6/16)

하지만 세종으로서는 그 법을 쉽게 포기할 수도 없었다. 정책의 잦은 변동에 따른 신뢰의 상실을 우려했기 때문이었다. 다음 세종의 말이 그것을 보여 준다.

> 법을 세우는 것은 백성에게 미더움을 보이는 게[示信於民] 중요한데, 어찌 백성이 좋아하거나 싫어한다 하여 다시 변경하겠는가.(세종실록 8/2/26)

하지만 결국 정부가 다시 물러설 수밖에 없었다. "백성들의 원망이 화기禍機를 불러왔다."는 비난은 무시하더라도, 당장 화재를 입은 사람들의 경우 지원받은 쌀로 의복·식량과 목재·기와 등을 사지 않을 수 없었다. 조정을 원망한 나머지 "무리를 이루어 숯으로 불을 질렀다."는 방화범들의 진술 역시 '어진 정치'를 천명한 세종에게 큰 도전이었다. "비록 백성들에게 유익한 법일지라도 백성들이 모두 싫어한다면 어찌할 수 없다."는 세종의 말에는 실패한 화폐 정책에 대한 아쉬움이 가득 배어 있다.(세종실록 8/2/28)

세종 정부의 대응

그러면 도성 여염집의 1/7에 달하는 2,170호가 불타 버렸고, 각종 창고는 물론 전옥서와 궁궐의 행랑까지 화염에 휩싸이게 했던 "한양에 국도를 세운 지 33년 만의 가장 큰 재난"(세종실록 8/2/26)을 세종은 어떻게 대처했을까?

첫째, 생명 구호 최우선 조치이다. 강무장에서 화재 소식을 들은 세종은 그 자리에서 이재민 구호 조치를 내렸다.

> 화재를 당한 집 수와 인구를 장년과 어린이로 나누어 힘써 구제하여, 굶주리며 곤란을 당하는 사람이 없게 하라.(세종실록 8/2/19)

세종은 구체적으로 화상을 입은 자는 의사로 하여금 치료하게 하고, 사망한 자는 한 사람에 대하여 쌀 1석과 종이와 거적 등의 물품을 주어 장사 지내도록 하라는 지시를 내렸다.

둘째, 일의 우선순위를 정하고 바로 시행하게 했다. 소헌왕후는 왕을 대신해서 도성에 있는 신하를 소집하여 급히 종묘와 창덕궁을 화마로부터 지키라고 명령했다. 건국한 지 30여 년밖에 안된 나라가 국가 상징을 상실할 경우 민심을 추슬러 가며 위기를 극복해 나가기 어렵다고 판단했기 때문이다. 그 판단은 뒤늦게 상경한 세종에게 큰 도움이 되었다. "앞으로 긴급한 일이 생기면 (왕이 있는) 행재소로 달려와 아뢰지 말고, 중궁(왕비)의 명령을 받들어 시행하라."는 세종의 명령이 그것을 말해 준다.

셋째, 화재의 원인을 정확히 파악해 실정에 맞는 화재 방지책들을 수렴했다. 사흘 만에 급거 귀경한 세종은 여러 신료들을 사정전에 불러 "어떻게 하면 좋을지 모두 마음을 다해 건의하라."고 말했다. 이 자리에서 여러 가지 아이디어와 대책들이 쏟아져 나왔다.

대소 신료들은 "서울의 행랑行廊에 방화벽을 쌓고, 일정한 간격의 우물을 파며, 종묘와 대궐 안과 종루에 불 끄는 기계를 설치하자."(세종실록 8/2/19)는 등 수십 가지의 의견을 제시했고, 그 대부분이 채택되었다.

이 중에서 인상적인 것은 대궐 안 화재 진압 장비의 설치인데, 그때까지 궁궐은 화재에 완전히 무방비 상태였다. 한밤중에 불이 나면 급수구가 어디 있는지 사다리는 또 어디서 가져올 것인지, 궁궐 밖의 병사들은 어떻게 들어와 화재를 진압할 것인지에 대한 대책이 세워져 있지 않았다. 따라서 이 사건을 계기로 화재 발생 시 대처 방안을 마련해야 한다는 게 세종의 생각이었다. 그는 총제 이천 등에게 다음과 같이 대비책을 지시했다.

> 근정전이 높아서 만일 화재가 난다면 창졸간에 오르기가 어려울 것이니, 쇠고리를 연쇄連鎖하여 처마 밑에 늘어놓았다가, 화재가 있으면 이를 잡고 오르게 하는 것이 어떻겠느냐?(세종실록 13/1/2)

지금은 사라졌지만, 조선시대 내내 경복궁 근정전 등에 내려진 쇠고리는 화재 진압을 위해 만들어진 '예방 행정'의 증표였다. 세종은 경회루, 사정전, 인정전 등에도 쇠고리를 만들게 했다.

넷째, 제도를 정비해 시스템으로 위기를 관리할 수 있게 했다. 이 점이 세종에게 배울 가장 중요한 점인데, 그는 "화재를 전장하는 기관이 필요하다."(세종실록 8/2/26)는 제안을 받아들여 금화도감을 설치하되, 아예 상설 기관으로 만들었다. 한성부사가 실무를 맡되 병조와 의금부 등 관련 기관의 유기적인 협조 체제를 구하게 했다. 18명의 관리로 조직된 금화도감은 이후 화재 방지를 위한 여러 가지 아이디어를 냈는데, 그중 재미있는 것은 방화범 고발자에 대한 파격적인 혜택이다.

> 불 지르는 사람을 잡아서 고발하는 자가 있을 때에는 양민은 계급을 초월하여 관직으로 상을 주고, 천민은 양민으로 옮겨 주며, 모두 면포 200필을 급여할 것.(세종실록 8/2/25)

양민에게는 관직을 상으로 주고, 천민에게는 양민으로 신분을 옮겨 주는 파격적인 이 '화火파라치' 정책은 방화범 체포에 결정적인 도움을 주기도 했다. 노비 도지가 고발해 화적 진내와 근내를 잡았으며(세종실록 8/6/2) 역시 노비 신분인 서인보가 장의사 집에 숨어 있던 화적 여경을 고발해서 잡게 한 것이 그 예이다. 이들은 모두 면포 2백 필을 받고 양민 신분으로 승격되었다.(세종실록 8/6/9)

아울러 세종은 도성의 도로를 정비하고 가옥 구조를 개선시키는 작업을 진행한다. 한성부가 제안한 도로 정비안을 받아들여 "성내의 도로를 넓게 사방으로 통하게 만들도록" 한 것이다. 흥미로운 것은 도로의 규모를 《주례》라는 고전에 있는 내용을 모델로 삼아 국제적인 규모로 도로를 재정비한 것이다. 이와 동시에 추진된 것이 초가를 개량하여 기와집으로 바꾸는 사업이었다.

아울러 세종은 이 사업을 관장할 실무 책임자를 장기간 투입시켰다.(세종실록 13/4/3) 실무자의 잦은 교체는 사업의 애초 취지를 왜곡시키고 책임의 소재를 불분명하게 해 일의 공효를 거두지 못하게 한다고 보았기 때문이다. 조정의 기와 장려 정책 역시 도성에 즐비하던 초가가 많이 줄고 차츰 기와집으로 바뀌게 되는 촉진제가 되었다.

여기서 보듯이, 세종은 도성 화재라는 사건을 계기로 화재 방지를 위한 각종 대책을 마련했다. 소방 방재청인 금화도감이라는 제도를 창설했으며, 도성의 도로를 정비하고 가옥을 개선시켰다. 그야말로 시스템을 총체적으로 개혁하는 작업을 진행한 것이다. 그리고 이 같은 세종의 위기 극복 리더십이 있었기에 "주작 대로에 기와집 즐비한" 위풍당당한 수도 한양이 태어날 수 있었다.

마무리

재위 초반 두 가지 큰 위기에 대처하는 세종 리더십의 특징은 임시방편을 넘어서 제도화의 단계로 나아갔다는 점이다. 강원도 대기근을 겪으면서 '농사직설 프로젝트'를 추진하여 선진 농법 시스템을 구축한 것이 그 한 예이다. 한양 화재 사건 때도 세종은 생명 구호라는 긴급한 조치를 취한 후, 어전 회의에서 좋은 아이디어를 수렴해 전담 기구(금화도감)를 만들고 도성의 도로와 지붕을 전면 개량하는 쪽으로 나아갔다.

그뿐 아니다. 세종은 보다 근본적인 민생 문제 해결을 위해 경작지를 확장하는 한편 조선의 기후와 토지에 맞는 농법을 발전시켜 나갔다. 간척지를 대폭 개간하여 절대 농지를 확보한 것인데, 이를 위해 부호가富豪家들이 서류상으로만 차지하고[立案] 있는 황무지를 농민들이 개간할 수 있게 하는(세종실록 2/11/5) 등 농지 개간자에게 각종 혜택을 베풀었다. 개간지의 소유권 및 이용권에서도 세종은 파격적인 조치를 취했다. 전라도 보성寶城에 속한 도화道化 등 섬이나 해안 지역을 외적으로부터 보호받으며 경작할 수 있게 했다.(세종실록 15/6/27) 그 결과 세종 10년에 이르면 "전라도에 묵은 황무지가 많더니… 호수와 인구가 매우 번성하고, 산림과 초목이 우거진 늪이 죄다 개간 경작되었다."(세종실록 10/윤4/11)는 보고가 들어올 정도로 진황지의 개간이 진척되는 성과를 거두었다. 세종시대에 들어서 세 배 이상의 국가 생산량 증대라는 성과, 즉 고려 말부터 세종 중반기까지 50만 결이던 전결田結 수가 세종 14년(1432년)이 되면 167만여 결에 이르게 된 것은 그런 노력의 결실이었다.

세종리더십 실천

《세종실록》을 보면서 놀란 것은 세종이 부족한 국가 재정을 만회하기 위해서 자기 가족의 재산을 국가에 헌납한 사실이다. '병진 대기근', 즉 재위 18년의 경제 위기로 나라 살림이 어려워지자 세종은 그 이듬해에 승정원에게 국왕 가족의 재산을 축소하라고 지시한다. "하늘의 재앙[天災]과 땅의 이변[地異]의 있고 없는 것은 인력으로 할 수 없는 것이지마는, 배포 조치를 잘하고 못하는 것은 사람의 힘으로 다할 수 있는 것"이니, 사람의 힘으로 할 수 있는 것으로서 왕의 친아들과 친손자가 보유한 토지에서 받아 갈 연봉[年俸=科田]을 크게 줄이라는 것이었다. 세종은 신하들의 반대를 물리치고 수양대군 등 대군들의 연봉을 50결씩 줄이고, 부마 연창군 등은 30결씩 줄일 것을 지시한다. 아울러 세종은 차후로 "대군(大君, 왕의 적자)의 밭은 250결에 지나지 말게 하고, 여러 군(君, 왕의 서자)의 밭은 180결에 그치게" 하는 것을 영구적으로 법제화시켰다.(세종실록 19/1/12)

여기서 주목되는 것은 세종의 정치에 대한 생각과 일하는 방식이다. 그는 "하늘의 재변은 인력人力으로 어찌할 수 없으나, 사람의 힘이 미치는 데까지는 심력을 다해야 한다."고 했다. 사람이 할 수 있는 방법으로 이른바 세종시대판 노블레스 오블리주를 실천하는가 하면, 농토를 개간하게 하였다.

읽을 거리

애경 영등포 공장 화재 사건[1]

1959년 6월, 23세의 장연신은 우리나라 화학 공업의 효시라고 할 수 있는 애경유지공업 창업자 채몽인과 결혼하고 평범한 주부의 길을 선택하였다. 그러나 결혼한 지 11년 만인 1970년 7월 남편이 갑자기 사망했다. 그녀는 당시 낳은 지 사흘밖에 안 된 갓난아기를 포함해 네 아이의 어머니로서 불행과 절망에 빠져들었다. 그러나 남편이 타계한 1주기가 된 1971년 7월 회사 경영에 직접 참여하기로 결심하였다.

그로부터 7년 후인 1978년 7월 8일 토요일 밤 9시 영등포 공장 화재는 장연신 사장에게 크나큰 도전이었다. 그런데 그때 현장 직원들이 오로지 회사의 재산을 보호하겠다는 일념으로 불길 속으로 뛰어들었다. 그들은 위급한 상황에서도 질서를 유지하면서 설비를 옮기는 등 헌신해주었다. 또한 화재 소식을 듣고 단숨에 달려온 전국 각지의 직원들과 거래처 인사들, 그리고 방계 회사의 임직원들까지도 같이 밤을 지새우며 사후 대책을 마련했다. 장연신 사장은 회사가 화재로 큰 손실을 보았음에도 불구하고 화재가 수습된 후 특별 상여금을 지급했다. 또한 임금 인상을 단행함으로써 임직원들에게 고마움을 표시하였다. 이 일은 애경유지공업 노동조합은 물론 동종 업계의 모범적인 위기 극복 사례가 되었다. 애경은 영등포 공장 화재 사건 이후 기록적인 판매 신장을 거듭했다.

1 《애경 50년사》, 2004, 154~156쪽.

제9장

[정도]

공정한 판단과 인의仁義로운 판결

| 학습 내용 |

- 형벌에 대한 세종의 생각
- '형옥지변'에서 말하는, 법 맡은 관리의 7계명
- 평양 대성산 사건과 세종의 진성 리더십

| 학습 목표 |

- 첫째, 불법적인 조직이 오래가지 못하고, 스스로 무너지는 것은 사람 마음속의 떳떳한 생각(병이지성秉彝之性)을 어기기 때문이라는 점을 안다.
- 둘째, 세종이 형벌과 감옥 제도에 대해 적극적인 자세로 개선시켜 '감옥을 텅 비게 하는 나라'를 만들려 했던 것을 알고, 우리 주변의 부정과 불법 행위를 근절시키기 위해 노력한다.
- 셋째, '법 맡은 관리가 지켜야 할 7계명'을 알고, 현명한 판단을 내리는 데 활용할 수 있다.

| 요점 |

- '보이지 않는 곳에서라도 백성을 속이지 않겠다'는 세종의 진실된 자세가 결과적으로 신하들과 백성들의 마음을 움직이는 힘이 되었음.(정도 경영의 저력)

제 1 절

생생지락의 조건, 떳떳한 직장

마피아 같은 불법 조직에서 일하는 것을 생각해 본 적 있는가? 어찌 보면 조폭만큼 효율적이고 단결력이 강한 조직도 없을 것이다. 두목의 눈짓 하나면 모든 게 즉시즉시 해결되고 조직원끼리는 형제처럼 똘똘 뭉친 조직이다. 하지만 사람들이 마피아 같은 조폭 구성원이 되는 걸 몹시 꺼리는 까닭은 무엇일까?

여러 가지 이유가 있겠지만, 가장 중요한 이유는 아마도 그것이 정당하지 않은 조직이기 때문일 것이다. 정당하지 않은 조직이란 '사람들 누구나의 마음속에 간직하고 있는 밝고 떳떳한 생각' 즉, 병이지성秉彝之性에 어긋나는 일을 구성원들에게 시키는 조직을 말한다. 동양 고전에 자주 나오는 '병이지성'이야말로 불법적인 조직에서 신명 나게 일할 수 없게 만드는 요소라고 할 수 있다.

세종께서 재위 5년에 '생생지락'이라는 비전을 제시하면서, 떳떳한 국가 만들기를 강조한 것은 바로 그런 맥락에서 이해할 수 있다. '전국 방방곡곡에 억울하고 원통한 사람이 하나도 없는 나라'일 때 일터에서 신명 나게 일하는 '생생지락'도 가능하다는 말, 그리고 '감옥이 텅 비는 나라'를 만들어 보자는 말이 그것이다.

여기에서는 어떻게 하면 내가 속한 조직이나, 우리 회사를 바르고 당당한 공동체로 만들어서 구성원들로 하여금 자부심을 갖게 할 것인지를 세종의 재판 판결 사례를 통해 살펴보고자 한다.

'형벌'에 대한 세종의 생각

《세종실록》에서 형벌에 대한 기록을 찾는 것은 어렵지 않다. 거의 매 쪽마다 살인 상해 사건, 강간 강도 사건이 나온다. 예나 지금이나 사람 사는 곳엔 범죄가 있고, 범죄자들을 처벌하는 법과 형벌이 존재하기 마련이다. 《세종실록》에서 세종의 법과 형벌에 대한 생각을 읽을 수 있는 기사는 약 100여 건이고, 사죄 죄수, 즉 사형죄에 해당하는 죄수를 판결한 것은 536건이다.

| 표 9.1 | 세종의 사죄死罪 판결

범죄	살인	구타 살상	절도	강도	강간	도둑질	월경	합계(%)
사형	210	111	67	58	11	7	1	465(87%)
감형	28	33	2	3	2	3	0	71(13%)
합계(%)	238(44)	144(27)	69(13)	61(11)	13(2)	10(2)	1(0)	536(100%)

* 연평균 32건 판결, 관형 판결 71건(13%)

이 중에서 형벌 내리는 것의 정치적 의미를 언급한 100여 건의 기사를 관통하는 내용을 말한다면 다음 세 가지로 요약할 수 있다.

첫째, 국가에서 형벌을 쓰는 것은 '기우무형期于無刑', 즉 '죄짓는 자가 없어지기를 기약'하기 위해서라는 생각이다.(세종실록 6/8/21) 세종은 "옛날 어진 임금들이 형벌을 쓴 이유는 장차 형벌 쓸 일이 없어지기를 기약하기 위함"(세종실록 6/8/21)이라면서, 재판을 공정하게 내리고 형벌을 정확하게 집행하는 것의 중요성을 강조하곤 했다.

세종은 형벌 쓰는 것을 덕으로 교화를 이루는 정치의 보조 수단으로 보았지만, 결코 형벌 제도를 경시하거나 소극적으로 간주하지는 않았다. 그보다는 오히려 적극적으로 감옥을 개선하고 재판 과정을 공정하게 만들어서 억울하게 죽거나 원통한 판결을 받지 않으며, 나아가 죄수로 하여금 스스로 새로워지는 사법 행정을 닦아 가려 했다. 그리고 그를 통해서 궁극적으로 형벌 제도 자체가 없어지는 나라를 만들려고 했다.

재위 7년(1425년)에 세종은 "옥이란 것은 죄 있는 자를 징계하자는 것이요, 본의가 사람을 죽게 하자는 것이 아니다."라면서, 한때 죄를 지어 감옥에 들어온 사람이라 할지라도 그들이 그 죄 때문에 처형되지 않고 불합리한 감옥 행정이나 시설 때문에 목숨을 잃어서는 안 된다고 말했다. 그가 지은 범죄 자체는 밉고 나쁜 것이지만, 그렇다고 해서 죄지은 사람 자체를 미워하거나 부당하게 처벌해서는 안 되기 때문이었다. 그런데도 감옥 일을 담당한 관원들은 "마음을 써서 고찰하지 아니하여 심한 추위와 찌는 더위에 사람을 가두어 두어 질병에 걸리게 하고, 혹은 얼고 주려서 비명에 죽게 하는 일이" 있었다. 세종에 따르면 이것은 형벌 제도의 목적인 '형벌을 통해 다스림을 이룩'하는 형이보치刑以輔治의 취지로부터 동떨어진 행동이었다.

"죄는 미워해도 사람은 미워해서는 안 된다."는 말이 있다. 이 말을 세종식으로 풀어보자면 그것은, 아무리 흉악한 죄를 저지른 자라 할시라도 법에 정해진 대로 처형할 때까지는 그 죄수의 인권을 함부로 침해해서는 안 된다는 뜻이다('미워하거나 미워하지 말아야 할' 주체는 피해자나 그 가족이 아니라 법 맡은 관리임에 유의). 이를 위해서 세종은 감옥 맡은 관리들에게 날마다 감옥 시설을 "몸소 상고하고 살피며 옥내를 수리하고 쓸어서 늘 정결하게 할 것이요, 질병 있는 죄수는 약을 주어 구호하고 치료하라." 라고 지시했다.(세종실록 7/5/1) 하지만 왕의 이런 당부와 규찰 지시— "그중에 마음을 써서 거행하지 않는 자는 서울 안에서는 사헌부에서, 외방에서는 관찰사가 엄격히 규찰하여 다스리게 하라."—에도 불구하고, 감옥에 대한 관리들의 태도는 잘 바뀌지 않는 듯하다. 이는 그로부터 12년이 지난 재위 19년(1437년)에 내린 왕의 '의문사 방지 규정' 마련 지시에서 알 수 있다.

> 옥獄이라는 것은 본래 악한 것을 징계하자는 것이요, 사람을 죽게 만드는 것이 아니다. (…) 지금부터 서울 안의 옥에 갇힌 죄수[獄囚]로서 죽은 자가 있거든 죄의 경중을 분별할 것 없이 모두 다 사연을 갖추어 아뢰라. 외방에서는 다만 죄수로서 죽은 자에 대해 형조에만 보고하고 (왕에게) 계달하지 아니하니, 서울과 지방의 법이 달라 실로 온당치가 못하다. 지금부터는 지방의 죄수로서 사형을 받은[致死] 자도 또한 경중을 불문하고 본범의 죄명과 처음에 가둔 월일과 병에 걸린 일시와 치료한 약과 병 증세와 신문할 때 때린 매질[訊杖]의 횟수와 죽은 일시를 갖추어 기록하여 형조에 문서를 넘겨주고, 또 따로 (내게) 보고하되 그것을 항식으로 만들라.(세종실록 19/1/23)

여기서 세종은 감옥 제도의 원래 설립 목적을 말하고, 이어서 백성이 억울하게 죽는 일이 없도록 기록으로 남기라고 지시하고 있다. 지방 감옥의 죄수들까지도 감옥에서 죽은 것에 대해서는 자세히 기록해 보고하게 함으로써 관리 소홀로 인해 — 정당한 죗값을 받는 것으로서의 사형이 아니라 — 죽거나 병들지 않게 하라고 엄중히 지시하고 있는 것이다.

따라서 죄수들이 자기 죄를 깊이 깨우치고 고치려는 자세를 보일 때 기회를 주려고 했다. 세종은 종종 사면령을 내리곤 했는데, 그에 따르면 나라에서 사면을 단행하는 것은 한때 죄를 지어 감옥에 갇힌 사람들로 하여금 '스스로 새로움을 열어 가게' 하는 기회를 주기 위함이었다.

"사면이란 것은 어진 정치를 하려는 임금의 뜻을 선포하고 더러움[瑕疵]을 씻어 내어 스스로 새로움을 열어 가는 길이다."(세종실록 4/2/5)라는 말이 그것이다. 비록 죄를 지어 감옥에 들어온 사람이라 할지라도 그들 스스로 반성해서 새사람이 되어 나가도록 교도敎導 행정을 펼쳐 나가야 한다는 것이었다. 또한 그럴 때 궁극적으로는 형벌 제도 자체가 불필요해질 것이라는 게 세종의 생각이었다.

둘째, 세종은 백성들에게 넘지 말아야 할 경계선을 명확히 알려주되, 그 선을 넘은 자에 대해서는 엄형에 처했다. 형벌 제도 자체가 불필요해지기 위해서는 백성들이 우선 법을 알아야 한다는 게 세종의 생각이었다. 재위 중반에 허조에게 언급한 "못 배운 사람들로 하여금 범죄를 피할 줄 알게 하겠다."는 말이 그것이다.(세종실록 14/11/7) 백성들에게 법을 알게 해서 스스로 범죄를 피하게 하겠다는 세종의 신념은 일관되게 나타난다.

물론 세종도 법률의 난해함을 알고 있었다. "율문이란 것이 한문과 이두로 복잡하게 쓰여 있어서 비록 관리라 하더라도 모두 알기가 어렵다."는 말이 그것이다. 관리 중에 정통한 자를 가려서 따로 《대명률》 등의 글을 강습시키라고 지시한 것이나(세종실록 8/10/27) 《지정조격》 등 법률 서적을 신하들에게 배포한 일(세종실록 16/12/28) 금령의 조문을 33가지로 요약하여 광화문 밖과 도성의 각 문과 종루 등지에 걸어서 다 알 수 있게 한 것은 그런 맥락에서 나온 조치였다.(세종실록 11/2/5)

재위 13년 6월에 과거의 판결 사례를 열거하면서 신중한 감옥 행정의 중요성을 강조한 것은 그러한 생각의 연장선상에 있다. 세종의 이른바 '형옥의 변[刑獄之變]'은 한자로 3,844자로 되어 있는데, 중국과 우리나라의 11건의 재판 판결 사례를 열거하고 있다. '형옥의 변'에서 세종은 "옥사란 것은 사람의 사생이 매인 것인데 매질하는 밑에서는 무엇을 요구하여도 얻지 못할 것이 없다."고 말했다.

그런데 매질로 자백을 받아서, 죄가 있는 자를 다행히 면하게 하고, 죄가 없는 자를 허물에 빠지게 하면, 사람들은 원망을 머금고 억울함을 가지게 되는데, 그것은 결국 "천지의 화기를 상하게 하고, 수재와 한재를 부르게 된다."는 게 세종의 생각이었다.(세종실록 13/6/2)

세종은 잘못된 판결의 예로 중국 진晉나라 임치현의 한 과부 며느리의 예를 들었다. 즉 진나라 임치현에 살았던 과부 며느리에게 시어머니가 재혼하라고 했지만 절개를 지키기 위해 이를 듣지 않자 시어머니가 근심하여 자살하고 말았다. 그러자 친척들은 며느리가 시어머니를 죽였다고 고발하였고, 국문이 시작되자 며느리는 고통을 참지 못하고 거짓 자백하였다. 때마침 조터曹攄라는 사람이 그 지역의 현령으로 부임하여 그 억울함을 알고 다시 조사하여 과부의 결백함을 입증하였다는 이야기이다. 세종은 임치현의 과부 며느리로부터, 우리나라 서울 수구문 밖 막산의 무고 사건까지 억울한 11개 재판을 열거하면서 이렇게 말했다.

> 슬프도다. 죽은 자는 다시 살아날 수 없고, 형벌로 수족이 끊어진 자는 다시 이을 수 없으니, 진실로 한 번 실수하면 후회한들 미칠 수

있으랴. 이것이 내가 밤낮으로 불쌍히 여기어 잠시라도 마음속에 잊지 못하는 것이다. (세종실록 13/6/2)

《삼강행실도》를 편찬 간행해서 백성들에게 널리 알린 것도 같은 맥락에서 이해할 수 있다. 그는 백성들에게 넘지 말아야 할 선을《삼강행실도》 등을 통해서 자세히 알리되, 그럼에도 죄를 지은 자에게는 자기의 죄를 인식하게 하고, 최종적으로는 거의 예외 없이 엄형, 즉 사형을 선고했다. 그 이유에 대해서 이렇게 말했다.

죽는 자로 하여금 구천에서 원한을 품지 않게 하고, 산 자로 하여금 마음속에 한탄을 품지 않게 하여 모든 사람의 심정이 서로 기뻐하여 감옥에 죄수가 없게 하고, 화합하는 기운이 널리 펴져서 비 오고 볕 나는 것이 시기에 순조롭게 될 것이다. (세종실록 13/6/2)

공정한 재판과 올바른 형벌 집행이란, 죽은 사람 마음속에 원한이 없게 하는 것이고, 살아 있는 가족 등에게도 한탄하지 않게 하는 것이라는 세종의 말이 인상적이다.

마무리

세종은 원통하거나 억울한 사람 없게 만드는 것이 생생지락 하는 나라 만드는 것의 요체라고 보고 공정한 재판과 정확한 형벌 집행을 강조하곤 했다. 그는 법을 맡은 관리들에게 하늘을 두려워하고 피의자를 불쌍히 여기는 마음으로 판결을 내릴 것을 누차 강조했다. 감옥 시설을 개선하고 재판 과정을 공정하게 만들어서 원통한 사람을 최소화하되,

일단 유죄가 확정되었다 하더라도, 스스로 반성하고 고치려는 노력을 보이는 죄수들에게는 사면을 베풀어 스스로 새로워질 기회를 주곤 했다. 무엇보다 그는 백성들에게 법으로 금지하는 내용을 미리 알게 하여 스스로 피하도록 했다. 그렇게 해서 '형벌 제도 자체가 장차 없는 나라'를 만들 것을 기약했다.

세종시대의 많은 관리들과 백성들이 "그의 치세 30여 년 동안 즐겁게 생업에 종사했다."고 회상한 것은 바로 그들의 나라가 정당한 나라였고, 사람들 마음속의 밝고 떳떳한 생각을 존중하는 정의로운 나라였음을 보여 준다. 우리들도 일의 효율성 못지않게, 조직을 정의롭게 만드는 일에 각별한 마음을 쏟아야 하지 않을까 생각한다. 종종 언론지상에 나오는 기업이나 공공 조직의 비리 사건을 통해 보듯이, 불법적이거나 부당한 행동은 비단 조직의 불행일뿐더러 개인의 불행으로 이어진다. 조직 내에서 알게 모르게 행해질 수 있는 불법 부당함을 과감히 지적하고 고쳐나갈 수 있는 용기가 곧 조직 전체를 살린다는 것을 많은 역사 사례를 통해 알 수 있다.

제2절

재판 판결 사례: 평양 대성산 떼강도 탈출 사건

조직 내의 불법 거래나 부당한 행동을 막아 내기란 결코 쉬운 일이 아니다. 정당한 내부고발whisle blowing이라 하더라도 그것은 곧 조직 전체를 해치는 것으로 간주되기 쉽다. 특히 상사의 불법을 간언하여 바로잡는다는 것은 회사에서 쫓겨날 각오를 하지 않으면 좀처럼 하기 어려운 일이다. 그러나 그런 용기 있는 조직원이 있을 때, 회사 전체가 불법의 수렁에 빠져 가는 것을 미연에 방지할 수 있다. 그런 용기 있는 직원, 정당한 조직 문화를 가꾸기 위해서는 무엇을 어떻게 해야 할까?

세종은 재위 13년이 되는 1431년에 '형옥지변'에서 법 맡은 관리가 지켜야 할 7계명을 말하고 있다. 즉 '원한과 한탄 없는 판결'을 위해서는 법관이 '정밀 명백하고 공평한 마음'에 입각하여 다음 사항을 실천해야 한다는 것인데, 정도正道 경영을 위한 세종의 7계명이라 할 수 있겠다.

① 그 첫째는 자기 의견에 구애되지 않기[無拘於一己之見], ② 둘째는 선입된 말에 묶이지 말기[無主於先入之辭], ③ 셋째, 부화뇌동 않기[毋雷同而効轍], ④ 넷째, 옛날 방식에 구애되지 말기[毋苟且以因循], ⑤ 다섯째, 죄수의 쉬운 자복을 기뻐하지 않기[勿喜囚人之易服], ⑥ 여

섯째, 판결서(判決書=獄辭) 빨리 만들려 하지 말기[勿要獄辭之速成], ⑦ 일곱째, 다방면으로 따져 보고 되풀이해서 구해 낼 방도를 찾기[多方以詰之 反覆以求之]이다.

이 7계명이야말로 세종이 말하는 정도 경영의 요체라 할 수 있다. 이 중에서 일곱 번째의 '다방면으로 따져 보고 되풀이해서 구해 낼 방도를 찾기'가 매우 인상적이다. 앞의 6가지가 모두 하지 말라는 금지의 계명인 데 비해, 마지막 이것만은 권장의 계명이다. 무엇보다 이 계명은 세종의 인의仁義 경영, 즉 차마 하지 못하는 마음으로 피의자와 죄수를 대하라는 세종의 법철학이 담겨 있다.

'차마 하지 못하는 마음'으로 판결을 내리는 세종의 인의로운 태도는 많은 재판의 판결에서 드러났다. 죄수의 나이가 아주 많거나 어릴 경우 세종은 '차마 할 수 없는 마음'을 베풀어 관대한 형벌을 내렸다. 15세 이하와 70세 이상의 사람들에게는 "비록 사죄를 지었다 하더라도 구속하거나 고문하지 말고, 여러 사람의 증언에 의거해 죄를 결정하라."고 했다.(세종실록 12/11/27)

재위 27년에 11세 소년을 처벌에서 제외한 것(세종실록 27/3/11) 등이 그 예이다. 특히 그는 "어린 자는 뒤에 허물을 고칠 수 있고, 늙은이는 여생餘生이 얼마 남지 아니한 자이니, 다 자자刺字하는 것은 마땅하지 않다."(세종실록 11/7/30)라고 하여, 자자하는 벌, 즉 얼굴에 문신을 새겨 넣는 벌을 어린이와 노인에게는 금지했다.

세종은 또한 백성들이 잘 모르고 죄를 저지르거나, 규정이 만들어지기 전의 잘못으로 처벌하는 것을 반대했다. 세종시대판 죄형 법정주의인 셈이다. 재위 18년(1436년)에 사헌부는 "귀신을 공중空中으로 불러서 사람이 말하는 것과 같이 하여 사람들을 현혹眩惑시키는" 요망한 무당을 죽여야 한다고 말했다. 그러자 세종은 "사건에 앞서 금지하는 법을 세우지 아니하고 갑작스레 하루아침에 법으로 처치하는 것은 불가하다."면서 그들을 서울 밖으로 쫓아내고, 또 금지하는 법을 세워 그 폐단을 막으라고 판결했다.(세종실록 18/5/12)

이처럼 죄형 법정주의 생각은 비단 왕에게만 있었던 것은 아니었다. 세종 재위 22년 11월에 대사헌 조박趙璞은 자기 휘하의 사헌부 관리 안순에게 죄지은 궁녀를 처형하라고 지시했다. 그러나 안순은 "사헌부는 법을 잡고 있는 관청[司]이지, 사람에게 형벌을 가하는 관청이 아닙니다. 또한 그 죄를 밝히지 않고 죽이는 것은 불가합니다."라고 반대 의견을 냈다.

그러자 조박은 "이것은 성상의 어명"이라고 말했다. '왕명'이라는 권위를 빌려 부하 직원을 압박한 것이다. 하지만 안순은 다시 "인명은 지극히 중한 것이고, 죽으면 다시 살아나지 못합니다. 그 죄를 알지 못하고 극형에 처하는 것은 옳지 않습니다. 마땅히 담당 기관[攸司]에 회부하여 먼저 그 죄를 밝히십시오."라고 항명했다. 그러자 조박은 화를 내며 임금에게 이 사실을 일러바쳤는데, 뜻밖에도 세종은 오히려 안순을 옳게 여겨 형조에게 궁녀의 혐의 사실을 먼저 조사하라고 했다.(세종실록 22/11/28)

물론 세종이 관대한 판결만 내린 것은 아니었다. 《세종실록》에 기록된 사죄 판결, 즉 사형에 처할 수 있는 죄인에 대한 판결을 조사해 보면 약 536건이 나오는데, 세종이 감형 판결을 내린 경우는 70건으로 13%에 불과하다. 이것은 조선 후기의 정조가 매우 적게, 즉 3.2%만 사형 판결을 내리고 대부분 관대한 판결을 내린 것과 대조를 이룬다. 그 이유는 정조가 탕평책의 일환으로 당쟁의 와중에서 사죄에 걸린 정치범에 대해서 관대한 판결을 내린 데 반해, 세종은 건국한 지 채 얼마 안 된 '수성기守成期'의 군주로서, 나라에서 엄히 금하는 것을 백성들에게 분명히 알려 주되 그것을 넘어섰을 경우 어김없이 처형함으로써 국가의 기강을 세우려 했기 때문이다.

세종과 정조의 판결 비교

- 연평균 판결 건수: 세종(32건) < 정조(93건)
- 관형 판결 건수: 세종(71건, 13%) < 정조(1,076건, 74.8%)

세종은 특히 웃어른이나 친척에 대한 범죄, 공권력을 이용해 국가 재산을 훔친 경우는 가중 처벌을 하였다. 장모와 간통한 자를 참형시킨 경우나(세종실록 5/10/27) 아비의 첩과 간통하고 살인한 자와 숙부를 구타 살해한 자를 능지처참시킨 것(세종실록 14/4/20, 26/10/21), 아비의 머리를 잡고 구타한 자를 참형시킨 것 등이 그 예이다.

세종은 또한 범죄 혐의자가 공권력에 대항한 경우나, 고위 공직자일 경우도 엄형에 처했다. 살인을 저지른 후에 체포를 거부한 이준경, 김독동 등의 사례(세종실록 30/10/11, 31/10/5)나, 체포에 항거하다가 살인한 사노私奴 와도臥道의 사례(세종실록 27/3/23)에서 보듯이 공권력에 저항하면 대부분 참형斬刑에 처해졌다.

그 범죄자가 중요한 관직자인 경우 훨씬 무거운 처벌을 받았다. 왕의 비서실장 격인 지신사 조서로의 간통 사실을 보고받은 세종이 "지신사는 그 직분이 (왕명의) 출납을 맡았으니, 그 임무가 지극히 무겁거늘, 이제 그 죄가 강상을 범했으니 용서할 수 없다."면서 경상도 영일로 유배를 보낸 것이 그 예이다.(세종실록 5/10/8)

이야기 하나: 평양 대성산 떼강도 탈출 사건

세종의 국가 경영에서 일관되게 발견되는 특징이 있다. 그것은 재판 판결에서도 나타나는데, 진실된 마음으로 신하들을 대하는 태도가 그것이다. '평양 대성산 떼강도 탈출 사건'이 그 좋은 예이다.

세종 재위 29년째인 1447년 2월, 평양의 감옥에 갇혀 있던 20여 명의 무장한 떼강도들이 관청의 아전과 관노의 도움을 얻어 집단 탈출하는 사태가 발생했다. 몇 년째 계속되는 흉년으로 먹고살기 힘들어진 백성들이 대성산을 소굴로 삼고 있는 것을, 조정에서 거듭 명령하여 체포한 지 1년 만에 발생한 사건이었다.(세종실록 29/3/19) 조정에서 해당 관리를 처벌하고, 다시 도적 떼들을 체포하여 조사한 바에 따르면, 일부는 도망하거나 탈옥 도중에 사망했다. 평양의 형방 주사 손효숭은 많은 뇌물을 받고 도적 떼에게 정보를 제공한 사실도 드러났다.

조정에서 논란이 된 것은, 도망가다 잡힌 나이 어린 죄수들을 어떻게 처리할 것인가였다. 형을 따라 입산했다가 도적의 무리가 된 13세의 이영산과, 18세 먹은 김춘과 은산에 대해서는 특별히 참형을 면해 주면 어떻겠느냐고 세종이 제안했다. 그러자 조정의 관리들은 한결같이 반대했다. 사람이 악한 짓을 하는 것은 반드시 장년만이 아니며, 당나라의 사례에서도 보듯이 13세나 15세의 도적은 얼마든지 사람을 죽일 수 있으니, 모두 법대로 처형해야 한다는 것이었다. 영의정 황희까지도 참형을 강력히 주장하자 세종은 마지못해 참형을 허락했다. 하지만 그는 곧 "이제 다시 생각한즉 죽이는 것은 불가하다."면서 사형 집행을 거절했다. 그때 의정부 관리가 아주 그럴싸한 제안을 했다. 평안도에 두 개의 명령, 즉 죄수들을 법대로 처형하라는 명령과 나이 어린 이영산 등은 사면해 주라는 명령을 순차적으로 내리라는 것이었다.

“이렇게 하면, (사면해 주라는 국왕의) 교지가 필시 처결한 후에 도달되도록 하여” 처결을 집행한 후 왕의 사면령을 널리 알리겠다는 게 의정부 관리의 말이었다. 그러면 “아래 백성들은 전하의 살리기 좋아하시는 덕을 잘 알게 될 것이고, 법도 또한 어그러짐이 없게 될 것”이었다. 참으로 솔깃한 제안이었지만 세종의 판단은 달랐다.

> 임금으로서 아랫사람을 이렇게 교묘하게 속이는 것은 옳지 않다
> [人主待下 不可若是其巧也]. (세종실록 29/5/12)

“그렇게 공교롭게 속여서 인심을 얻은들 무슨 소용이 있겠느냐”는 이 말 속에 세종의 마음이 단적으로 드러나 있다. 백성들이 보지 않는다 하여도 내가 그들을 속여서는 안 된다는 이러한 의지 덕분에, 13세의 이영산 등은 생명을 건질 수 있었다.

마무리

세종은 ‘차마 하지 못하는 마음’ 즉 피의자 내지 죄수의 입장에 서서 판결을 내리고, 악질적인 범죄가 아닌 경우는 재활의 기회를 주었다.

“사람의 오장은 모두 등과 가까운 자리에 있기 때문에 등을 다쳐서 죽는 사람이 흔히 있다. 그러므로 일찍이 법을 세워서 등에는 매질을 하지 못하게 하였다. 그러나 관리가 분노를 참지 못하여 공공연히 등에 매질을 하고, 또 개인 집에서 고문을 집행할 때에 대체로 등을 때리는 일이 많아서 사람의 생명을 상당히 해치고 있으니 정말 마음 아픈 일이

다. 지금부터는 중앙과 지방의 관리나 그 외 누구든지 어린 사람이나 노비를 고문할 때에 등에는 매를 때리지 못하게 하여, 내가 백성에게 형을 집행하는 데 조심하는 취지에 부합되게 하라."(세종실록 12/11/21)는 말은 그의 어진 마음을 단적으로 보여 준다. 감옥의 죄수처럼 나라에서 가장 열악한 위치에 있는 사람의 처지를 헤아려, 혹시라도 관리들의 잘못으로 그의 생명이 손상될 것을 우려하는 '어진 마음'을 가지고 있었던 것이다.

구성원 중에서 취약한 위치에 있는 사람을 보살피는 마음을 가질 때 그 회사는 건강한 조직으로, 존경받는 회사로 자리 잡게 된다. 아울러 그 회사의 품격이 높아져서 고객들도 그 회사의 상품을 구입한 사례가 많다.

특히 '평양 대성산 떼강도 탈출 사건'에서 보듯이, 세종은 왕의 체면도 살리고 법령도 집행하는 '권도權道(임기응변의 수단)를 발휘'하라는 교묘한 유혹을 물리치고, 나이 어린 죄수에게 재생의 길을 열어 주는 어진 판결을 고수했다. 특히 '백성 속이는 결정을 내릴 수 없다'는 세종의 진실된 태도는 주변의 많은 관리들에게 '나중에 혹시라도 내가 저들처럼 형벌을 받아야 하는 죄수의 처지에 선다 하더라도, 우리 임금은 지금과 똑같은 태도를 보이겠구나.' 하는 큰 신뢰감을 주었을 것으로 판단된다.

진실된 리더의 마음이야말로 구성원들을 감동시키는 제일 원리이며, 그 진실성은 전염성을 가지고 조직의 문화를 화기로우면서도 정당하게 만들어 준다. 진실되고 정당한 리더의 태도가 정도 경영의 핵심인 것이다.

세종리더십 실천

세종은 국격國格, 즉 나라의 품격을 끌어올리기 위해서는 우선 백성들로부터 존경받는 나라가 되어야 한다고 생각했다. 우리나라가 올바르고 정당한 나라라는 마음을 가질 때, 자부심도 생기고 국가에서 하는 일에 자발적으로 동참하기 때문이다. 이를 위해서 그는 법 맡은 관리들에게 공정한 재판과 정확한 형벌 집행을 거듭 당부하고 강조했다.

죄인을 형벌로 다스리는 것은 사회 질서를 유지하고 정의를 구현하기 위해 불가피한 일이지만, 법 맡은 관리가 감옥 시설을 잘못 관리하여 형벌을 남용하여 인격과 생명을 침해하는 것은 불가하다는게 세종의 생각이었다. '죄는 미워도 그 때문에 죄지은 사람을 법 맡은 관리가 함부로 인권을 침해해서는 안 된다.' 는 말을 세종은 재위 기간 내내 반복해서 강조했다. 그는 누적해서 범죄를 저지르는 자는 엄형에 처했으나, 단순 범죄 등으로 감옥에 갇힌 사람에 대해서는 사면을 통해 '스스로 새로워지는 길'을 열어 주었다.

세종의 재판 판결을 관통하는 하나의 정신이 있다면 그것은 바로 '차마 하지 못하는 마음'이다. '매 때리는 규정'을 만들어 "형벌을 집행하는 사람이 마음대로 꺼림이 없게 할 수는 없게"(세종실록 17/9/30) 한 것이나, 감옥 제도를 개선해 감옥에서 억울하게 죽는 일이 없도록 하겠다고 한 것, 그리고 사람의 등에 매질하는 것을 금지시킨 것들이 그 예이다.

결론적으로 세종은 국가에서 질서를 지키게 하고 의義를 세우는 것도 중요하지만, '차마 하지 못하는' 인仁의 마음이 빠진 정의는 곤란하다고 보았다. 그냥 정의로운 나라가 아니라 '인의仁義가 있는 정의로운 나라'로 만들려고 했다.

읽을 거리

포항제철 산소 공장 폭파 사건

포스코 산소 공장 폭파 장면(1977. 8.)

포항제철 건설 기간 중 포스코의 책임 정신이 두드러지게 표출된 일이 있다. 포항제철 3기 건설 중 산소 공장 폭파 사건이 그것이다. 박태준 사장은 단지 공기를 지킨다는 데에만 급급하여 부실 공사를 대강 덮어 주고 지나가서는 안된다고 강조했다. 이 점이 다른 토건 공사와 제철 설비 공사와의 차이점이었으며, 건설업자들로서는 가장 애를 먹은 부분이었다. 80%가량 진행된 발전 송풍 설비 공사 현장에서는 울퉁불퉁한 부분이 박태준 사장의 눈에 띄었다. 박태준 사장은 폭파한 후 재시공하라고 지시했다.

포항 3고로 불량 공사 폭파 파편(1977. 8. 22.)

공사 진행 도중에 발견된 부실 공사는 폭파한 후 재시공한다는 원칙을 철저히 지켜야 한다고 말했다. 박 사장은 특히 폭파할 시설물 주변에 당사 임원 및 건설 요원, 각 건설업체 대표와 외국의 설비 공급자와 제작자 대표들을 오게 해서 지켜보게 했다. 외국 공급업체의 한 직원은 3기 설비 공사를 회고하면서 "부실 공사 폭파 현장 참관이 큰 자극제가 되었다." 라고 술회하기도 했다. 폭파하는 장면을 지켜보면서 많은 사람들이 부실 공사나 부조리한 경영을 다시는 하지 말아야 겠다고 다짐했다는 것이다.

제10장

[협상]

외교와 내치

| **학습 내용** |

- 한반도 국가들의 장기 지속성과 실용 외교
- 사대 외교와 사대주의 외교의 차이
- 세종시대 외교관 이예의 활동
- 이예의 성공 요인

| **학습 목표** |

- 첫째, 역사의 큰 고비마다 뛰어난 외교 리더가 있어서 큰 위기를 극복했음을 안다.
- 둘째, 전통시대의 사대교린 외교는 자기 절제와 은위병행恩威竝行 외교로 뒷받침된 실용 외교 노선임을 알고, '의리'에 얽매이지 않는 실용 외교를 실천한다.
- 셋째, 세종시대 외교 인물 이예의 삶과 업적, 특히 성공적인 협상력을 배운다.

| **요점** |

- 우리나라를 대표하는 외교 인물
- 우리나라가 특별히 막강한 군사력을 가진 것도 아니고, 유별나게 인구가 많거나 영토가 넓은 것도 아니었는데, 수천 년을 강대국 사이에서 생존할 수 있었던 이유는?
- 역사 속의 '협상 리더십', 특히 실용 외교에 대해 알고 익힘.

제 1 절

조선왕조 장기 지속 요인, 실용 외교

'우리나라를 대표하는 외교 인물은 누구인가'라는 질문에 대해 의외로 많은 사람들이 머뭇거렸다. 반기문 유엔 사무총장을 얘기하는 사람도 있었고, 좀 더 과거로 올라가 거란과 담판을 지은 고려시대의 장위공 서희徐熙를 꼽는 사람도 있었다. 하지만 다섯 명 이상의 외교 인물을 꼽는 사람은 별로 없었다. 그런데 우리나라가 특별히 막강한 군사력을 가진 것도 아니고, 그렇다고 유별나게 인구가 많거나 영토가 넓은 것도 아니었는데, 수천 년을 강대국 사이에서 생존하고, 오늘날엔 G20 의장국까지 된 데에는 뭔가 그럴 만한 이유가 있지 않았을까?

여기에서는 우리가 잘 모르고 있었던 역사 속의 협상 사례에 대해 살펴보려고 한다. 협상 역량negotiation competency은 비단 국가 간의 관계에서뿐만 아니라, 조직 내에서, 나아가 모든 인간관계에서 꼭 필요한 요소이다.

중국 대륙의 세력 변동에 따른 실용 외교 추구

우리나라가 중국, 러시아, 일본 등 슈퍼 강대국 사이에서 생존할 수 있었던 비결과 관련해 미국의 제임스 팔레James B. Palais 교수의 지적이 인상적이다. 그는 주변 국가와의 엄청난 국력의 차이와 '불리한 지리적 위치'에도 불구하고 조선을 비롯한 한반도의 역대 왕조들이 수백 년 이상 장기 지속longevity된 것은 바로 '실용 외교' 덕분이라고 말했다. 팔레 교수는 이렇게 말한다.

> 전통 한국의 정치 체제가 많은 내우외환에도 불구하고 상대적인 안정을 누리고 장기 지속될 수 있었던 이유는 무엇인가. 대부분의 중국 왕조들은 기원전 221년에 주나라가 망한 이후 200년 내지 300년간 지속되었다. 이에 비해 고려와 조선왕조는 각각 500여 년 동안 지탱되었으며, 그 이전의 신라 왕조 역시 최소한 500년 이상 장수했다. (…)
>
> 전통적으로 강력한 중국의 왕조는 한반도의 왕조들에게 평화 유지자이자 더 공격적인 약탈자들로부터의 보호자로 간주되었는데, 이것은 매우 중요한 것이었다. 당나라는 735년 이후 거의 150여 년간 신라를 보호했으며, 명나라와 청나라도 1368년부터 1644년까지, 그리고 1644년부터 1894년까지 각각 그 역할을 수행했다. 반면 중국에서 강력한 왕조가 쇠퇴했던 시기에 한반도는 강성한 이민족들의 침입에 직면해야 했다. 10세기에서 13세기까지의 거란족·여진족·몽골족의 침략과, 17세기 중반의 만주족의 침입이 그것이다. (…)

이상하고도 특이한 사실은, 중국 본토의 왕조가 전복되고 그 결과 이민족이 중국을 지배한 경우라 할지라도, 그들이 충분히 한반도의 왕조들을 무너뜨릴 수 있었음에도 불구하고, 그러지 않았다는 점이다.

"중국에 강력한 왕조가 있든, 아니면 이민족이 침입한 시기이든 간에, 한반도의 왕조는 계속 보존되는 이러한 반복되는 패턴"과 관련하여, 팔레 교수는 "그것은 결코 우연의 일치나 운수로 치부해 버릴 수 없는 특수한 현상"이라면서, 한반도의 지리적 위치와 특수한 대외 관계를 지적하고 있다. 즉 첫 번째로 "자칫 한국 사람들에게 치명적일 수도 있는 불리한 지리적 위치가 실제로는 유리하게 기능했던 역설적인 유산"임을 들었다.

다른 하나는 중국과의 관계에서 "반半독립적인 정치 체제를 유지"하면서 동아시아의 사대 질서에 적응해 온 점을 얘기했다. 그리고 예외적인 시기가 있었지만 중국의 특정 왕조에 도덕적 충성심을 고수하는 대신 중국 대륙의 세력 변동에 유연하게 대처하는 '실용 외교pragmatic diplomacy' 등을 지적했다.

여기서 중요한 것은 실용 외교라는 말이다. 불리한 지리적 위치가 오히려 유리하게 작용한 것은 그야말로 '주어진 조건'인 데 비해, 외교 정책은 '사람의 의지와 노력'에 의해 좌우되는 것이기 때문이다. 전통시대의 실용 외교 노선은 '사대교린'이란 말로 요약되는데, 《맹자》에 어원을 두고 있는 이 말은 한마디로 국가들 사이 국력의 대소 차이를 인정하고 서로 분수를 지켜야 한다는 유교의 국제 질서관을 반영하고 있다. 우리나라는 중원 대륙의 세력 변동을 면밀히 관찰하되, 패권국이 등장하면 큰 나라로 섬겨 국가 안보를 보장받는 사대 외교 노선을 대체로 유지해 왔다.

다른 한편, 우리나라는 일본을 비롯한 여진 등의 주변 국가들에 대해서는 '교린의 도'에 따라 외교 관계를 맺어 왔다. 그 요체는 철저한 자기 절제와 은위병행恩威竝行에 있는데, 이 중 자기 절제와 관련해 세종시내의 외교관 신숙주는 《해동제국기海東諸國記》에서 이렇게 말했다. "오랑캐를 다스리는 방도는 밖을 정벌하는 데 있지 않고 내치內治를 잘하는 데 있으며, 무력을 강화하는 데 있지 않고 기강을 확립하는 데 있다." 즉 중원 대륙의 패권 국가가 우리나라를 정벌하기 위해 침공하는 것이 '유교의 도'에 안 맞듯이, 우리나라가 주변 국가를 정벌하는 것 역시 이치에 어긋난 일이며, 내치를 잘하는 게 오히려 외침을 막는 관건이라는 의미이다.

은위병행, 즉 은혜와 무력의 병행책에 대해서는 역시 같은 세종시대의 김종서의 말을 통해서도 드러난다. 김종서는 1437년(세종 19년)에 세종에게 올린 〈여진족 대응책〉에서 "밖으로는 회유의 은혜를 보이고 안으로는 비어備禦(미리 준비하여 막음)의 일을 닦아야" 한다고 말했다. (세종실록 19/8/6)

소 1만 마리 외교를 통해 본 세종의 외교

세종 정부의 골칫거리 중 하나는 명나라 사신들의 요구를 들어주는 일이었다. 창성과 윤봉이 그 대표적인 인물인데, 그들은 조선에 와서 공식적인 일련의 연회는 말할 것도 없고, 금강산 구경, 각종 놀이와 매와 사냥개 등 그에 소요되는 갖가지 물품들을 요구했다. 그들이 요구하는 물품은 마포·인삼·석등잔·의복·말 등 그 "청구하는 물품을 이루 다 기록할 수" 없을 정도로 많았다. 특히 창성은 요구하는 것이 지나쳐서 그들의 접대에 관대했던 세종조차도 "먼저 청구한 것도 다 주기 전에 또다시 새로운 물건을 청하고, 어제는 이미 서피와 백지를 받고서도 또한 녹비 1백 장을 구하니 (…) 마침내는 (그 요구에) 응하기 어려울 것"이라면서 그 대책을 신하들에게 의논하기도 했다.(세종실록 10/8/7)

세종은 왜 그렇게 사신들의 요구를 다 들어주고 명나라 황제에게 때로 지나치다 싶을 정도로 극진한 예를 올렸을까? 세종이 왕위에 오른 지 14년째인 1432년의 실록에서 그 이유를 찾을 수 있다. 그해 5월 명나라 황제는 '소 1만 마리를 압록강 건너 요동 지역으로 보내라'는 내용의 칙서를 보내왔다. 큰 소 1만 마리를 일시에 보내라는 것은 수용하기 힘든 요구였다. 하지만 논의 끝에 세종은 '농사짓는 데 매우 중요하고, 나라 사람들에게 특별한 의미를 갖는' 소를 명나라 요구대로 보내기로 결정했다.

사실 명나라에서 소 교역을 요구할 거라는 소식은 이미 일 년 전에 전해졌다. 그 일을 의논하는 어전 회의에서 세종과 신하들은 명나라의 요구를 그대로 따라야 할지, 감면 요청을 해야 할지를 놓고 열띤 토론을 벌였다. 회의 중에 '나라 안의 소들이 마침 병에 걸려 많이 죽은 탓에 보낼 수 없다'고 버텨 보자는 제안도 나왔다.

세종은 그 제안에 반대했다. "우리나라가 그동안 정성껏 명나라와 외교를 해 왔는데, 이 한 가지 일에서 거짓말을 한다면, 마치 아홉 길의 산을 쌓다가 한 삼태기의 흙을 더하지 않음으로써 그동안의 공력까지 무너질 수 있다."는 게 세종의 생각이었다.

여기서 보듯, 세종은 소 교역 문제의 핵심이 신뢰信賴에 있다고 보았다. 건국 이래로 조선은 명나라의 '안보 우산'에 들어감으로써 대외 전쟁을 막는 한편, 민산民産 증진에 국력을 집중하려는 정책을 취해 왔다. 그러나 명나라는 조선에 대한 불신의 눈길을 여전히 거두지 않고 있었다.

그러면 세종은 이 까다로운 외교적 난제를 어떻게 풀었을까. '마지막 한 삼태기'를 쌓는 데 장애물은 무엇이었고, 세종은 그것을 어떻게 극복했나? 첫째 신민臣民들의 마음을 얻는 일이었다. 소 교역 문제와 관련해 처음 열린 1431년 1월 회의의 안건은 소를 낸 민가에 어떤 보상을 할 것인가였다. 이 회의에서 세종은 "마땅히 인민들이 원하는 바가 무엇인지를 물어서 정해야 할 것"이라고 말했다. 조정에서 보상책을 결정해 놓고 따르라고 할 경우 자칫 "온 천하에 소요를 초래할 수 있다."고 보았기 때문이다. 국왕의 "지성 사대가 지나치다."고 비판하는 신하들을 설득하는 일도 만만치 않았다. 당시 황희 등을 제외한 대다수 신료들은 절반만 보내자는 의견에 찬성했다.

하지만 세종은 "지금 소를 갖추어 바치는 일이 매우 어렵긴 하나, 국가의 안위安危보다는 덜 중요하지 않느냐."라고 말했다. 소를 모아 보내고, 국내의 어려운 사정을 세세히 적어 보내는 것이 비록 자존심 상하는 일이지만, 국가 안보를 튼튼히 하는 것이 더 중요하지 않느냐는 말이었다.(세종실록 14/5/28)

둘째 명나라가 원하는 것이 무엇인지를 정확히 간파하는 일이었다. 당시 신료들은 명 황제가 1만 마리 소를 모두 원하지 않을 것이니 3분의 1이나 2분의 1만 보내자고 제안했다. 하지만 칙서를 다시 가져오게 해 꼼꼼히 살펴본 세종은 "그 내용이 자세하고 간곡하다."면서 소를 1,000마리 단위로 해 요동에 보내라고 지시했다. 조선의 태도를 떠보려는 황제의 의도를 간파했기 때문이다.

실제로 세종의 판단은 적확했다. 그로부터 5개월 후에 보내온 편지에서 명 황제는 "조선의 탁월한 현왕賢王의 판단에 감복했다."면서 지금까지 보낸 6,000마리면 족하다고 말했다. 아울러 앞으로는 칙서에 명시된

물건만을 사신들에게 주라는 말도 덧붙였다.(세종실록 14/10/6) 조선의 큰 골칫거리인 사신들의 잡다한 요구를 물리칠 근거를 마련해 준, '외교적 성과'였다.

여기서 새삼 관심이 가는 것은 세종 정부의 활발한 토론 문화이다. 세종은 말끝마다 "경들의 생각은 어떤가?"라고 하여 신하들을 대화에 초청하곤 했다. 의문의 여지가 없고 당연해 보이는 것이라 할지라도 그는 마치 그림을 벽에 걸면서 뒤에 서 있는 사람에게 위치가 바른지를 묻는 것처럼 끊임없이 의견을 구했다. 특히 복합적 국면으로 이뤄져 있는 외교 사안일 경우 더욱 치밀하게 묻고 다양한 가능성을 타진했다. 조선의 국방과 안위가 중원 대륙의 패권국과의 관계 형성에 달려 있다고 본 그는 중국 황제의 진짜 의도가 무엇이며, 어떻게 대처할 것인가 하는 해법을 찾기 위해 어전 회의에서 열띤 토론을 벌였다. '집단 지혜 group genius'를 통해 최선의 결론에 도달하려 한 것이다.

마무리

아리스토텔레스에 따르면 "다른 강점을 가진 사람들이 당면한 공동의 문제를 몰입해서 해결하려 할 때 최선의 결론에 이를 수 있다."고 한다. 그러기 위해서는 우선 강점이 다른 여러 사람이 한곳에 모여야 meet together 하고, 그런 다음에는 그들 사이에 열띤 토론 violent discussion이 있어야 한다. 서로 다른 강점을 가진 여러 사람이 공통의 목적을 가지고 "함께 모여 열띤 토론을 벌이면 탁월한 한 사람이 내린 그것보다 못하지 않은 결정을 내릴뿐더러, 대체로 더 나은 결정을 내릴 수 있다."는

게 아리스토텔레스의 통찰이다.(Aristotle, *Politics*, Book 3, ch.11)

세종시대의 경복궁 사정전思政殿은 다양한 강점과 의견을 가진 사람들이 모여 집단 지혜를 도출해 내는 곳이었다. 세종은 그곳에서 이질적인 인재들의 아이디어를 합금해 뛰어난 정책을 만들어 내곤 했다. 사정전 어전 회의라는 용광로에서 최선의 국가 정책을 뽑아낸 것이다.

그리고 그 국가 정책 중에서 실용 외교 정책은 상당한 성과를 거두었다. 그의 재위 기간에 무려 다섯 명의 황제(영락제, 홍희제, 선덕제, 정통제, 경태제)가 바뀌고, 수많은 사신과 국서들이 오가는 상황에서도 명나라와의 관계가 더욱 돈독해졌다. 중국 사신들의 과도한 요구를 차단시키고, 그 파견 횟수를 급격히 감소시켜 민폐를 줄인 것 역시 보이지 않는 외교적 성과였다(연평균 사신 파견 횟수: 태종시대 2.77회 → 세종시대 1.12회). 세종이 독자적인 문자와 시간, 즉 훈민정음을 창제하고 《칠정산》을 편찬할 수 있었던 것은 그런 명나라의 돈독한 신뢰가 있었기에 가능한 일이었다.

제2절

세종시대 이예의 일본 외교 사례

세종이 사망했을 때 신하들은 '그의 치세 동안 전쟁이 없었고, 여진족과 왜인들이 귀화해 와서 살고 싶어 했다'고 회고했다. 세종은 어떻게 즉위 초까지만 해도 큰 골칫거리였던 왜인들의 약탈과 침략을 막아 내고, 오히려 그들의 존경을 얻어 냈을까?

세종시대의 외교 인물 이예(李藝, 1373~1445년)의 협상 리더십에서 그 실마리를 찾을 수 있다. 이예는 1400년부터 1443년까지 무려 40차례가 넘게, 즉 거의 매년 한 차례씩 현해탄을 건너가 667명의 포로를 송환해 온 인물이다. 요즘 용어로 하면 재외 국민 보호, 특히 포로 송환 외교의 귀재였다. 이예는 원래 울산군의 아전이었는데, 24세 때인 태조 재위 5년(1396년)에 자기의 상관인 울산 군수 이은이 나포되어 가는 것을 보고 박준이라는 관리와 더불어 왜적 선단의 꽁무니 배를 타고 바다 가운데까지 따라갔다. 그는 바다 한가운데에서 왜구들에게 자기 상관이 탄 배에 태워 달라고 말했는데, 그의 용기에 감탄한 왜구들이 그렇게 해 주었다.

왜구들은 원래 대마도에 도착하면 울산 군수 이은 등을 죽일 계획이었다. 하지만 이예가 상관에게 깍듯이 예절을 지키는 것을 보고 "이 사람은 조선의 참된 관리이다. 그를 죽이는 것은 상서롭지 못한 일이다." 라며 생각을 바꿨다. 게다가 이예는 배를 뒤따라오면서 급히 챙겨 온 관아의 은 술잔을 뇌물로 주는 권도權道를 발휘해서 죽음을 면했다. 대마도의 화전포에 감금되어 있으면서 탈출할 계획을 세우고 있던 이예 일행을 조선에서 온 통신사 박인귀 등이 이듬해 2월에 귀국시킨 것은 《세종실록》 속 이예의 졸기(세종실록 27/2/23)에 잘 나타나 있다.

외교관으로서 이예가 먼저 극복해야 할 것은 조선 신하들의 일본인에 대한 강한 불신, 즉 '일본인은 야만적이며 신뢰할 수 없는 족속'이라는 생각이었다. 그리고 자신이 위험한 바닷길에 사신으로 가야 할지도 모른다는 생각에서 비롯된 '대일 외교의 축소 내지 회피' 풍조 역시 풀어야 할 숙제였다.

이예는 가능하면 일본과의 관계를 피하거나 최소화하려는 조정 신하들에게 '일본인 중에는 대내전大內殿[1]과 같이 조선에 우호적이며 협조적인 세력이 있음'을 적극 인지시켰다. 아울러 그는 대마도에 대해서 교류하는 물품의 양에 따라서 머물 수 있는 기간을 정해 주는 방식 등을 제안했으며(세종실록 20/9/13) 요즘의 '비자VISA'와 비슷한 서계書契 제도, 즉 왜인이나 야인의 유력자에게 신임장을 주어 통호通好를 허가하는 제도(세종실록 21/4/18) 등을 도입해 예측 가능한 교류를 가능하게 만들었다. 한마디로 그는 한일 관계를 정상화시킨 조선 최고의 전문 외교관이었다.

1 대내전(大內殿): 14세기 중엽부터 일본의 큐슈[九州] 동북부 등에서 세력을 떨치던 일본 호족.

이예 외교 리더십의 사례: 1422년 '대장경 위기'

일본을 46회 방문하여 667명의 포로를 쇄환한 이예의 초상화. 그는 세종대왕을 7번이나 만났던 조선 최고의 외교관이었다.
(사진 출처: 충숙공 이예가 배향된 울산시 '석계서원')

이예가 외교관으로서 뛰어난 모습을 보인 사례로 세종 재위 4년에 발생한 일본의 팔만대장경 요구 사건을 들 수 있다.

일본인들이 맨 처음 대장경판을 요청한 것은 1422년(세종 4년) 겨울이었다. 일본의 규수 절도사 원의준源義俊은 일본국 태후의 명령으로 사람을 보내 대장경을 청구했다.(세종실록 4/11/13) 일본국 사신으로 온 중[僧] 규주圭籌에 따르면, 일본국 태후는 새로 지은 절에 보관할 원판 대장경을 간절히 원했다.(세종실록 4/11/26)

세종도 처음엔 '교린의 정의가 지극한' 일본을 위해 내주려고 했다.(세종실록 4/12/16) 하지만 우리나라의 '유일본' 팔만대장경 동판銅板을 내줘서는 안 된다는 신하들의 만류로 생각을 바꿨다. "사신이 말한 대장경 동판은 우리나라에 없는 것이니 양해하기 바란다."라는 말로 달래려 했던 것이다.(세종실록 4/12/20) 그러자 일본 사신들의 생떼가 시작되었다. '길에서 서로 마주볼 정도로' 잇따라 찾아온 사신들 중에는 "7,000권의 원판 대장경을 주지 않으면 차라리 여기서 굶어 죽겠다."며 단식 농성에 들어간 자도 있을 정도였다.(세종실록 6/1/2) 심지어 "병선 수천 척을 보내어 약탈하겠다."면서 위협하기도 했다.(세종실록 6/1/20)

세종은 마치 철부지 대하듯 이늘을 달래고 가르치면서 대장경 대신

밀교대장경판과 화엄경판을 주었다. 회례사回禮使(다른 나라에서 사신을 보낸 것에 대한 답례로 보내는 사신)도 보내기로 약속했다.(세종실록 6/2/7) '빈손'으로 돌아가면 처벌받을지도 모를 일본 사신들에 대한 배려였다. 그런데 문제는 우리 회례사가 일본에 갔을 때 터졌다. 일본은 1424년 회례사로 간 박안신과 이예 일행을 시모노세키下關(赤間關)에 55일간이나 구류시켜 놓은 채 "무장한 배 100여 척을 조선으로 보내겠다."고 협박한 것이다. 예물 중에서도 불경만 빼고 나머지는 돌려보내겠다고 했다.

그러자 상호군 박안신(정사)과 대호군 이예(부사)는 "지금 불경만 받겠다는 것은 곧 절교하자는 것"이라면서 다음과 같은 글을 써보냈다.

> 천도는 정성으로써 만물을 이루게 하고, 인도는 신의로써 여러 가지 행실을 서게 한다. 그러므로 나라를 경영하는 자는 반드시 이웃 나라와 교제할 때 정성을 다하고 서로 속이지 아니하는 것이다. (…) 그런데 지금 귀국이 우리를 이렇게 대접하고, 명일에 우리나라가 귀국의 신하를 또 그렇게 대접한다면 양국의 관계가 장차 어떻게 되겠는가.(세종실록 6/12/17)

하늘과 사람의 도리를 들어 정성과 신뢰가 외교의 핵심 덕목임을 강조한 다음, 지금 일본의 조치가 장차 양국 간의 큰 파국으로 치달을 수 있음을 경고한 것이다. 그러자 그동안 피하기만 하던 일본 쪽에서 비로소 답서를 보내왔다.

> 이제 귀하의 편지를 보니 말이 대단히 적절하다. 우리 전하는 처음에 굳게 거절했으나, 귀국의 사신들에게 혹 누를 끼칠까 염려하여 가지고 온 예물을 모두 받아들이기로 하셨다.

일본 국왕은 또한 돈 100관을 내려주기도 했다. 사관의 평가처럼 박

| 그림 10.1 | 대장경 위기 전개 과정(1422~1424년)

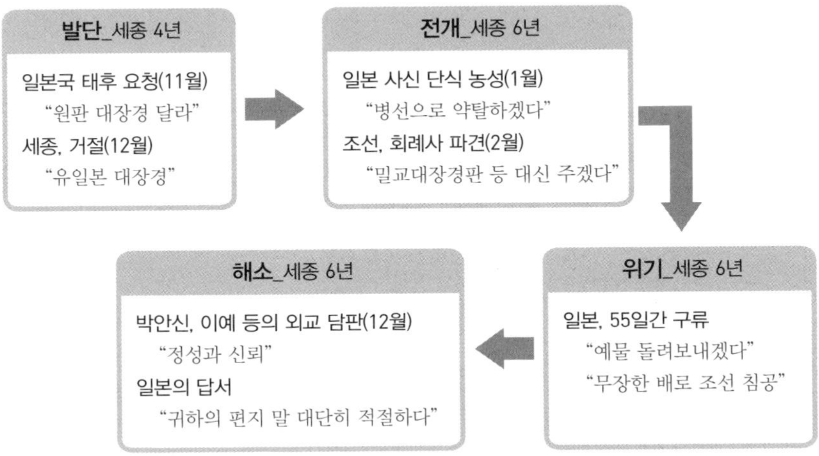

안신 등이 "담략이 있고 말도 잘하므로 그 때문에 사명을 다하고 돌아올 수" 있었다. 자칫 심각한 외교 분쟁까지 치달을 뻔했던 '대장경 위기'는 이렇게 해결되었다.

이예의 외교, 어떻게 성공했나

그러면 이예는 어떻게 성공적인 외교 활동을 할 수 있었을까?

첫째, 일본을 잘 알았다[知日].

"모르는 사람을 보낼 수 없어서 그대를 명하여 보내는 것"이라는 세종의 말이나, "제가 대마도의 사람과 사정을 두루 압니다. 신이 가면 저 섬의 사람들이 기꺼이 만나 볼 것이며, 누가 감히 사실을 말하지 않겠습니까."(세종실록 25/6/22)라는 그 자신의 말을 통해서 볼 때, 그는 당시 누구보다도 일본의 지리와 나라 사정은 물론이고 일본인의 특성을 잘 알고 있었다.

그는 일본인을 감복시키려면 "먼저 국가 대의로 타이르고 그들 삶을 이롭게 해 주어야 한다."고 세종에게 말하기도 했다.(세종실록 22/3/22) 대의justice만 가지고는 부족하고 이익interest을 같이 베풀 때 상대방이 비로소 마음으로 감복하여 따른다는 것인데, 이것은 비단 일본인에게만 적용되는 것은 아니다. 이는 모든 나라에 해당되는 것으로서, 외교와 협상의 핵심적인 조건을 지적한 것이다.

둘째, 세심한 관찰력이다[竊審].

세종 재위 21년째인 1439년 4월에 이예는 일본에서 오는 왜인들 중에 가짜 통행증을 가지고 오는 자들이 있다고 세종에게 상소했다. "일본의 종정성宗貞盛(당시의 대마도주) 등의 서계를 받아서 오는 자들을 자세히 살펴보니, 모두 대마도 사람만이 아니었으며 (…) 도둑질로 업을 삼다가 대마도의 배에 부탁하여 오는 자도 있었습니다."(세종실록 21/4/18) 라는 말이 그것이다. 그는 대마도주 종정성을 내세워 왜구들을 제압해야 한다고 보았다. 그리고 이를 위해서는 일본인들의 통행증을 꼼꼼히 살펴보되, 대마도주가 정식으로 발급한 것이 아닐 경우 바다를 건너가는 동안 먹을 식량만 주어서 돌려보내야 한다고 제안했다.

여기서 보듯이, 그는 외교관의 핵심 덕목인 사물과 사람에 대한 높은 관찰력을 가지고 있었다. 그 스스로 일본에서 무쇠로 만든 화통, 완구를 보고 우리나라에도 실험해 보자는 제안을 한 것도 그의 관찰력에 힘입은 것이었다.(세종실록 즉위년/8/14)

셋째, 이예의 헌신적인 태도[獻身]와 그에 대한 세종의 절대적인 신뢰이다[信賴].

그는 사망하기 2년 전의 나이인 71세 때 유구, 즉 지금의 오키나와로 떠나면서 "다만 신이 늙었다 하여 보내시지 않을까 두렵습니다. 신이 성상의 은혜를 지나치게 입었으므로 죽고 사는 것은 염려하지 않습니다."(세종실록 25/6/22)라고 말했다. 이예의 이 말은 외교관의 핵심 덕목인 '국익을 위해 자기를 버리는 헌신적인 태도'를 잘 보여 주는 것이다. 그리고 이 대목에서 세종의 인재 쓰기의 한 측면을 발견할 수 있다. 화답이라도 하듯이 세종은 그가 작은 잘못을 범하거나 곤경에 처했을 때 시종 그를 믿고 지지해 주었다.

1430년 7월에 통신사로 일본에 간 이예 등이 통역관인 윤인보를 잘 관리하지 못한 죄로 탄핵받자 "이예와 박서생은 논하지 말게." 했고(세종실록 12/7/7) '회례 부사' 김구경이 소송하여 '정사 이예를 음해'했을 때도 이예를 신뢰하여 최종적으로 그의 누명을 벗겨 주었다.(세종실록 16/1/12; 16/5/11; 16/6/8) 세종은 늘 이예의 의견을 경청했으며 그의 판단과 성실성을 신뢰했다. 바로 그런 국왕의 신뢰와 존중이 있었기 때문에 이예는 국가에 큰일이 생기면 아무리 힘들고 어렵더라도 '예!'라고 대답하며 험지로 떠났던 것이다.

넷째, 국가 간의 신의를 지키려는 군신들의 노력이다.

이예는 국가 간의 관계에서도 '신의'가 가장 중요하다고 보았다. 이를 위해서는 그는 양국 관계가 안 좋을 때라도 "사신을 보내 통신해야" 한다고 주장했다.(세종실록 21/3/23)

마찬가지로 세종도 일본과의 신의를 지키기 위해 어려운 결단을 내리기도 했다. 1442년 8월의 수군만호 최완의 처결이 그 좋은 사례이다. 재위 22년에 고기 잡는 왜인을 공격해 죽인 최완의 처벌을 놓고 2년 동안 고민한 후에 일본과의 신뢰를 위해, 즉 '교린의 도'를 지키기 위해 그를 공개 처형했다.

마무리

세종시대의 직업 외교관 이예는 다들 꺼려하는 일본과의 협상을 몸소 나서서 실천했다. 그는 왜구가 출몰하는 현해탄을 40여 차례나 건너가 양국 간의 신뢰를 쌓았으며, 조선시대판 비자 제도를 수립했다. 〈계해약조〉, 즉 1443년(세종 25년) 대마도주對馬島主와 세견선歲遣船 등 무역에 관해 맺은 조약 역시 이예의 협상 역량에 크게 힘입은 것이었다. 당시 이예는 대마도에 머물면서, 조선통신사 신숙주 일행으로 하여금 교토에서 무사히 돌아오도록 돕는 한편 대마도주와의 대화가 잘 이뤄질 수 있도록 기반을 만들었다. 대마도주가 아랫사람들의 눈치를 보며 머뭇거릴 때 신숙주는 '세견선歲遣船 등에 관한 체결이 도주道主의 재량권을 강화한다.'고 설득했다. 그런데 그 협상의 이면에는 이예의 적극적인 조언과 지원이 있었다. 원로 외교관 이예가 43세 연하의 청년 신숙주에게 그 나라의 사람과 물정에 대한 고급 정보를 긴밀히 전수하면서 협상력을 극대화하는 장면은 '외교 승계의 전통'이 없는 우리 눈에 진기하기까지 하다.

세종리더십 실천

미국의 제임스 팔레 교수는 조선왕조가 장기 지속될 수 있던 이유의 하나로, 중국 대륙의 세력 변동에 유연하게 대처하는 '실용적인 외교pragmatic diplomacy'를 지적했다. 사대교린이라는 주변국에 대한 유연한 외교 정책으로 200~300년 정도 수명이던 동아시아의 다른 왕조들과 달리 조선왕조는 500여 년간 지속될 수 있었다는 이야기이다.

세종시대의 평화와 안정 역시 그런 국왕의 실용 외교와 탁월한 외교관이 있었기 때문에 가능했다. 대마도 토벌이나 여진족 토벌과 같은 공세적인 정책이 물론 적절했지만 박안신·이예·신숙주와 같은 뛰어난 외교 인물들의 활약이 중요했다.

외교통상부에서 2010년에 '우리 외교를 빛낸 외교 인물'로 이예를 선정한 것은 그가 상대국을 잘 알고 균형 잡힌 외교 감각으로 국내외 협상 상대를 잘 설득한 공로를 인정했기 때문이다. 특히 세종은 이예가 곤경에 처했을 때 절대적인 신뢰를 보내어 최고의 협상력을 발휘하게 했다. 우리들도, 상대방을 정확히 알고, 내 주변 사람들을 설득한 다음, 거절할 수 없는 협상의 조건(명분과 실리)을 제시하는 협상 역량을 키워야겠다.

읽을 거리

현대조선 차관 도입 협상

현대는 1972년 3월 8,000만 달러라는 막대한 자금이 소요되는 현대조선소를 건설했다. 1973년에는 울산 조선소 1호기 기공식, 같은 해 6월 26만 톤급 조선 2척 건조와 울산 조선소 1단계 준공까지 마쳤다. 2년 3개월 만에 조선소 건설에서부터 배를 진수하기까지 선박 건조 역사상 전무후무한 기록을 남겼는데, 이 과정에서 가장 어려운 과제가 외국의 은행과 선주를 설득하는 일이었다.

정주영 회장이 조선소를 건립할 때 '백사장 사진 한 장'으로 영국 버클레이즈 은행으로부터 차관 계약을 성사시키고, 그리스 선박왕 오나시스의 조카와 유조선 2척을 계약시킨 것은 유명한 협상 성공 사례이

정주영 회장이 롬바통 회장에게 보여 주며 설득한 오백원 지폐

다. 도대체 그는 어떻게 설득하여 우리 돈으로 환산하여 14억 원이나 되는 큰돈을 수표로 받아 한국은행에 입금시킬 수 있었을까?

정주영 회장은 1971년 영국의 A&P 애플도어사의 롬바통 회장에게 조선소 건립 지원금을 차관으로 성사시키고 싶었다. 그러나 롬바통 회장은 아직 선주도 나타나지 않고 한국의 상환 능력과 잠재력도 믿을 수 없어 자금 지원이 곤란하다고 거절하였다. 그때 정주영 회장은 거북선이 그려진 500원짜리 한국 지폐를 떠올렸다. 그는 대화 중에 주머니 속의 그 지폐를 꺼내놓고, "이것이 우리의 거북선이요, 영국의 조선 건조 역사는 서기 1800년경이라고 알고 있는데, 우리는 이미 1500년경에 이런 철갑선을 만들어 일본을 혼낸 민족이요. 우리가 당신네보다 300년이나 앞서 있었소. 다만 그 후 쇄국 정책으로 산업화가 늦어져 국민의 능력과 아이디어가 녹슬었을 뿐 우리의 잠재력은 그대로 있소." 롬바통 회장은 그 지폐를 보고 비로소 머리를 끄덕이면서 긍정을 표시하였다고 한다.

제11장

[도전]

북방 개척

| 학습 내용 |

- 한글 창제와 함께 세종 최대의 치적으로 평가되는 4군 6진 개척의 난관들
- 4군 6진 개척에서 보여 준 세종의 북방 개척의 리더십
- 백두산을 우리 영토로 확보하기 위한 세종의 노력

| 학습 목표 |

- 첫째, 4군 6진 개척 과정의 어려움에도 불구하고 단계적으로 추진해 가는 과정을 이해한다.
- 둘째, 곤경에 처한 인재를 지키고 구해 내는 방법을 배운다.
- 셋째, 민폐와 우여곡절을 겪으면서도 압록강과 두만강을 우리의 변경으로 만든 사실이야말로 세종의 프로젝트를 성공적이었다고 평가할 역사적 근거임을 안다.

| 요점 |

- 4군 6진의 개척은 다른 민족과의 전투 및 백성들의 이주, 그리고 방어를 위한 성벽 쌓기 등 대내외의 정책을 아우르는 포괄적인 국가사업.
- 하지만 4군 6진의 개척은, 백성들의 입장에서 볼 때 괴롭기 그지없는 일. 그것은 백성들의 생활을 크게 흔들어 놓는 정책이었음.
- 세종은 최대의 국가 프로젝트이자 가장 어려운 이 과업을 어떻게 대처해 나갔을까?

제1절

힘들지만 중요한 국가사업, 사민徙民 정책

4군 6진 개척은 한글 창제와 함께 세종 최대의 치적으로 평가된다. 4군 6진은 흔히 서북 지역에 4군을 새로 설치하고 동북 지역의 6진을 개척한 것으로만 알려져 있다. 그러나 《세종실록》을 면밀히 살펴보면 그것은 다른 세 가지 프로젝트와 함께 추진된 것임을 알 수 있다. ① 두 번에 걸친 여진족 토벌, ② 아홉 차례의 대규모 사민 입거徙民入居(백성을 옮겨 입주시킴), ③ 그리고 140여 킬로미터의 행성行城(국경의 적을 막기 위하여 직선으로 길게 쌓은 성) 구축이 그것이다. 말하자면 4군 6진 개척은 다른 민족과의 전투 및 백성들의 이주, 그리고 방어를 위한 성벽 쌓기 등 대내외의 정책을 아우르는 포괄적인 국가사업이었다.

세종 재위 중반기의 역점 사업인 이 일은 백성들의 입장에서 볼 때, 괴롭기 그지없는 일이었다. 아무리 "북방의 외환을 제거하고", "조종의 영토를 지키기 위한" 일이라고 하지만, 압록강을 건너 적지로 진격하는 일이나, 고향을 떠나 춥고 삭막한 북쪽 변방으로 이주한다는 것은 그야말로 '죽지 못해' 하는 일일 수 있다. 물론 세종이 추진한 한글의 창제니, 아악의 정비, 그리고 세제 개혁 등도 많은 반발과 저항이 따르는 어려운 과업이었다. 그런데 그런 과업들이 민생에 직접적인 영향을 주지 않는 데 비해—세제 개혁을 유보한다면—세종의 북방 영토 경영은 백성들의 생활을 크게 흔들어 놓는 정책이었다. 특히 세종 16년(1434년)과 22년, 23년의 세 차례 대규모 사민 입거는 '자신의 팔을 자르거나', '자살'을 선택하는 것과 같은 다수 백성들의 반발에 부딪혔다.

과연 세종은 조선왕조 최대의 국가 프로젝트이자 가장 어려운 이 과업을 어떻게 대처해 나갔을까? '위민爲民'을 내세웠지만 그에 앞서 '노민勞民'의 고통을 수반하는 이 과업에 대해 당시의 신료들과 백성들은 어떻게 반응했을까?

여기에서는 4군 6진 개척의 세 가지 프로젝트 중에서 가장 어려웠던 사민 입거 정책을 중심으로 세종의 추진력을 집중 살펴보겠다.

변경邊境을 넘어 만주 지역까지 진격해 간 조선 군대의 움직임을 명나라 조정은 어떻게 받아들였을까? 무엇보다도 최고 지도자인 세종은 어떤 생각을 가지고, 어떻게 장애물을 헤쳐 나갔을까?

역사 속 사민 입거 정책

우리 역사에서 북방 개척에 따라 백성을 이주시킨 사례는 삼국시대까지 거슬러 올라간다(선덕여왕, 경덕왕 때). 고려시대에도 사민 입거는 계속되었는데, 태조가 북방 경략을 위해 황해도 지방의 많은 민호를 서경(평양)에 이주시킨 일이나, 윤관이 9성을 축조한 뒤 남쪽 지역의 6만여 호를 입거시킨 것이 그 예이다.

조선왕조에 들어와서도 태조나 태종 때 경원부(태종실록 17/9/15)로의 인근 주민 입거에서 보듯이 사민 정책은 계속되었다. 말하자면 역대 왕조에서 백성 이주 정책은 다분히 정치적인 목적에 따라 이루어졌고, 변경 방어 등의 일정한 효과를 거두기도 했다.

하지만 계속되는 주민 이탈 현상에서 보듯이, 북쪽 변경 지역은 여전히 위험하고 살기 힘든 지역으로 인식되었다. 마천령 이북은 우리 땅이 아니라고 생각하는 사람들도 있었다. 예컨대 세종시대의 대신들은 "고려 때에도 오히려 두만강을 경계로 삼지 못했습니다. 이제 마천령으로써 경계를 삼으면 또한 지킬 수 있습니다."라며 북방 영토 개척을 반대하곤 했다.(세종실록 19/5/20)

단계적 이주 정책과 이주민 특혜 정책 시행

세종시대 사민 정책의 특징이라면 백성의 집단 이주가 행정 군사 기지 및 행성 구축과 함께 병행되었으며, 더욱 체계적이고 지속적으로 이루어졌다는 점이다. 즉 평안도의 자성(세종 15년)·무창(세종 24년)·우예·위원군(세종 25년)의 4군四郡과, 함경도의 경원·회령(세종 16년)·종성·온성(세종 23년)·경흥(세종 25년)·부령 도호부(세종 31년)의 6진六鎭이 서북방과 동북방에서 구축되고, 350리(140킬로미터)가량의 행성行城이 축성되는 가운데, 1만 2,121호의 12만여 명이 이주했다.

먼저 함경도의 이주민 호구는 총 5,560호로 다섯 차례에 나누어 5만 5,000여 명이 이주했는데, 1차 2,200호(세종실록 15/11/21), 2차 500호(세종실록 16/5/8), 3차 500호(세종실록 17/6/4), 4차 1,600호(세종실록 25/5/12), 5차 760호(세종실록 28/6/17)가 이주한 것으로 나타난다.

다음으로 함경도보다 조금 늦게 시작된 평안도의 사민은 총 6,561호의 6만 5,000여 명으로 4차에 걸쳐 이루어졌다. 즉 1차 261호(세종실록 18/10/16; 19/2/15), 2차 1,000호(세종실록 20/5/9), 3차 700호(세종실록 21/10/22), 4차 4,600호(세종실록 25/6/5)의 이주가 이루어졌다.

| 표 11.1 | 세종시대(1418~1450년)의 사민 가구

구분	함경도	평안도
1차	2,200호	261호
2차	500호	1,000호
3차	500호	700호
4차	1,600호	4,600호
5차	760호	
합계(호수 / 인구수)	5,560호 / 5만 5,000여 명	6,561호 / 6만 5,000여 명

* 차용걸(1995, 175~176쪽)은 함경도에 7,000여 명, 평안도에 5,000여 명으로 추산했는데, 필자가 《세종실록》의 기록에 의거 그 숫자를 수정하여 계산하였음.

사민 입거는 처음에 태종이 했던 것처럼 몇 가지 유인을 제공하고 자원자를 받는 방식으로 추진되었다. 즉, 자원자가 양민일 경우 토관직을, 향리나 역리일 경우 직역의 면제를, 그리고 천민일 경우 양민으로 신분을 상승시켰다.(세종실록 15/11/21) 이 같은 자원 입거는 백성의 자발적인 이주와 안정만이 효과적인 지역 방어를 가능케 한다는 생각에서 비롯되었다. 재위 17년 세종은 "여연은 적의 지경과 가까워 적의 출몰이 매우 용이한 데 비해 우리 군사의 출격은 못 미치는 곳"이라면서 다른 곳에 성읍을 설치할 만한 곳이 없는지 물었다. 이에 대해 대사헌 이숙치는 "오직 여연만이 백성들이 살 만한 곳"이라고 대답했고, 그러자 세종은 "나는 다른 고을 백성들을 이곳에 이주시켜 항상 그 방어를 토병土兵(현지 거주 군사)에게 맡기려고 한다. 그래야 객병客兵(원거리 파견 군사)이 멀리 와서 노고하는 폐단이 사라질 것"이라고 말했다.(세종실록 17/1/25)

사민을 회피하는 자들에 대한 처벌

그러나 계속되는 축성 작업과 여진족의 위협, 그리고 연이은 흉년 등으로 도망치는 사람들이 발생했다. 특히 평안도의 경우 여진족과의 전투 및 명나라 사신의 잦은 행차 등으로 입거한 10%가 도망했다. 재위 21년의 평안도 경차관 조순생의 보고에 따르면, "평안도는 매년 북경에 가는 사신의 왕래가 무려 100여 회에 이르러" 민생이 더욱 피폐해지게 되었다. 재위 19년과 20년에만도 무려 1,261호가 달아났다는 기록이나, "평안도 전체가 백성이 살 수 없게 되었다."(세종실록 32/1/26)는 사관의 평가가 그 상황을 보여 준다. 이런 상황에서 자원 입거의 방식은 효과를 보지 못했고, 시간이 지나면서 강제 사민 내지 범죄자의 입거, 그리고 도망자에 대한 추쇄 등으로 사민 정책은 점차 징벌적 성격을 띠게 되었다.

이주 대상이 된 백성들의 저항도 만만치 않았다. 재위 19년 1월에 경상도 개령읍의 아전 임무가 팔뚝을 끊어 스스로 불구자가 되어 함경도에 들어가 사는 것을 피하려 했다. 세종은 이 보고를 받고 "심히 측은이 여긴다."면서 입거하는 사람들이 지나가는 주현들의 수령들은 마음을 다해 이들을 도와서 굶주리거나 추위에 떨지 않도록 하라고 지시했다.(세종실록 19/1/4) 하지만 이 문제를 조사하러 간 경차관이 이틀 뒤 그 "마음 씀이 잔인"하다면서 본인은 물론이고 그 처자까지 함경도의 신설한 역리로 만들어 뒷사람을 경계해야 한다고 주장했다. 세종은 이 문제를 의정부에서 의논하게 한 다음 본인만 함경도의 아전이 되도록 지시했다.(세종실록 19/1/6)

이주를 꺼려 미리부터 '빈약한 체'하는 자들이나 자살하는 사람도 있었다. 즉 남도의 백성들은 몇 해 뒤에 입거할 것을 두려워해 미리 거짓으로 빈약한 체하거나 "혹은 손을 놀려서 농사를 폐지"(세종실록 21/10/22) 하기도 했다. 또한 전라도 옥과현의 호장 조두언은 함경도의 향호로 입거하게 되었는데, 멀리 이주하는 것을 꺼리어 스스로 목숨을 끊는 사건이 발생하기도 했다. 이 사실을 보고한 전라도 관찰사는 "악역이 막심하다."면서 그의 처자를 역리로 삼아 뒷사람을 경계시켜야 한다고 주장했다. 그를 처벌하지 않으면 "생명을 가볍게 여기는 무리들이 계속해 일어날 것"이라는 말이었다. 논의 끝에 세종은 병조의 요청을 받아들여 조두언의 큰아들로 하여금 아버지를 대신해 어머니 및 동복형제들과 같이 함경도에 들어가 살게 했다.(세종실록 21/2/14) 재위 24년 1월에 무진군 사람 손민이 "북도에 들어가 살기를 꺼려 하여 목매어 죽은" 경우도 마찬가지였다.(세종실록 24/1/3)

그러면 이처럼 어렵고도 힘든 장애물들을 그는 어떻게 극복할 수 있었을까?

세종의 영토 경영 리더십: 장애물과 극복 방식

첫째, 현상 유지를 선호하는 조정 대신들의 개척 반대는 일차적으로 극복해야 하는 장애물이었다.

용성 후퇴론에서 보듯이 조정의 다수 신료들은 '민폐'와 '관리의 어려움'을 들어 북방 영토 개척을 반대했다. 그들은 변경이 북쪽으로 올라갈수록 병사들의 근무 여건은 어려워지고 여진족과의 잦은 마찰로 북변 백성들의 고초도 많아진다고 주장했다. 실제로 남쪽 지방에서 교대로 근무를 나가야 하는 군사들의 이동 거리는 멀어졌고 그 때문에 근무 조건의 개선을 요구하는 목소리가 높아졌다. 특히 현상 유지를 주장하는 신료들은 경원 지역까지 변경을 끌어 올리려고 하는 세종에게 "고려 때도 오히려 두만강을 경계로 삼지 못했다."면서 경원과 회령 지역까지 변경을 올려보았자 지속적으로 유지시킬 수 없으니 현재의 "마천령으로 경계를 삼자."고 주장했다.

이에 대해서 세종은 세 가지 근거를 들어 대응했다. 세종은 먼저 경원과 회령을 우리 영토로 삼은 것은 태조와 태종 등 "조종께서 하신 일"이라고 주장한다. 국정을 결정하는 데 있어 가장 중요한 해석의 근거의 하나인 '조종지법祖宗之法'을 들어 변경 후퇴론을 일축한 것이다. 하지만 현상 유지론도 만만치 않았다. 신하들은 '오랑캐는 오면 어루만지고 가면 쫓지 않는다'는 논리를 내세우며 공세적인 안보 전략을 비판했다.

이에 대해 세종은 함경도에 "오랫동안 북쪽 변방에 있어서 야인들의 사정을 익히" 알고 있는 김종서의 '오랑캐 속성'을 거론했다. 즉 김종서에 따르면 여진족은 "비록 부자와 형제간이라도 필요하면 서로 싸우고 해쳐서 원수와 다름이 없어, 혹은 이로써 맺었다 하더라도, 이가 다해

지면 또 그 독기를 마음대로 부린다."면서, 밖으로는 회유의 은혜를 보이고 안으로는 방비의 일을 닦는 게 최선의 방책"(세종실록 19/8/6)이라고 하여 현상 유지론자들의 소극적인 여진족 대처 방안을 비판했다.

회유와 방비를 겸비한 공세적인 대응 전략을 주장하는 김종서의 오랑캐론은 여진족의 경원 포위 등으로 위기에 몰린 세종의 북방 개척 전략에 큰 힘이 되었다. 세종은 또한 변경의 상향 이동이 여진족과 잦은 마찰을 빚는다는 주장에 대해서 역사적 경험을 통해 논박했다. 태종 때 신하들의 주장으로 변경을 후퇴시켰지만, 그럼에도 불구하고 여전히 여진족과의 마찰은 계속되고 있지 않느냐는 것이다. 이 과정에서 특히 황희의 현지 조사 및 국왕 의지의 수용이 후퇴론을 잠재우는 데 도움을 주었다.

둘째, 명나라와 여진족의 동향 역시 극복해야 할 숙제였다. 명나라로부터 건주위 추장이라는 관직을 임명받은 이만주로서는 조선을 고립시키기 위해 갖은 노력을 기울였다. 그는 명나라 사신을 초청해 극진히 대접하는가 하면, "조선의 군사 때문에 백성들이 생활할 수가 없다."든가 "조선에서 여진족을 납치해 가서 억류하고 있다."는 등의 말을 하곤 했다.

당시 명나라는 조선을 견제하려는 태도를 유지하고 있었기 때문에 세종은 신속하게 대처하지 않으면 안 되었다. 앞의 10장 1절에서 살핀 것처럼, 정확한 보고와 지성 사대를 통해 명나라의 신뢰를 얻는 외교 노선을 택했다. 이는 태조 때부터 대외 정책의 기조가 된 '명나라 동맹 노선'을 계승한 정책이기도 했다. 명 황제는 결국 조선을 신뢰하게 되었다. 두 차례에 걸친 여진족 토벌 때 조선의 편을 들어 준 것이 그 증거이다.

이만주의 로비와 요청에도 불구하고 "이만주의 거짓말을 이내 알았고" 또 "동창 등이 거기서(조선) 편히 살고 있다는 것을 들었으니, 그들을 거기 살게 하라."(세종실록 21/5/13)는 명나라의 회답도 그러한 정황(신뢰)을 보여 준다.

다른 한편 세종은 이만주 휘하의 범찰·동창 등의 고위 인사를 회유하는 방법을 사용하면서 북변의 여진족 추장들의 귀화를 적극 포용하고 안착시키려고 했다.(세종실록 19/9/8 거아첩합의 경우; 20/7/11 모다적의 경우) 특히 그는 1차 여진족 토벌(파저강 토벌) 때 포로로 잡혀 온 여진족의 처자에게 의식을 넉넉히 주어 간곡하게 보살펴 주었을 뿐만 아니라 "심지어 부녀자들이 남자들과 섞이지 않게 하여 예로써 대우"하고, 나중에 자기의 고향으로 돌려보내기까지 하는(세종실록 19/11/3) 등 그야말로 '어진 정치'를 베풀었다. 이 때문에 "조선에서 살고 싶다."며 일본과 여진, 그리고 중국과 남만 지역의 사람들이 떼를 지어 들어오는 집단 귀화 현상이 일어나기도 했다.

한마디로 명나라 조정뿐만 아니라 주변국의 사람들에게까지 신뢰를 얻음으로써 조선에 유리한 국제 환경을 만든 것이다. 아울러 세종은 중국의 사신이나 귀화한 여진족으로부터 얻은 정보를 십분 활용해 이만주의 소재를 파악하는가 하면, 2차 파저강 토벌을 승리로 이끌기도 했다.

셋째, 연이은 흉년과 백성들의 고통은 아마도 세종에게 가장 힘든 장애물이었을 것이다. 세종의 재위 기간은 "한 해도 흉작이 아닌 해가 없을 정도로"(세종실록 19/8/28) 어려운 자연환경이 계속되었다. 그 당시의 가뭄과 홍수는 우리나라뿐만 아니라 만주 지역과 일본까지도 심각했다.(세종실록 19/10/20; 31/8/19) 세종이 지적한 것처럼 그러한 흉년은 "고금에 없었던 일"(세종실록 21/7/4)이었는데, 설상가상으로 함경도는 역병으로 많은 사람이 죽기까지 했다.(세종실록 17/11/23) 이런 상황에서 백성들을 동원해 성을 쌓고, 고향을 떠나 황무지나 다를 바 없는 북변으로 이사하라는 요구는 참으로 난감한 것이었다. 비록 김종서와 같은 신료들이 "오늘날의 네 고을을 설치하는 것은 오로지 북방을 수호하려는 것이며, 오늘날의 성곽을 쌓는 것은 오로지 나라의 울타리[藩屛]를 공고히 하려 함이며, 오늘날의 변방을 수어하는 것도 역시 저들 적을 방어하여 우리 백성을 편하게 하려는 것"(세종실록 19/8/6)이라면서 4군 6진 개척의 당위성을 주장했지만, 세종의 마음은 무거울 수밖에 없었다.

이 상황에서 세종이 취한 조치는 크게 세 가지이다.

첫째는 남쪽 지방의 식량을 신속히 이동시켜 기아를 막는 일이었다. 세종은 조선시대 국왕의 가장 중요한 책무의 하나인 식량의 이동, 즉 괜찮은 지역에서 흉년 든 지역으로 식량을 신속하게 이동시키기 위해 전력을 다했다. 아울러 그는 생산력 제고를 위해 다양한 농업 기술을 개발했다. 함경도 지역에 수전 경작을 시도하거나, 목면 종자를 보내 따뜻한 의복을 만들어 입도록 지시했다.(세종실록 17/9/12) 재위 19년 2월에 《농사직설》을 내려보내면서 신농법을 "정성껏 가르치고 일러서 농민들이 다 알게 하라."(세종실록 19/2/15)고 지시한 것이나, 장영실 등이 개발한 〈일성정시의日星定時儀(해와 별로 시간을 재는 시계)〉를 함경도와 평안도 군중에 보내 경비에 사용하도록 한 일(세종실록 19/4/15; 19/6/18)도 이런 맥락에서 이해할 수 있다.

둘째는 4군 6진 지역을 최대한 좋은 공동체로 만들기 위한 노력이다. 세종은 이들 지역에 조세를 최대한 감면했으며, 함경도에 의사를 보내 4군의 군민을 구휼케 해 달라는 김종서의 요청을 곧바로 받아들였다.(세종실록 17/9/25) 그는 "향풍鄕風(지역 문화)을 아끼는 마음"을 갖게 하기 위해 각 호에서 해당 지역의 성姓[土姓]을 만들어 호적에 올리게 하는(세종실록 19/1/5) 한편, 신설된 지역의 호구가 500호를 넘으면 조정에서 교관을 파견하게 했다.(세종실록 21/3/8) 신설된 지역에는 관복과 법률 서적과 농잠서 및 《삼강행실도》를 우선적으로 보내기도 했다.(세종실록 21/3/9) 평안도의 경우 다른 지역과 달리 두 명의 수령을 파견해서 행정과 방어가 다 잘 이뤄질 수 있게 하기도 했다.(세종실록 17/7/28)

셋째는 좋은 지도자를 임명해 그들과 동고동락하면서 설득하게 하는 일이었다. 세종은 최측근인 김종서를 함경도에 파견해 백성들의 고통을 보살피고 조정에 알리게 했다. 김종서가 요청한 민생 관련 제안을 거의 다 받아들인 것은 당연한 일이었다. 그는 재위 21년(1439년) 2월에 함경도의 수령을 선발할 때 "문과 리에서 뛰어나고 신수와 언변을 겸비한" 사람을 뽑도록 했다. 지역민들을 잘 설득해서 이끌어 갈 수 있는 지도자가 필요하다고 판단했기 때문이다. 재위 23년에는 수령 가운데 장수가 될 만한 사람을 뽑아 교육을 받은 후 임용하도록 하기도 했다.(세종실록 23/1/20)

제2절

백두산 프로젝트

세종의 북방 개척에서 중요한 과제의 하나는 백두산을 우리 영토 안에 편입시키는 일이었다. 세종은 '백두산 전역이 우리 땅'이라고 생각했다. "전조(고려) 때에는 (백두산이 포함된) 함흥咸興의 북쪽은 우리나라의 소유가 아니었는데, 윤관尹瓘이 승리의 기세를 타고 깊이 들어가서 비석碑石을 세워서 경계를 정했다."(세종실록 14/2/2)는 말이 그것이다.

세종의 이 말처럼 고려 중기까지만 해도 함흥 이북은 여진족과 우리나라 사람들이 함께 살아가는 공간이었다. 그런데 고려 예종 재위 2년인 1107년 12월에 윤관이 17만 명의 군사로 여진을 정벌하고 9성을 개척한 이후 북쪽으로 영토가 확장되었다. 어쨌든 세종은 '윤관의 승리'를 언급한 지 두 달 후인 1432년 4월에 다시 백두산에 대해 언급했다. 그는 "백두산 근처에 한 땅이 있는데, 명나라의 태조 고황제가 고려에 예속시켰다. 내가 《지리지地理志》를 보니 한 옛 성의 터가 백두산 앞에 가로놓여 있는데, 이것이 그 땅이 아닌가 의심된다. 마땅히 찾아내어 우리나라의 경계境界로 하여야 하겠다."고 말했다.

백두산을 우리 영토로 만들라

세종은 이처럼 백두산을 비롯해서 두만강 지역을 우리 영토로 확보해야겠다면서 하나하나 조치를 내렸다. 예컨대 그는 함길도 지역에 재정을 조달하기 위해서 앞에서 살펴본 것처럼, 삼남 지역에서 준비를 시키고, 경원 지역에는 인근 지역 주민들을 이주시켰다. 이때의 사민은 단계적으로 추진되었다. 경원 지역 인근에서 변방의 개척지로 옮겨 가는 1단계 사민이 이뤄진 후에 그 빈 지역에 삼남 지역 사람들이 옮겨와 살게 하는 것이다. 삼남 지역 사람들을 개척지로 바로 옮기면 적응을 못할 거라는 판단에서 내린 조치였다.

세종의 북방 영토 경영에서 빼놓을 수 없는 사람이 있는데 바로 김종서(金宗瑞, 1383~1453년)이다. 김종서는 태종 5년(1405년)에 23세의 나이로 문과에 급제한 사람이다. 그는 태종 15년에 궁궐 내 비품의 출납을 담당하는 직장直長의 일을 잘못하여 태장笞杖을 맞고 파면 당하는가 하면, 태종 18년에도 죽산 현감으로서 방축을 제대로 수축하지 않아서 또 태형을 받았다. 말하자면 일을 잘못해서 매 맞는 별 볼일 없는 관리였다. 그런 그가 세종을 만나면서 6진 개척과 사민 정책을 추진하는 등 국가의 중추인물이 되었다.

김종서는 세종의 명을 받아 61세의 나이에 함길도로 파견을 갔다. 영의정 황희가 왕명을 받들어 함길도 현지에 다녀왔던 것처럼 김종서도 당연하다는 듯이 북쪽 변방으로 떠났다. 이때 김종서는 세종의 총애를 가장 많이 받는 대신이었고, 세종이 미묘한 얘기를 할 때도 김종서만은 정확하게 이해하는 측근 신하였다. 그런데도 그 나이에 예순이나 되는 노구를 이끌고 북방 함경도로 가라고 하는데도 군말 없이 갔다. 그때

지은 유명한 시가 있다.

삭풍은 나무 끝에 불고
명월은 눈 속에 찬데
만리변성에 일장검 짚고 서서
긴 휘파람 큰 한 소리에
거칠 것이 없어라[1]

문무를 겸비한 지도자가 품고 있는 사명감과 긍지를 느낄 수 있는 시이다. 어쨌든 현지에 도착한 김종서는 세종께 자주 편지를 올렸다. 세종도 김종서에게 수시로 글을 보냈다. 예컨대 재위 19년 8월에 세종은 공주, 즉 지금의 회령 지역을 포기하자는 신하들의 의견을 말한 다음, 그렇게 한다면 수십 년이 못 되어서 여진족들이 틀림없이 넓게 퍼질 것이라고 우려했다. 따라서 지금 추진하고 있는 북방 영토 개척 사업이 국가적으로 매우 중요하니, 용기를 잃지 말고 일해 달라고 당부했다. 1,831자의 한자(원고지 28매의 번역문)로 된 장문 편지의 요지는 "큰일을 이루려 할 때 처음에는 비록 순조롭지 못한 일이 따르지만, 후일 그 공효[後日之效]는 틀림없이 창대할 것"이라는 내용이었다.(세종실록 19/8/6)

김종서 역시 답장을 보냈다. "어찰御札을 뵈옵고, 여러 날 동안 낮이면 읽고 밤이면 생각하였습니다. 성상께서 백성 사랑하시기를 지극히 하시고, 나라 걱정하시기를 장원長遠하게 생각하시는 것을 깊이 공감" 했다는 말로 시작되는 김종서의 편지 역시 만만치 않게 길다(한자로 2,617자, 원고지 44매의 번역문). 그는 답장에서 "빨리 이루는 것을 구하지 마시고

1 이 시조는 김종서가 우리말로 지은 것인데, 한문으로 번역[飜文]된 것이 《병와가곡집(瓶窩歌曲集)》에 다음과 같이 실려 있다. 朔風吹木末 / 明月雪裏寒 / 萬里邊城杖修劍 / 長嘯一聲 / 無滯礙. 《절재선생실기(節齋先生實記)》 卷2.

[不求速成], 작은 이익을 귀히 여기지 마시며[不貴小利], 작은 폐단을 계산하지 마시라[不計小弊]."고 조언했다. 그러면 마침내 "뜬 말[浮言]이 스스로 가라앉고 민심도 저절로 안정될 것"이라는 게 김종서의 판단이었다. 편지를 다 읽은 세종은 "내가 북방의 일에 대하여 밤낮으로 염려했는데, 이제 경의 글월을 보니 걱정하지 않아도 되겠다."고 즉시 회답했다.

그런 김종서도 모함에 빠진 일이 있었다. 재위 22년 1월에 김종서가 평소와 다른 어투로 편지를 보냈다. "신하가 임금께 박절한 일이 있으면 슬피 울면서 간절하게 고하는 것이 이치상 당연한 것이요, 정의상 지극한 것"이라는 말로 시작되는, 평소의 그 답지 않은 말투의 편지였다. 이어서 그는 자신이 함길도에 와서 한 일들을 나열한 뒤에 "그러나 예부터 일을 이룩하는 신하는 비방과 헐뜯음을 많이 당하는데, 이치와 형편상 그렇게 되는 것이니, 신이 또 무엇을 혐의스러워하겠습니까."라면서 사직을 요청했다.

김종서, 억울하다며 사직서를 제출하다

당황한 세종이 도승지 김돈을 불러 "김종서가 어찌하여 이런 말을 하는가. 경도 들은 바가 있는가."라고 물었다. 그러자 김돈이 사헌부에서 김종서를 탄핵한 일이 있다고 말했다. 즉 ① 김종서의 기생[愛妓]이 여진족으로부터 받은 물건들을 김종서가 서울에 있는 관리들에게 뇌물로 주었다는 것과, ② 김종서가 함길도에서 개척한 땅을 자기 마음대로 주고 빼앗았다는 것과, ③ 어머니 상중喪中에 왕명을 받고 북방의 진鎭으로 돌아갈 때에 안변安邊의 기생을 경성鏡城까지 데리고 간 것 등이 탄핵 내용이라고 했다. 이어서 김돈은 "그러하오나 김종서는 유학자이옵니다."라며 그를 변호했다. 즉 김종서가 경성의 진鎭으로 돌아갈 때는 실로 애통할 때인데, 어찌 기생을 데리고 갈 리가 있겠으며(③), 지난번 왕께서 '그 지역 군·민軍民의 일은 모두 김종서의 뜻대로 하라.'고 하셨는데, 저들이 그런 교지가 있는 것을 알지 못하고 말한 것이라고 말했다(②). 또한 김종서의 근무지는 경성鏡城에 있어서 여진족과의 국경[關塞]까지 100여 리나 되는데, 어떻게 여진족이 그 기생에게 뇌물을 줄 수 있겠느냐고도 말했다(①).

이 말을 들은 세종은 사헌부의 탄핵 내용은 "모두 거짓말이다. 김종서의 공은 크다. 그를 움직일 수는 없다."라고 대답했다. 나아가 그는 과거 고려 때 윤관이 모함에 빠졌으나 끝까지 그가 보호되었던 사실을 지적했다. "예전에 고려 시중侍中 윤관尹瓘이 북방을 정벌하였는데, 온통 조정의 대소 신료들이 모두 그를 죽이기를 청하였다. 그때의 임금이 듣지 아니하고 그 임무를 전담하게 하여서, 그 공을 이룩하게 하였다."는 말이 그것이다.(세종실록 22/1/17)

이어서 세종은 그를 모함한 박호문의 경박함을 비판했다. 그의 언어言語와 행동거지가 간편하고 날카로웠기 때문에 파저강 토벌 때 중용했고, 특히 김종서의 천거를 받아서 회령 절제사로 삼았는데, 그가 오히려 김종서를 모함했다는 말이 그것이다. 그런데 흥미로운 부분은 박호문에 대한 세종의 언급이다. "내 생각에는, 김종서는 위력威力으로 여진족을 제압하려고 하고 박호문은 그들을 회유하려고 하여서, 두 사람의 신조가 같지 아니한 때문"이라고 말했다. 박호문에게도 한 가지의 진실성이 있다는 걸 인정한 것이다. 김종서와 박호문이 서로 믿는 바가 달라서 이런 일이 발생한 것이지 선과 악의 문제로 양단해서는 안 된다고 본 것이다[그러나 결국 세종은 박호문을 여연閭延으로 귀양 보냈다.(세종실록 22/8/26)].

마무리

이상에서 살펴본 바와 같이, 세종은 4군 6진으로 표현되는 포괄적 국가 프로젝트를 성공적으로 수행하기 위해, 명나라 및 주변국 사람들에게 신뢰를 얻는 데 주력했다. 그는 또한 고통을 감내해야 하는 백성들을 배려하고 설득하는 한편, 유능한 신료들을 믿고 책임 지우는 방식으로 이끌어 갔다. 특히 국방 및 안보와 관련된 사안에 대해서는 정보를 통제해 일이 효율적으로 진행되도록 했다.

그 결과 백두산을 포함해 우리 영토를 확장하는 데 결정적인 기여를 했다. 특히 백두산 전역을 우리의 영토 안으로 넣은 것은 단순한 영토 확장 이상의 의미를 갖는다. 그 이전과 달리 세종시대 이후의 지도에서 백두산이 강조되어 나타나고 있으며, 문종시대의 정안종의 말에서 볼 수 있듯이, 백두산은 "우리나라 산천의 근원[原]"(문종실록 1/4/14)으로 묘사되곤 한다. 그리고 세종이 반드시 의도했다고 할 수는 없지만, 조선 후기의 허다한 문인들은 백두산을 '겨레의 영산靈山'으로 노래했으며, 김정호 역시 《대동여지도》에서 백두산을 '국토의 뿌리'로 그렸다.

무엇보다 "조종의 땅은 비록 단 한 뼘의 땅도 버릴 수 없다."는 원칙을 세워, 당시의 떠도는 말을 물리친 세종의 결단력과 난관을 헤쳐 나가는 추진력은 뛰어난 정치가로서 국왕의 모습을 보여 주었다. "대업을 세우는 자는 작은 폐단을 돌아보지 않는다."(세종실록 19/8/6)라는 말처럼, 비록 민폐와 우여곡절을 겪으면서도 압록강과 두만강을 우리의 변경으로 만든 사실이야말로 그의 프로젝트를 성공적이었다고 평가할 역사적 근거라고 하겠다.

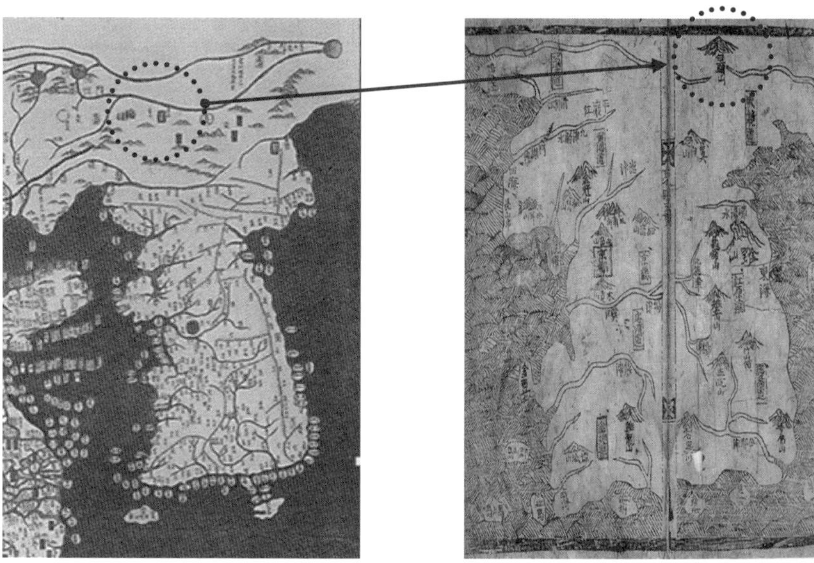

백두산 프로젝트의 결과 변화된 지도
좌: 혼일강리역대국지도(태종 2년, 1402년), 우: 팔도총도(성종 11년, 1480년)

읽을
거리

세종의 영토 개척, 김대중 대통령의 정보 통신 산업 개척

> 우리 민족은 지난 산업혁명시대에 근대화의 지체로 100년 동안 고생을 했습니다. 그러나 정보화만은 이제 시작입니다. 산업화는 늦었지만 정보화는 앞서 나갑시다.

앨빈 토플러, 빌 게이츠, 손정의 세 사람은 김대중 전 대통령의 친구이자 스승이었다. 그들만 만나면 묻고 또 물었다. 1999년 연말에 한국을 찾은 손정의는 김대중에게 이렇게 조언했다.

> 학생에게 투자하십시오. 지금까지는 암기하고 외워야 했지만 앞으로는 인터넷이 있기에 생각하고 응용함으로써 인간이 더욱 창의적으로 될 것입니다. 한국 학생들이 장차 인터넷을 가장 능숙하게 사용하는 사회인이 되게 하는 것, 이는 최고의 이윤을 얻는 투자입니다.

김대중은 손정의의 말을 따랐다. 그리고 정확히 1년 후 전국 초·중등학교를 초고속 인터넷으로 연결했다. 손정의의 활동 무대인 일본서도 이뤄 내지 못한, 세계 최초였다. 김대중은 지식 정보 산업 육성에 매진했다. 무모하다고 여길 만큼 밀어붙였다. 국무 회의에서 장관들을 질책했다.

> 나같이 늙은 사람도 어떻게 해 보려고 노력하고 있습니다. 그런데 여러분은 왜 하지 않습니까. 빛의 속도로 세상이 바뀌는 것을 알면서도 왜 그리 주저하고 있습니까.

2000년 12월 정보 고속 도로를 개통시켰다. 전국 144개 주요 거점을 광케이블 초고속 정보 통신망으로 연결했다. 경부 고속 도로 길이보다 44배나 길었다. 2001년 2월 취임 3주년을 맞아 정부 중앙 청사와 과천 청사를 연결해 사상 첫 '화상 국무 회의'를 열었다. 2002년 11월 초고속 인터넷 가입 가구가 1,000만을 돌파했다. 퇴임 무렵에는 인터넷 인구가 2,700만 명을 넘었다. 세계가 IT 강국이라며 부러워했다.

근대화 이후 일본을 처음 앞지른 것은 바로 IT 분야였다. 그 속에는 김대중의 집념과 열정이 들어 있었다. 70대 노인의 투혼은 실로 눈물겨웠다. 앨빈 토플러는 기회 있을 때마다 김대중의 업적을 기렸다.

> 뛰어난 지도자를 지녀서 행복한 국민이다. 한국민은 김대중 대통령에게 많은 빚을 지고 있다.

– 출처: 김택근. 〈[김대중 평전 '새벽' 41] 사이버 공간을 달렸던 70대 대통령〉. 《프레시안》 2012. 5. 31. 기사.

제12장

[계승]

지속 성장을 위한 조건

| 학습 내용 |

• 리더십 승계 문제, 매우 중요하지만 거론하기 어려운, 조직의 '뜨거운 감자'
• 후계자 선정의 기준과 최고 지도자의 조건 4가지
• 세종으로의 권력 이동: 66일간의 리더십 전위傳位 작업
• 세종이 잘못한 점, 리더십 전위

| 학습 목표 |

• 첫째, 조직의 안정적인 발전, 즉 자기 지속적인 성장 체제로의 도약을 위해 가장 중요한 과제가 성공적인 리더십 승계라는 것을 안다.
• 둘째, 태종이 충녕대군으로 세자를 교체하면서 거론한 최고 지도자의 조건과 선택 기준 — 출생 순서[擇長]와 개인 역량[擇賢] — 의 의미를 말할 수 있다.
• 셋째, 태종이 세자를 교체한 후 66일간 보여 준 배려와 신뢰의 리더십을 알고, 실천한다.

| 요점 |

• 성공적인 리더십 승계의 요건
① 선정한 후계자가 그 조직을 이어받기에 합당한 능력을 갖췄다는 공감대 형성
② 구성원의 관심과 지지가 승계자에게 옮겨 가도록 하는 세심한 배려
③ 조직의 제2인자 기간을 최소화하기

제 1 절

최고 지도자의 마지막 임무, 후계자 선정

태종 이방원李芳遠(1367~1422)의 '일생 최대의 업적'은 역시 세종에게 성공적으로 왕위를 물려준[傳位] 일이다. 그가 만약 충녕대군을 포함하여 왕자들을 보호하지 않았거나, 마지막에 세자 교체를 하지 않았다면 아마 위대한 '세종 치세'는 없었을 것이다.

그런데 태종 재위 말년인 1417년까지만 해도 충녕대군이 왕이 될 것이라고는 누구도 확신할 수 없었다. 비록 태종과 양녕대군 사이에 갈등이 있지만, 양녕이 점차 철이 들면 좋아지거나, 태종이 죽은 뒤 양녕대군에게 어쩔 수 없이 왕위가 승계될 것이라 생각했다. 그 당시 가장 정보에 빨랐던 황희조차도 양녕대군 쪽에 줄을 대고 있었던 사실이 그러한 정황을 말해 준다.

그런데 그다음 해인 1418년에 들어서 상황이 많이 바뀐다. 태종의 4남 성녕대군이 갑작스럽게 사망하자 태종은 정치에 대한 의욕을 크게 상실한 듯 했다. 게다가 세자 양녕이 반항하는 일까지 발생하자 태종은 양녕에 대한 기대를 완전히 접는 상황이 된다.(5월) 그 즈음에야 충녕대군으로의 왕위 계승이 점쳐지기 시작했다.

그러면 태종은 도대체 어떤 생각으로 15년이나 대권 후보자로 지냈던 장남 양녕대군을 세자 자리에서 물러나게 하고 셋째 아들 충녕대군을 그 자리에 앉혔을까? 그는 세자 교체를 어떻게 정당화하고, 또 새로운 세자 충녕에게는 '2인자 스트레스'를 덜 받게 하면서 국왕 자리를 성공적으로 물려주었을까?

여기에서는 정치나 기업 하는 사람들이 가장 어렵게 여기는 리더십 전위傳位에 대해 살펴본다.

후계자 선정 논란, 택장擇長 vs. 택현擇賢

재위 18년의 《태종실록》은 온통 세자 양녕에 대한 군신의 실망과 충녕대군에 대한 감탄으로 가득 차 있다. 공부하기 싫다고 꾀병 부리는 세자와 그 어렵다는 《주역》까지 통달한 충녕대군의 실력(태종실록 18/1/26) 막내 동생 성녕대군이 사경을 헤맬 때 활쏘기 놀이를 하는 세자(태종실록 18/5/10)와 친히 의서를 연구하면서 직접 약을 달여 먹이는 충녕(태종실록 18/2/4) 그리고 초궁장·어리 등 기생에 빠져 부왕에게 분노의 글을 써 보내는 양녕과 그를 만류하는 충녕(태종실록 18/5/10) 등이 그것이다. 한마디로 이 시기가 되면 충녕대군의 "덕망이 날로 높아지니 중외에서 마음이 쏠리고, 임금과 왕비의 총애가 더욱 성盛하게" 된다.(태종실록 18/6/3)

이런 상황에서 유정현 등 조정의 거의 모든 신료들이 세자의 잘못을 낱낱이 고하는 상소를 올렸고, 마침내 태종은 "만약 후일에 생사여탈의 권력을 마음대로 한다면 형세를 예측하기 어렵겠다."면서 그 말에 공감을 표했다. 이에 힘입은 의정부 이하 여러 신료들은 다시 상소를 올려 "태조의 초창初創한 어려움을 생각하고 종사 만년의 대계를 생각하여 대소 신료의 소망을 굽어 따르시어 대의로써 결단하여, 세자를 폐하여 외방으로 내칠" 것을 요청했다.(태종실록 18/6/2) 한마디로 양녕에 의해서는 "종사 만년의 대계" 즉 수성기로의 전환이 불가능하다는 게 태종과 신료들의 공통된 판단이었다.

하지만 교체될 세자 후보에 대해서는 의견이 갈렸다. 태종과 왕비 민씨는 적장자 승계 원칙에 따라 양녕의 장남을 주장했다(당시 양녕의 장남은 5세, 차남은 3세였다). 그러나 이 의견은 "그 아비(양녕)가 번연히 살아 있는데 그 아들이 독자적인 정치를 탈 없이 할 수 있겠느냐."는 신하들의 반박으로 힘을 얻지 못했다.

둘째 아들 효령대군도 물망에 올랐다. 하지만 "효령은 항상 빙긋이 웃기만 할 뿐, 일을 조목조목 처리하는[開坐] 능력이 없다."는 이유로 국왕에 의해 배제되었다. 아직까지 셋째 아들 충녕이 수면 위로 떠오르지는 않고 있었다. 물론 그 당시에 충녕은 공부 잘하고, 형제간에 우애하는 것으로써 왕과 신민의 마음을 사로잡고 있었다. 하지만 서자까지 포함하면 열두 명이나 되는 왕자들 중에서 왜 하필 충녕인가에 대한 분명한 기준이 필요했다.

유정현 등이 제시한 기준은 '어진 사람'이었다. "나라의 근본을 정하는 데는 어진 사람을 고르는 것[擇賢]이 마땅하다."는 것이었다. 문제는 누가 어진가를 가리는 일이었다. 적장자의 기준과 달리, '어질다'는 것은 다분히 주관적으로 평가될 수밖에 없었다. 이에 대해 이조판서 이원은 "점占을 쳐서 정하자."고 제안했다.(태종실록 18/6/3) 옛날엔 큰 일이 있을 때 거북 껍데기[龜]나 톱풀[筮]로 점을 쳐서 정했는데 그 방식에 따르자는 것이었다. 태종은 "그러자."고 했다. 이미 수도를 한양으로 정할 때도 점으로 선택한 경험이 있는 그였다.

충녕대군을 선택한 이유: 최고 지도자의 조건

하지만 한참을 생각한 끝에 태종은 돌연 '택현擇賢'을 하겠다고 말했다. 천도하는 문제와 달리 왕위 후계자를 정하는 문제는 왕 자신의 신뢰와 신하들의 추대를 함께 받지 않으면 안 된다고 판단했기 때문이다. '충녕대군을 선택한 이유'(태종실록 18/6/3)는 조선왕조의 국왕 조건을 보여 주는 것으로서, 좀 더 세심히 살펴볼 필요가 있다.

> "훌륭한 임금이 있으면 나라가 복 받는다[國有長君 社稷之福]."는 옛말이 있다. (…) 충녕대군은 ① 천성이 총명하고 민첩하고 자못 배우기를 좋아하여, 비록 몹시 추운 때나 몹시 더운 때를 당하더라도 밤이 새도록 글을 읽는다. (…) ② 또 다스림의 대체[治體]를 알아서 매양 큰일이 있을 때 헌의獻議하는 것이 진실로 합당할 뿐 아니라 (보통 사람의) 생각보다 뛰어났다. ③ 중국의 사신을 접대할 경우엔 몸이 빛나고[身彩] 언어 동작이 두루 예禮에 부합하였다. 술을 마시는 것이 비록 무익無益하나, 그러나, 중국의 사신을 대하여 주인으로서 한 모금도 능히 마실 수 없다면 어찌 손님을 권하여서 그 마음을 즐겁게 할 수 있겠느냐? 충녕은 비록 술을 잘 마시지 못하나 적당히 마시고 그친다. ④ 또 그 아들 가운데 장대壯大한 놈이 있다.(태종실록 18/6/3)

여기서 보듯이, 태종이 충녕을 택한 첫 번째 이유는 총명하고 배우기를 좋아한다는 점이었다. 세자의 스승들을 모두 실망시켰던 양녕과 달리 충녕은 밤이 새도록 글을 읽어 당대 최고의 지식인이었던 변계량의

태종이 세종(충녕)을 택한 이유

- 지적 리더십: 총명하고 배우기를 좋아함
- 문제 해결 능력: 큰일이 닥쳤을 때 탁월한 의견 제시
- 외교 능력 또는 자기 절제력: 글로벌 매너 익숙
- 안정적 왕위 계승자의 존재

칭찬을 들을 정도였다. '무인 가문'이라는 이미지를 벗을 수 있고 지식인 사회를 이끌어 갈 수 있는 지적 리더십을 겸비한 좋은 후계자의 등장이 태종에게는 더없이 필요했다.

둘째, 정치의 대체大體를 안다는 점이었다. 태종에 따르면 충녕대군은 정치의 큰 흐름을 알아서 매양 큰일이 닥쳤을 때 헌의獻議하는 것이 진실로 합당했고 보통 사람들이 낼 수 없는 아이디어를 제시하곤 했다. 한마디로 일머리를 알고 있다는 게 충녕의 장점이었다.

셋째, 외교 능력이다. 중국 사신을 접대할 때 충녕은 몸이 빛나고[身彩] 언어 동작이 두루 예에 맞았다고 되어 있다. 게다가 술을 적당히 마시고 그칠 줄 알아서 사신을 대할 때 자연스러우면서도 실수를 하지 않았다고 한다. 일 년에 2~3회가량 찾아오는 중국 사신을 맞이해야 했던 조정으로서는 적당한 주량과 주법을 갖춘 세자가 필요했다. 여기서 중요한 것은 '적중이지適中而止', 즉 충녕대군이 술을 적당히 마시고 '그칠 줄 안다'는 말이다. 이는 한번 술을 마시면 끝을 모르는 양녕대군과 전혀 술을 못 마시는 효령대군의 사이의 중도에 있다는 점과 함께, 충녕의 자기 통제력을 지칭하는 말로 볼 수 있다.

넷째, 안정적 왕위 계승자의 존재이다. "그 아들 가운데 장대壯大한

놈이 있다."는 말은 이향(나중의 문종)을 가리킨 말일 텐데, 장대하다는 것은 단순히 키가 크다는 것이 아니라 학문 등에서도 전망이 있다는 말로 해석된다. 한마디로 충녕대군 한 시대만이 아니라 그 후의 세대에서도 정책이 계승되고 왕조가 번창해 나갈 것으로 태종은 기대했던 것으로 보인다.

마무리

태종은 조선 건국기의 대내외적 혼돈과 도전 속에서 수성기로의 진입을 정치적 목표로 삼는 한편 그 목표를 위해 좋은 후계자를 선정하고 성공적으로 왕위를 전위하려 했다. 그 과정에서 외척의 도전, 왕비의 세자 교체 반대 등의 장애물에 부딪혔다. 그럼에도 불구하고 그는 때로 선제적인 제압으로, 또 때론 국가 최고 지도자에게 필요한 덕목과 역량이 무엇인가를 분명히 제시하여 반대를 이겨 내고 훌륭한 후계자에게 왕위를 물려주었다.

특히 "통곡하고 목이 메이는 고통"을 감내하면서까지 세자를 교체하는 모습을 보면 그가 어떤 굴욕과 비난을 감수해서라도 조선왕조를 공고화시키려 했음을 알 수 있다. 한마디로 그는 창업기에서 수성기로 전환시키는 것을 자신의 소임으로 생각하고, 이를 위해 혼신을 다했던 뛰어난 군주였다. 하지만 세자 교체만으로 이 소임이 다 끝나는 것은 아니었다. 후계자가 그것을 잘 이어받아야 하기 때문이었다.

제2절

전격적 전위, 66일간의 기록

태종이 세자를 교체하는 1418년 6월 3일부터 전격적으로 왕위를 물려주는 8월 10일까지 66일간의 실록 기록은 흥미진진하다. 태종의 놀라운 전위傳位 리더십을 생생하게 담고 있기 때문이다. 그것을 정리하면 다음과 같다.

첫째는 후계자가 뛰어나다는 것을 드러나 보이게 하는 일련의 조처들이다. 세자 교체 후 태종이 맨 먼저 한 일은 세자 교육을 위한 서연관을 구성한 것이었다(6월 3일). 이어서 그는 서연을 열어 사서四書를 진강하게 하여 "좌우를 모두 탄복"시켰다(6월 10일). 세자의 학문적 능력을 과시함으로써 유교 지식인들의 지지를 이끌어 내려는 의도였을 것이다.

둘째는, 세자를 신뢰하는 말과 행동을 하였다. 세자궁에 왕명 없이 출입한 사복 소윤 권이를 처벌해야 한다는 주장에 대해서 태종은 옛날 양녕과 달리 "지금 세자는 효우하고 온공하며 학문을 좋아하기" 때문에 그렇게 단속할 필요가 없다고 반응했다. "이제부터는 세자를 만나보고자 하는 자가 있거든 비록 초야의 미천한 사람이라도 금지하여 물리치지 말고 들어가 만날 수 있게 하라. 무릇지기 세자로 하여금 깊이 인심을 얻게 하는 것이 나의 뜻이다. (…) 나는 세자를 보호하기를 양녕과 같이 행하지는 않을 것이다."(태종실록 18/6/21)라는 말이 그것이다.

셋째는, 그간 밀려 있는 공사들을 서둘러 마무리한 사실이다. 태종은 병조판서 박신을 불러서 창덕궁의 인정전을 고쳐 짓도록 지시하면서 다음과 같이 말했다.

> 인정전이 비좁아서 마땅히 새로 지어야 할 것이다. 토목의 공사는 백성을 괴롭히는 큰 사업이기 때문에 백성들이 심히 괴롭게 여긴다. 그런데도 속히 지으려는 까닭은 다름이 아니다. 그것은 요컨대 백성 부리는 책임은 내 자신이 감당하고, 세자가 즉위한 뒤에는 비록 한 줌의 흙이나 한 조각 나무의 공사라도 백성에게 더하지 못하게 하여 깊이 민심을 얻게 하려는 것이다.(태종실록 18/7/5)

여기서 태종은 백성들이 괴로워하고 원망하는 모든 일들은 자신이 다 해 놓음으로써 새로 즉위한 임금으로 하여금 민심을 얻도록 하겠다고 말하고 있다. 바로 이 말이 태종이 취했던 일련의 조치들—내외척 제거, 중국에 대한 지성 사대—을 이해하는 요체라고 생각한다. 이 모든 일은 태종의 과감한 결단력, 즉 적시에 스스로 왕위에서 물러났기 때문에 더욱 빛을 발했다. 만약 1418년에도 그 전처럼(1406년) '전위 선언을 통한 충성 시험대'로 삼았다면, 세자를 시험에 들게 했을 뿐만 아니라, 국왕의 신뢰가 크게 추락했을 것이다. 그는 단호하게 "18년 동안 호랑이를 탔으니, 정말 이미 충분하다."면서 왕위에서 물러났다.

태종을 탁월한 군주라고 부르는 것은 혁명을 성공시키고, 어려움을 이겨 내고 왕위에 올라서가 아니다. 그보다는 왕 자신이 정치의 세계에 도취되지 않고, 권력에 대한 일정한 거리 두기를 할 수 있었기 때문이다. 그는 불교나 미신 등 그 어느 종교에도 심취되지 않았다. 오로지 그는 정치를 '사람의 일'로서 인식하고, 왕 자신이 할 수 있는 모든 일을 해 놓으려 했다. 특히 새로 즉위하는 왕에게는 민심을 잃는 일을 하지 않도록 궁궐을 증축하는 일이나, 내외척을 제거하는 일 등 이른바 '손에 피를 묻히는 일'을 기꺼이 해치웠다.

특히 간과해서는 안 되는 것은 태종의 각종 개혁(호패법, 화폐 개혁, 군제 개혁)으로 인해 서울과 지방의 창고가 가득 차서 물로 주변을 둘러싸게 하는 창고를 지어야 할 정도로 경제적인 여유가 생겼다는 사실이다.(태종실록 6/5/25) 태종시대의 이 같은 나라의 살림살이가 있었기 때문에 세종시대의 문화 정치가 가능했다는 해석이 가능한 대목이다.

뛰어난 승계자 세종

그럼 왕위를 물려받은 세종은 어떻게 처신했을까? 세종은 부왕이 왕위를 물려준 다음 거의 5년간이나 상왕으로 통치하는데도 아무런 불만 없이 받아들였다. 불만은커녕 더 많은 것을 전수받지 못해 안타까워한다. 사실 5년여의 상왕 통치는 세종의 입장에서 볼 때 자존심 상하고 참기 힘든 것일 수 있었다.

1418년 8월 10일 세종에게 왕위를 물려주면서 태종은 "주상이 장년壯年이 되기 전까지 군사에 관한 일은 내가 친히 듣고 결단할 것[其軍事予親聽斷]"이라고 말했다. "나라에서 결단하기 어려운 일에 대해서는 의정부·육조로 하여금 의논하게 하여 각각 가부可否를 진달하게 하여 시행하게 하되" 스스로도 결정권자로서 참여하겠다[參與於可否]며 '조건부 양위'를 선언했다.(태종실록 18/8/10)

현재의 왕을 '정치적 미숙아'로 간주하고 후견인의 역할을 자처한 것이다. 그런데 '나라에서 결단하기 어려운 일[國家難斷之事]'이란 매우 주관적인 것이어서 대마도 정벌 등 '군사에 관한 일'은 물론이고, 인사와 재정, 그리고 외교에 관한 일까지 태종은 마음먹은 대로 거의 모든 영역에 관여했다.

세종이 똑똑했던 것은 그렇게 주어진 조건을 부정하고 무리하게 뒤집으려 하기보다는 오히려 수용하고 즐기는 자세를 보인 점이다. 왕 자신이 할 수 있는 것은 집현전 학사들과 학문을 토론하고, 부왕의 강무講武를 핑계한 사냥에 따라다니는 것뿐이었지만, 그럼에도 세종은 조금도 불만스러운 내색을 하지 않았다. 오히려 그는 적극적으로 부왕의 거처로 찾아가 아뢰고 의논한 다음 부왕의 뜻대로 결정하였다.

왕위에 오른 지 26일이 되는 1418년 9월 6일부터, 부왕이 사망하는 8일 전인 1422년 4월 22일까지 세종은 그야말로 '거의 매일' 태종께 문안을 드렸다[每日問安]. "임금이 수강궁에 나아가 문안하였다[上詣壽康宮問安]."(세종실록 1/5/8), "이어소에 문안하다."(세종실록 1/12/21) "풍양궁에 문안하다."(세종실록 3/5/9) "임금이 신궁新宮(연희궁)에 문안하였다[上朝新宮]."(세종실록 3/5/6) "낙천정에 문안하다."(세종실록 3/8/27) 등 수많은 문안 기사가 그것이다.

> 이때부터 임금이 매일 궁 안의 길을 이용해 상왕전에 나아가 문안하였는데, 기거起居가 침착하였다. 임금이 종일토록 있다가 이윽고 돌아오곤 했는데, 일체 사무를 모두 상왕에게 여쭈었다.(세종실록 즉위년/9/13)

여기에서 '이때'란 세종이 즉위한 다음 달 무렵인데, 세종은 이때부터 아예 태종의 거처인 수강궁(지금의 창경궁) 옆 창덕궁으로 이어移御하였다. 아버지의 그늘에서 도망치려 하기보다 오히려 바싹 다가간 것이다. 인용문의 '궁 안의 길[宮中道]'이란 창덕궁과 수강궁(지금의 창경궁) 사이로 난 길을 가리키는데, 세종의 문안[朝]하는 모습이 이채롭다. "종일토록 함께 있다가 돌아오곤 했는데, 일체 사무를 모두 상왕에게 품신하였다."고 하는데, 세종은 모든 결정을 부왕께 품의稟議, 즉 여쭙고 의논하여 결정을 내린 것이다.

최고의 정치 멘토 태종

사실 '정치 멘토mentor'라는 측면에서 볼 때, 태종 같은 스승은 드물다고 하겠다. 태종은 고려 최고의 교육 기관인 성균관에서 공부하고, 당대의 석학 원천석元天錫의 가르침을 받아 과거에 합격한(17세) 실력파 군주였다.

그는 스물두 살 때인 1388년에 자기보다 25세 연상의 정도전과 손잡고 위화도 회군을 이끌어 냈으며(1388년 5월) 혁명에 방해가 되는 인물들, 즉 최영(1388년 12월), 이색(1389년 12월), 정몽주(1392년 4월)를 차례로 제거했다. 상황 판단력과 일 추진력이 대단했던 것이다.

태종은 1392년 7월 아버지를 도와 조선을 건국했고, 마침내 혁명 동지였던 정도전마저 척살하는 등 회군한 지 딱 10년 만에 정도전마저 거꾸러뜨리고 마침내 최고 권력자가 되었다(1398년). 한마디로 이방원은 회군回軍과 건국建國과 즉위卽位라는 엄청난 정치적 소용돌이를 헤치고 나간 사람이다.

그런 그가 겪은 수많은 인물 이야기와 정치적 결정과 추진력의 중요성을 청년 군주 세종에게 세세하게 들려주는 실록의 대목은 매우 흥미롭다. 역사상 가장 짧은 세자 교육 기간(66일)과 책벌레에 불과했던, 그래서 정치 권력의 냉혹함이나 국가 경영의 복잡 미묘함을 제대로 알지 못했던 세종이, 그처럼 노련하게 정치 세계를 헤치고 나갈 수 있었던 비밀이 기록되어 있기 때문이다.

리더십 승계 사례

세종은 교승지의交承之義, 즉 관리들 사이에서 임무 교대를 잘하게 만들기도 했다. 7년여 동안 함길도(함경도)의 국방 및 행정을 도맡았던 김종서를 다른 인물로 교체할 때가 그랬다. 세종은 1440년(세종 22년)에 김종서에게 다음과 같은 편지를 보냈다. "경의 후임으로 이세형을 결정했다. 혹여 신구관의 교대[交承] 과정에서 인심이 동요될까 염려되어 이세형에게 속히 부임지로 나아가라고 했다. 경은 후임자가 도착하면 당분간은 그전대로 북변 방어의 일을 관장하여 다스리고, 경이 다 시행하지 못한 일은 후임자에게 일일이 전수하도록 하라."(세종실록 22/12/4)

이 편지에서 세종은 오랫동안 북방 영토 개척에 공들인 김종서의 노고를 크게 칭찬했다. 어떤 연유로 그가 교체되었는지, 후임자가 누구인지 등을 상세히 그에게 알려 주었다. 무엇보다 일정 기간 종전대로 일을 관장하게 해서 인심을 안정시키고, 미처 시행하지 못한 것을 잘 전수하게 했다. 칭찬과 상세한 교체 배경 설명 등으로 김종서로 하여금 서운한 마음을 갖지 않게 하면서도 임무 교대를 잘하게 만든 것이다.

나중에 4군 지역과 달리 6진 지역은 주민들이 안착하며 살 수 있게 되었는데, 이런 뛰어난 임무 교대의 효과라고 할 수 있다.

마무리

이상에서 살펴본 것처럼, 태종이 세종 정치에 직접적으로 미친 영향은 두 가지이다. 그 하나는 여러 어려움에도 불구하고 세자를 교체하여 세종(충녕)을 왕위에 오르게 한 일이다. 만약 태종이 충녕대군을 포함하여 왕자들을 보호하지 않았거나, 마지막에 세자 교체를 하지 않았다면 아마 위대한 '세종 치세'는 없었을 것이다. "그의 일생 최대의 업적"(최승희, 2002)으로 평가받는 세자 교체는 태종의 독특한 정치관과 과감한 결단력 덕분에 가능했다. 그는 정치를 '사람의 일'로서 인식하고 왕 자신이 할 수 있는 모든 일을 다한 다음 후계자에게 왕위를 물려주었다. 그 일을 하는 과정에서 도덕적 비난이나 미래의 불확실성에 맞부딪혔을 때 그는 종교나 운명에 의존하는 대신 철저하게 정치에 헌신함으로써 극복해 나갔다.

다른 하나는 세종의 즉위 초반 태종이 보여 준 정치 스승 역할이다. 태종은 1418년 8월 10일 세종에게 왕위를 물려주면서 조건을 달았다. "주상이 장년壯年이 되기 전까지 군사에 관한 일은 내가 친히 청단聽斷할 것[其軍事 予親聽斷]"이라는 조건과 함께, "나라에서 결단하기 어려운 일에 대해서는 의정부·육조로 하여금 의논하게 하여 각각 가부可否를 진달하게 하여 시행하게 하되" 스스로도 결정권자로서 참여하겠다[參與於可否]는 조건이 그것이나.(태종실록 18/8/10)

청년 군주 세종은 영민하게 부왕의 뜻을 잘 받들었고, 부왕으로 하여금 눈물을 흘리며 감동하게 만들었다. 전위와 승계, 즉 모든 중요 사안을 부왕께 여쭙고 의논하는 세종의 품의稟議와 자신이 겪은 수많은 인물 이야기와 정치적 결정과 추진력의 중요성을 청년 군주 세종에게 세세하게 들려주는 태종의 멘토 리더십이 완벽히 조화를 이룬 것이다. 그 덕분에 세종은 '정치 수습修習 기간'을 성공적으로 마칠 수 있었다.

세종리더십 실천

안타깝게도 태종과 세종 사이에 있었던 완벽한 전위와 승계 리더십은 계승되지 못했다. '계유정난'(1453년) 등 세종 사후 일어난 일련의 정치적 홍역이 그것이다. 세종은 왜 부왕에게 배운 대로 말년에 리더십 전위를 하지 못했을까?

세종에게도 분명 계유정난과 같은 정치적 홍역을 예방할 기회가 있었다. 물론 적장자인 세자 문종이 세종 자신보다도 배우기를 좋아해 집현전 학사를 포함한 대다수 지식인들의 지지를 받고 있었다. 비록 병약하긴 했지만 세종 재위 25년째인 1443년부터 근 7년간 왕 대신 국정을 무난히 섭정해 온 경험도 있었다. 따라서 그 대신 다른 사람을 왕위 후계자로 세운다는 건 결코 쉬운 일이 아니었을 것이다.

그럼에도 불구하고 부왕 태종처럼 리더십 승계의 어려움과 중요성을 깊이 깨닫고 자식들 중에서 가장 "영명하면서도 과단성 있는" 후보자에게 재위 말년에 세자 자리를 물려주었어야 했다. 그는 그렇게 하지 않았는데, 그것은 세종 자신이 자주 쓰는 표현대로 '불능不能'의 문제가 아니라 '불위不爲' 즉 하지 않음의 문제였다.

세종은 첫째 아들 이향李珦이 병약하고 내성적인 성격을 가지고 있는 반면, 둘째 아들 이유李瑈가 강인하고도 야심만만한 인물이란 것을 알고 있었다. 둘째 아들에게 세종은 재위 27년째인 1445년에 '수양대군首陽大君'이라는 대군 호칭을 내려주었는데, 그것은 '수양산에 들어가 고사리를 캐 먹고 죽은 백이숙제처럼 너는 현실 정치에 관심을 끊고 초탈하게 살아가라'는 당부였다. 세종 자신의 표현처럼 "계집아이와 같이" 유약한 장남 이향을 "큰 호랑이大虎"라는 별명을 가진 둘째 아들이 치고 나왔을 때의 혼란과 위험을 감지했던 것이다.

그런데도 그는 그런 위험에 대해 충분히 대책을 세우지 않았다. 장남 이향을 세자로 세우고, 이어서 8살 된 이향의 아들(단종)을 왕세손에 책봉했으면, 부왕 태종이 그랬던 것처럼 아예 수양대군과 안평대군 등을 제거해 '잔인함의 미덕'을 살렸어야 했다. 그러지 않을 거라면 애초에 "문무를 겸비하고 예악에도 뛰어난" 수양대군에게 전위를 해 주었어야 했다.

문제는 세종의 성품에 있었다. 그는 신하들의 말을 경청하다가 그 속에서 좋은 점을 찾아내는 데는 뛰어났다. 그들의 강점을 찾아내고 익숙하게 잘할 때까지 기다려 주는 것도 잘했다. 하지만 누구를 미워하거나, 정치적으로 위험한 요인을 애초에 모질게 잘라 내는 삼제芟除하는 데는 서툴렀다. 서투를뿐더러 싫어했다.

바로 그런 세종의 캐릭터를 누구보다도 잘 알고 있는 사람이 세종의 신하 허조와 황희였다. 세종 사후 130여 년이 지난 뒤 율곡 이이는 〈동호문답〉에서 황희와 허조가 그 역할을 하지 않았다고 비판했다. 대권 전위 과정에서 발생할 수 있는 문제점을 밝혀서[明], 잔인함의 미덕을 발휘하도록 보필했어야[輔] 했는데, 그러지 않았다는 것이었다. 다른 사람의 약점으로 인해 그가 소속된 단체나 조직이 크게 어려워질 상황이라면, 적극적으로 보완하고 돕는 리더십을 발휘해야 한다는 것을 세종의 실패한 전위 리더십을 통해서 깨닫게 된다.

읽을 거리

LG의 택장론과 택현론

LG의 창업자 연암 구인회 회장은 63세를 일기로 1969년 12월 31일에 타계했다. 당시 럭키금성 회장이었던 그는 화학, 전기, 전자, 정유, 무역, 전선, 통신, 언론 등 11개 사업군을 이끌고 있었다. 창업자 연암의 타계로 세상의 모든 관심이 당시 럭키금성 그룹으로 쏠렸다. 한국 재계에서 정상을 다투는 재벌 총수의 사후 그 재산 분배 과정과 과연 누가 총수가 되느냐에 이목이 쏠렸다. 각 매스컴들은 럭키금성에 포진하고 있는 6명의 형제와 6남 4녀의 10명의 자녀들, 사돈가의 허씨들과 창업 과정의 공신들이 각각의 이해가 다를 것으로 예상하여 앞다투어 기사화하였다. 그러나 그런 기대는 보기 좋게 어긋났다. 여러 이해관계자와 구씨, 허씨네 집안은 옛날과 같이 화목하기만 했다. 연암 구인회가 사망한 지 6일 뒤인 1970년 1월 6일 유교적 집안의 가풍답게 장자인 상남 구자경이 제2대 회장으로 추대되고 장자 승계의 원칙에 따라 취임하였다. 그의 취임사는 다음과 같았다.

> 선대 회장의 유지를 받들어 성심성의로 그룹을 이끌어 나갈 것이며, 인화의 경영 이념을 계승하여 인화 단결과 상호 협조를 통해 그룹의 부드러운 기업 풍토를 조성하는 데 힘쓸 것을 다짐한다. 경영은 급속한 확대보다 내실 있는 안정적 성장으로 경영하겠다.

설립 이념을 계승하되, 내실 있는 안정적 성장을 위해 노력하겠다는 말이었다. LG그룹의 안정적 승계 작업은 계속 되었다. 2대 구자경 회장의 장남인 구본무가 3대 회장이 되었다. 또한 구본무 회장이 2018년 5월 타계하자 구광모 LG전자 상무가 4대 회장으로 취임하였다. 구본무 회장은 교통사고로 외아들을 잃고 2004년 친동생인 구본능 희성그룹 회장의 장남인 구광모 상무를 양자로 들임으로써 고수해 온 LG그룹의 장자 승계 전통을 이어 갔다.

종장

한민족의 세종을 넘어서

| 학습 내용 |

- 외국인들이 궁금해하는 세종 이야기
- 세잔의 그림 그리기와 세종의 인재 쓰기의 공통점

| 학습 목표 |

- 첫째, 다른 사람의 개성을 발견하고 존중하는 것이 얼마나 뛰어난 리더십인지 알고 실천한다.
- 둘째, 글로벌 리더십에 해당하는 소통 능력 등을 알고 익힌다.

| 요점 |

- 미국인들이 어려움에 처할 때, "조지 워싱턴이나 링컨 정신으로 돌아가자."고 하는 것처럼, 한국인들에게 세종은 말과 뜻을 모을 수 있는 귀결점이고 출발선임.
- 수많은 '경우의 수'를 가득 담고 있는 역사의 보물 창고인 《세종실록》 속 인물들의 이야기를 꺼내어 청소년과 청년들이 희망을 얻고, 남북통일이라는 큰 숙제를 풀 수 있는 열쇠를 함께 발견하려 함.

외국인들이 궁금해하는 세종 이야기

"지금 미국인들이 세종 리더십에서 배울 게 뭔가요?"

2013년 초 미국 워싱턴에서 세종 강의를 하려고 했을 때 미국 기자가 물었다. 오백 년 전의 인물이, 그것도 미국인에게 "어떤 도움이 되겠느냐?"는 것이었다. 필자는 "한반도의 평화는 비단 한국인만의 문제가 아닙니다. 전 세계적인 화두가 되고 있는, 경직되어 있는 남북 관계를 풀 실마리가 세종에게 있습니다."라고 답했다. 게다가 "세종은 남북한 사람들 모두에게 존경받는 가장 훌륭한 지도자입니다. 따라서 오늘날 세계 평화에 큰 위협이 되고 있는 북한을 대화의 장으로 끌어들이는 데 세종 이야기가 도움 될 수 있습니다."라고도 했다.

그런데 얼마 뒤 미국의 조지 메이슨 대학교George Mason University: GMU 부총장을 만났을 때도 똑같은 질문이 나왔다. 조지 메이슨 대학교와 공동으로 '세종 리더십'을 가르치는 대학원의 설립과 관련하여 미팅하던 중이었다. 그 부총장은 "21세기를 사는 세계 각국의 학생들이 왜 세종 리더십을 배워야 합니까?"라고 물었다. 까다로운 이 질문에 대해서는 마침 동석했던 조지 메이슨 대학교의 노영찬 교수께서 명쾌하게 대답해 주셨다.

"그것은 상징입니다. 미국인들이 어려움에 처할 때, '조지 워싱턴으로 돌아가자, 링컨 정신을 생각하자.'고 말하는 것처럼, 한국인들에게 세종은 말과 뜻을 모을 수 있는 귀결점이고 출발선입니다."

필자는 이어서, "세종 리더십 대학원에 입학하는 학생들이 세종만을 배우는 게 아닙니다. '세종 정신'을 중심에 놓고 볼 때만이 한국의 산업화와 민주화를 이끌었던 정치·경제계 인물들의 리더십을 제대로 알게 됩니다. 그리고 한국 문화의 뿌리와 저력을 체계적으로 학습하게 될 것입니다."라고 덧붙였다. 비로소 부총장이 고개를 끄덕였다.

미국 세종 강의에서 가장 염두에 둔 대상은 한국 역사를 전혀 모르는 사람들이었다. 2012년 초 일본 '교토 포럼' 때도 마찬가지였다. "소통하지 않은 정치는 이미 정치가 아니다." 아무리 콘텐츠가 좋아도 듣는 사람들이 낯선 사건과 이름 때문에 이해하지 못한다면 한낱 '그림의 떡'에 불과하다.

일본과 미국에서 세종 강의를 하면서 새롭게 알게 된 것이 있다. 외국의 학생들은 의외로 한글 창제나 측우기 발명 등에 대해서는 시큰둥한 반응을 보였다. 그들은 오히려 백성을 대하는 세종의 태도에 집중했다. 감옥의 죄수가 추위로 비명횡사하지 않도록 보살피는 모습과 여자 노비에게 출산 휴가를 주는 자상함에 큰 관심을 보였다. 조선에서 살고자 집단으로 찾아온 외국인들에게 세밀 잔치를 열어 주고 관직을 하사하는 기록을 소개하자 "정말이냐."며 놀라움을 감추지 못했다. 한마디로 국가 정책을 결정할 때 사회적 약자를 먼저 생각하는 세종의 '정치적 휴머니즘'에 많이 감동받는 듯했다.

세종과 세잔, 그리고 나의 '생 빅트와르 산'

세종의 글로벌 리더십, 즉 세계에서 통하는 리더십은 뜻밖에도 뉴욕 메트로폴리탄 미술관에서도 찾을 수 있었다. 뉴저지의 프린스턴 강좌까지 마치고 나니 시간이 생겼다. 여유로운 마음으로 박물관을 관람하던 나는 어떤 그림을 보는 순간 얼어붙은 듯 움직일 수 없었다. "사과 그림 하나로 파리를 놀라게 하겠다."며 하나의 정물을 놓고 최소 100번 이상 다시 그렸다는 프랑스의 화가 세잔P. Cezanne의 사과 정물화가 눈앞에 있었다. 그 그림 앞에서 나는 엉뚱하게도 세종의 정치하는 자세를 떠올렸다.

첫째, 세잔이 사물에서 반사되는 빛을 주로 그리던 종래 인상파 화가들과 달리, 정물의 부피감과 배경의 공간적 깊이를 드러내 사물 개개의 특성을 살려 냈던 것처럼, 세종은 인재의 개성과 신념을 존중하되, 그 이질적인 인재들의 아이디어를 '합금해서' 뛰어난 정책을 만들어 내곤 했다. 원칙을 강조한 '법가적' 인물 허조와 중용을 실천한 '유가적' 인물 황희, 소를 타고 다니며 피리를 불었던 '도가적' 인물 맹사성, 그리고 문장과 예법에 밝은 '불가적' 인물 변계량은 각자의 특장점을 발휘하면서 어전 회의라는 용광로에서 좋은 국가 정책을 만들어 냈다.

둘째, 세잔은 사과의 부피감을 생생하게 표현하기 위해 소실 원근법 receding perspective을 사용했다. 그는 윤곽선을 직접 그리기보다는 사과의 가장자리들이 깊숙이 침잠해 들어가는 것을 묘사해서 저절로 윤곽이 드러나게 하는 기법을 사용했다. 이는 구름을 잘 그려서 달을 저절로 드러나게 하는 한국화의 홍운탁월烘雲托月화법과 흡사하다. 이와 마찬가지로 세종은 인재들의 역량을 한정 짓지 않았다. 인재들의 말을 끝까지 경청하여[烘雲] 그들 마음속의 진실된 바람이 저절로 솟아오르게 했다 [托月]. 그다음에 세종이 한 일은 그들의 진실된 바람, 즉 비전에 힘을 실어 주는 일이었다. 과학기술 분야의 장영실, 음악 분야의 박연, 그리고 북방 영토 분야의 김종서 등은 다 그렇게 해서 성공한 인물들이다.

셋째, 세종이 중국을 비롯한 전 세계의 최첨단 과학 및 음운학 지식까지도 두루 섭렵하여 창조적인 성과를 낸 것처럼, 세잔은 최신 그림 기법을 배우는 데 열심이었다. 그의 그림을 연구한 프랑스의 정지 철학자 메를로 퐁티M. Merleau-Ponty에 따르면, 세잔은 파리에 있을 때면 매일 루브르 박물관에 가곤 했다. 그 까닭은 의외로 그가 그토록 벗어나고자 했던 '과학적인 화법' 즉 평면이나 기하학적 연구 등 새롭게 개발된 그림 기법을 터득하기 위해서였다고 한다. 세상에서 통용되는 기법을 쓸 때 세상과 잘 소통할 수 있다고 믿었던 것이다. 그는 열흘 중 아흐레 동안 착상着想을 위해 여기저기 돌아다닌 후, 나머지 하루 동안 캔버스 앞에 앉아 혼신을 다해 그렸다. 그런 그가 수백 번의 반복 작업을 하면서 되물었던 질문은 '내가 대상을 잘 그렸나' 하는 게 아니라 '과연 내 그림의 취지significance가 사람들에게 제대로 비춰질 것인가'였다는 게 메를로 퐁티의 해석이다.[1]

세종 역시 자기 정책이 옳은가 그른가보다 그 정책의 취지가 왜곡되지 않고 신민들에게 전달될 수 있을 것인가를 더 깊이 묻고 회의했다. 세잔이 세상을 향한 자신의 유일한 창窓인 캔버스에 그의 모든 것을 걸었던 것처럼, 세종도 백성과의 소통을 정치의 최우선으로 강조했다. 정치가뿐 아니라 화가에게도 소통은 정말로 어렵고도 중요한 숙명인 것이다.

메트로폴리탄 미술관에서 정작 나의 시선을 잡아끌었던 그림은 사과 그림이 아니었다. 소나무들 사이로 발그레 상기된 듯한 산을 그린 〈생 빅트와르 산Mont Sainte-Victoire〉을 보는 순간 나는 '아! 세잔의 고향 산'이라고 탄성을 내질렀다. 세잔은 그림이 잘 그려지지 않을 때면 늘 자신의 고향 프랑스 남부 엑상프로방스Aix-en-Provence의 생 빅트와르 산을 찾곤 했다고 한다. 30여 년간 수백 번도 더 그 산을 찾아가서 계절마다 다르게 드러나는 수백 수천 가지의 모습을 스케치했고, 그중 30여 장의

1 메를로 퐁티, 《의미와 무의미》, 권혁면 번역, 서울: 서광사, 1990.

세잔(P. Cezanne)의 그림 〈사과〉, 〈생 빅트와르 산〉

그림이 남아 있다는 설명을 듣는 순간, 나는 문득 세종의 모습을 떠올렸다. 정치가 안 풀릴 때면 세종은 늘 궁궐 밖을 나와 백성들을 만나 보았다. 백성들의 말을 들으면서 국가는 왜 필요하며, 국왕은 누구를 위해 일해야 하는지를 다시금 확인하곤 했다.

불현듯 나의 생 빅트와르 산은 무엇일까 하는 생각이 떠올랐다. 내가 평생 되돌아가 읽어야 할 학문의 산은 어디일까? 〈생 빅트와르 산〉을 보면서 발걸음이 떨어지지 않았던 것은 아마도 이 생각 때문이었을 것이다. 지금껏 10여 년간 열 번도 더 읽어 온 《세종실록》은 그야말로 상상력의 '샘 깊은 물'이요, 리더십 콘텐츠의 무한한 광맥이었다. 그런데 만약 내가 20여 년을 더 《세종실록》을 거듭 읽고 그 속의 무한한 리더십 이야기를 계속해서 퍼 올린다면 과연 어떤 일이 벌어질까? 생각만 해도 마음이 설렌다.

마무리

세잔의 그림 철학에 비유하여 세종의 인재 쓰기와 일하는 방식을 살펴보았다. 개성에 주목해서 그것을 살려 내는 일이 얼마나 위대한 결과를 가져오는지를 세잔과 세종은 보여 주었다. 획일화된 그림이나 인재 쓰기가 아니라 다양성을 살려 내는 일, 수요자인 관객이나 백성들의 입장에 서서 그들과 소통할 수 있는 다양한 방법을 찾고 구현해 내는 태도 역시 시대와 장소를 뛰어넘어 탁월한 리더십의 중요 조건이라고 하겠다.

이제 지금까지 함께 걸어 온 '세종의 숲'을 빠져나가려 한다. 숲의 끝자락에 서서 수많은 나무와 풀, 크고 작은 샛길과 계곡으로 이루어진 《세종실록》을 되돌아보며 묻는다.

지금 우리에게 세종은 무엇인가? "정치를 잘하려면 역사 기록에 남겨진 성공과 실패의 사례를 잘 배워야 한다."는 세종의 말은 결국 무엇을 의미하는가? 그것은 어쩌면 '미완의 리더십 지도'를 준비하는 것이 아닐는지? 한 치 앞을 내다볼 수 없는 상황에 직면했을 때 무턱대고 나아가기보다는, 비록 완성되지 않았더라도 지도를 꺼내 지금까지 걸어온 길을 되돌아보고, 역사의 등고선을 살핀 다음 걸음을 내딛는 게 좋다. 과거의 사례를 분석하면서 '세종이라면 어떻게 할까' 하고 실행 가능한 시나리오를 짜 보는 게 훨씬 유익하다.

그런 점에서 《세종실록》은 수많은 '경우의 수'를 가득 담고 있는 역사의 보물 창고임에 틀림없다. 그리고 그 보물 창고에 들어가는 비밀 열쇠는 흥미로운 리더십 이야기들이다. 국민 모두가 세종이라는 거인巨人의 어깨 위에 서서, 남북통일이라는 큰 숙제를 풀 수 있는 열쇠를 함께 발견하기를 기원한다.

이 책 저술을 위해 사용된 글들

제1장 제1절 세종의 리더십 교육 방법

박현모. 2015.《길라잡이 세종리더십》. 여주대 출판부. 1강.

제1장 제2절 과학기술 성과의 국제적 비교

박현모. 2012.〈세종은 어떻게 최고의 과학기술 성과를 이뤘나?〉.《에포컬 모멘텀, 한국과학사의 획기적인 순간들》. 파주: 들녘.

박현모. 2014.《세종이라면》. 서울: 미다스북스. 2장.

제2장 제1절 세종학의 의미와 특징

박현모. 2019.〈세종학 연구의 추이와 쟁점들〉.《한국학의 랜드마크, 세종학의 위상과 비전》. 한국학세계학술대회 자료집. 성남: 한국형리더십개발원. 79~105쪽.

제2장 제2절 세종실록과의 만남

박현모. 2014.《세종이라면》. 서울: 미다스북스. 서장. 31~36쪽.

제3장 [소명] 세종의 민본 사상과 자기 변화

박현모. 2014.《세종이라면》. 서울: 미다스북스. 서장.

제4장 [신념] 한글 창제와 설득

박현모. 2014.《세종이라면》. 서울: 미다스북스. 1장.

제5장 제1절 세종의 인성관과 그 자신의 인성

박현모. 2016.《세종리더십 인성교육 교원연수 보조교재》. 경기도 여주교육지원청 학술연구용역.

제5장 제2절 세종의 인재 경영

박현모. 2014.《세종이라면》. 서울: 미다스북스. 3장.

제6장 제1절 세종의 비밀 병기, 집현전

박현모. 2018.〈세종의 싱크 탱크 집현전에서 배울 점〉.《KISTEP InI》. 제26호. 한국과학기술기획평가원.

제6장 제2절 두 번째 비밀 병기, 경연 회의

박현모. 2014.《세종이라면》. 서울: 미다스북스. 9장.

박현모. 2009.〈세종정부의 의사결정 구조와 과정 연구: 제1.2차 여진족토벌사례를 중심으로〉.《동양정치사상사》. 제8권 1호. 동양정치사상사학회.

제7장 [비전] 세제 개혁과 공론 형성

박현모. 2014.《세종이라면》. 서울: 미다스북스. 12장.

박현모. 2006.〈세종의 공론형성의 국가경영〉.《세종의 국가경영》. 파주: 지식산업사.

제8장 [위기] 강원도 기근과 한양 화재 사건 대응

박현모. 2014.《세종이라면》. 서울: 미다스북스. 4장.

박현모. 2009.〈세종은 백성들의 삶의 질을 어떻게 높였나〉.《정신문화연구》. 제32집 2호. 한국학중앙연구원.

제9장 [정도] 공정한 판단과 인의(仁義)로운 판결

박현모. 2014.《세종이라면》. 서울: 미다스북스. 7장.

박현모. 2014.〈세종의 법 관념과 옥사판결 연구〉.《한국정치연구》. 제23집 1호. 서울대 한국정치연구소.

제10장 [협상] 외교와 내치

박현모. 2014.《세종이라면》. 서울: 미다스북스. 5장, 13장.

박현모. 2010. 〈세종시대 해양인식과 이예의 외교 리더십〉. 《조선 최고의 외교관, 이예》. 파주: 서해문집.
박현모. 2005. 〈세종과 경국의 정치: 세종은 어떻게 외교적 난관을 헤쳐나갔는가〉. 《유교문화연구》. 제9집. 성균관대학교 동아시아학술원.

제11장 [도전] 북방 개척

박현모. 2014. 《세종이라면》. 서울: 미다스북스. 6장.
박현모. 2007. 〈세종의 변경관과 북방영토경영 연구〉. 《정치사상연구》. 한국정치사상학회.

제12장 [계승] 지속 성장을 위한 조건

박현모. 2014. 《세종이라면》. 서울: 미다스북스. 15장.
박현모. 2010. 〈태종의 '세종을 만든' 리더십〉. 《세종과 재상: 그들의 리더십》. 파주: 서해문집.

종장 한민족의 세종을 넘어서

박현모. 2014. 《세종이라면》. 서울: 미다스북스. 종장.

참고문헌

1차 자료

《세종실록》

《태종실록》

《율곡전서》

《연려실기술》

2차 자료

강만길. 1978. 〈한글 창제의 역사적 의미〉. 《분단시대의 역사적 인식》. 서울: 창작과비평사.

김슬옹. 2019. 《세종학과 융합 인문학》. 보고사.

박성래. 1997. 《세종시대의 과학기술. 그 현대적 의미》. 대전: 한국과학재단.

박현모. 2014. 《세종처럼: 소통과 헌신의 리더십》. 서울: 미다스북스.

송병기. 1964. 〈세종조 양계행성 축조에 대하여〉. 《사학연구》. 제8호. 한국사학회.

신숙주. (신용호 옮김). 2004. 《해동제국기》. 파주: 범우사.

오종록. 1992. 〈조선초기 양계(兩界)의 군사제도와 국방체제〉. (고려대학교 박사학위논문).

유희춘. 1993. 《미암일기》. 제1집. 담양향토문화연구회. 65~68쪽. (김태완 번역을 참조하였음).

이긍익. 1966. 《연려실기술》. 서울: 한국고전번역원.

이명훈 편. 2005. 《이예의 사명, '나는 조선의 통신사로소이다'》. 서울: 새로운 사람들.

이숭령. 1981. 《세종대왕의 학문과 사상》. 아세아문화사.

이우성. 1976. 〈조선왕조의 훈민정책과 정음의 기능〉. 《진단학보》. 제42집. 진단학회.

이이. 2007. 《국역 율곡전서》 제2권. 권7 소차(疏箚). 성남: 한국학중앙연구원. 78~79쪽.

이익. 1977. 《성호사설》. 권16 인사문. 서울: 한국고전 번역원.

이토 준타로(伊東俊太郎) 외. 1983. 《과학사기술사사전(科學史技術史事典)》. 東京: 弘文堂.

전상운. 2000b. 《한국과학사》. 서울: 사이언스북스. 399쪽.

전상운. 2000d. 〈세종시대의 산업기술〉. 《세종문화사 대계》 2: 과학편. 세종대왕기념사업회.

차용걸. 1995. 〈함길·평안도에의 사민입거〉. 《한국사》 22: 조선왕조의 성립과 대외관계. 국사편찬위원회.

최승희. 2002. 《조선 초기 정치사연구》. 파주: 지식산업사. 133쪽.

한문종. 1989. 〈조선 초기 이예의 대일 교섭활동에 대하여〉. 《전북사학》. 제11·12합집. 전북사학회.

허춘강. 2000. 〈성삼문의 훈민정음 창제와 문화정책〉. 《한국행정사학지》 8. 한국행정사학회.

J. B. Palais. 1996. 《Confucian Statecraft and Korean Institutions: Yu Hyongwon and the Late Choson Dynasty》. Seattle: University of Washington Press. p. 32.

M. Merleau-Ponty. (박현모 외 옮김). 2004. 《휴머니즘과 폭력(Humanism and Terror)》. 서울: 문학과지성사.

O. Reischauer et al. 1960. 《East Asia: The Great Tradition》. Boston: Houghton Miflin.

찾아보기

ㄱ

ㄴ

ㄷ

ㄹ

ㅁ

ㅂ

ㅅ

ㅇ

기타

저자 약력

박현모(朴賢謨)

1999년 서울대학교에서 '정조(正祖)의 정치 사상'으로 박사 학위를 받은 뒤, 2001년부터 14년간 한국학중앙연구원에서 정조와 세종, 정도전과 최명길 등 왕과 재상의 리더십을 연구했다. 2013년부터는 미국의 조지메이슨 대학교, 일본의 '교토 포럼' 등에서 외국인을 대상으로 '한국형 리더십'을 강의하는 한편, 시민 강좌 '실록학교'를 운영했다(2019년 기준 2,700여 명 수료). 현재 여주대학교 사회복지상담학과 교수 및 세종리더십연구소 소장으로 재직하며 대학 교양 과목인 '세종 리더십'을 대학생들에게 강의하고 있다. 저서로 『세종의 적솔력』, 『정조평전』 등이 있고, 『몸의 정치』와 『휴머니즘과 폭력』을 우리말로 옮겼다. 「경국대전의 정치학」, 「정약용의 군주론: 정조와의 관계를 중심으로」, 「국왕의 동선과 정치재량권의 관계에 대한 연구: 정조와 순조」 등 80여 편의 연구 논문을 발표했다.

ifsejong123@naver.com / allthatsejong.com

세종학 개론

제1판 1쇄 발행 2019년 9월 2일
제1판 2쇄 발행 2020년 8월 3일

글쓴이 박현모
펴낸이 김영훈
기획 영업 전영완
편집인 김병성
펴낸곳 도서출판 문우사 MoonWoo
주소 경기도 고양시 일산서구 킨텍스로 255 일산대방디엠시티 오피스동 1304호
전화 031) 901-6542, 070) 4200-6542 팩스 031) 906-6542
홈페이지 www.munu.co.kr 대표메일 moonwoosa@hanmail.net
출판신고번호 제396-2013-000113호

ISBN 979-11-85994-68-0

값 18,000원